山虎说法：话说民法典

马贤兴 著

湘潭大学出版社

民法典：以你为荣为你忙

（自序）

2020年5月28日，中国法治史上发生了一起具有标志性意义的事件。这一天，十三届全国人大三次会议通过《中华人民共和国民法典》。这是新中国第一部以“法典”命名、最具基础性作用的民事基本大法，乃社会主义法治建设进程中的一座里程碑。

一、《民法典》的颁布实施，此乃几代人夙愿

——《民法典》有多重要？

在《民法典》通过的第二天，即2020年5月29日，习近平总书记就以“切实实施民法典”为主题，主持中央政治局第二十次集体学习，并作重要讲话。

——党和国家对民法典有多重视？

1954年、1962年、1979年、2001年先后四次启动民法典制定工作。当然，均因条件不成熟而决定采取先通过单行法的办法。故先后制定颁布实施了婚姻法、继承法、民法通则、收养法、担保法、合同法、物权法、侵权责任法、民法总则等民事法律。直到2014年10月，党的十八届四中全会在《中共中央关于全面推进依法治国若干重大问题的决定》中写入了“加强市场法律制度建设，编纂民法典”这一历史性内容。2017年3月先通过《民法总则》，2020年5月全面通过《民法典》。至此，颁布实施《民法典》的法治梦才得以实现。

——习近平总书记对民法典有多关注?

习近平总书记在主持民法典集体学习时说:“我主持3次中央政治局常委会会议,分别审议民法总则、民法典各分编、民法典3个草案。在各方面共同努力下,经过5年多工作,民法典终于颁布实施,实现了几代人的夙愿。”

习近平总书记还在讲话中提出加强民法典重大意义的宣传教育、加强民法典普法工作,并要求做到“三个讲清楚”:要讲清楚,实施好民法典是坚持以人民为中心、保障人民权益实现和发展的必然要求;要讲清楚,实施好民法典是发展社会主义市场经济、巩固社会主义基本经济制度的必然要求;要讲清楚,实施好民法典是提高我党治国理政水平的必然要求。

——中央有关部门对民法典的学习贯彻有何安排?

2020年7月,中宣部、中组部、中政委、中网办、全国人大办公厅、教育部、司法部、全国普法办中央八部委办下发联合通知,部署在全党全国开展《中华人民共和国民法典》学习宣传贯彻工作,要求各级推动民法典“六进”:进机关、进乡村、进社区、进学校、进企业、进单位,在全社会大力营造尊法、学法、守法、用法的浓厚氛围。

——湖南省有何响应?

2020年8月,湖南省委宣传部、组织部、政法委、省人大办公厅、司法厅、教育厅等8部门联合出台《加强民法典学习宣传实施方案》,并组建了一个由25人组成的“湖南省民法典宣讲团”。湖南省司法厅一级巡视员唐世月教授担任宣讲团团长。我有幸与湖南省高级人民法院尹小力、陈坚,湖南省人民检察院彭俊、王珊4名高级法官、高级检察官,以及湖南大学法学院院长屈茂辉、中南大学法学院院长许中缘等法学教授一起被推选为“湖南省民法典宣讲团”成员。

从此,深化学习民法典、宣讲民法典,成为自己的一种工作责任、法律责任和政治责任!当然,我以此为责,以此为荣,以此为担当。

二、夙兴夜寐:品读研习、宣传讲授《民法典》

自2020年5月28日《民法典》通过以来,我认真学习了习近平总书记有关学习贯彻实施民法典的重要论述,决心进一步按照中央“谁执法谁普法”

责任制总要求，把今后普法的重点放在民法典的学习贯彻和宣讲普及上。

《民法典》颁布后，我院第一时间采购2000多本还散发着油墨香、最早出版的第一批民法典单行本，赠送给区人大常委会、区政协、区纪委监察委、区委组织部、区委政法委、雨花亭街道等机关和检察院担任法治副校长的20所中小学以及部分社区、民营企业，为领导干部、教师、社区党员和民企管理人员在工作、学习、生活之中带头学习宣讲和运用民法典提供方便。

2020年6月9日，我邀请湖南省民商法学研究会会长、湖南大学法学院院长屈茂辉教授来院为全体干警作“民法典与检察”讲座。屈茂辉教授把民法典的首场讲座奉献给了雨花区检察院。

6月以来，我跑新华书店更勤了。几乎第一时间把最新出版的有关民法典的书籍通通买回来，进行比较研读。算起来，民法典的购书开支也接近3000元了。

6月以来，我经常凌晨即起，挑灯奋战，敲打键盘，陆续撰写“话说民法典”系列文章50多篇，推送于个人微信公众号“山虎说法”，产生了积极的社会反响。

6月以来，我总是利用晚上和周末，对民法典进行深化学习和研析，收集案例，制作PPT，为宣讲民法典打基础、做准备。“台上一分钟，台下几多功?”这一道理自己是清楚的。

湖南省依法治省办公室、省守法普法办为鼓励我“写法、说法”，特将我纳入“湖南省民法典宣讲团”。

6月以来，我首先来到担任法治副校长的泰禹小学和雅境中学，为全体教师作“让民法典走进中小学校”的义务讲座。接着，我又先后到雨花亭、井湾子、侯家塘、东塘、圭塘、砂子塘、左家塘、黎托等街道和曲塘等社区为街道干部、人大代表、政协委员和社区党员群众作“让民法典走进街道社区、走进人民群众”的公益宣讲，并将《民法典》赠送给前来听讲的部分街道干部和社区党员群众。

此后，在依法认真履职，忙完单位工作任务后，还经常利用周末或晚上，来到三一重工、和立东升、湖南兴旺、湖南华侨、圣湘生物、绿之韵、全洲药业等民营企业以及湖南大学、中南大学、湖南师范大学、湖南科技大学、湖南工商大学、长沙医学院等单位举行民法典讲座。

同时，还先后来到湖南省博物馆、省委党校、省地震局、华菱集团、中铁五局、省电网公司党校、省物业协会以及雨花区政协、芙蓉区政协、浏阳市人大常委会等单位讲授《民法典：法治文化自信与现代文明关切》。

8月，我同时被长沙市司法局和湖南省检察院推荐参评“2020年度湖南省最美公益普法个人”，在专家评审中我有幸获得全票通过，位居榜首。

2020年12月4日，在这个庄严神圣的国家宪法日，我肩披绥带走上领奖台，将全省“最美公益普法个人”证书捧在胸前。是为鼓舞。

12月16日，《检察日报》刊发长文《马贤兴：带头学好讲好用好民法典》。《传递法治声音传播法治信仰》《让民法典扎根于百姓心中》《担当有为，发出新时代法治好声音》《检察长创办个人微信公众号传递法治声音》《“山虎说法”诞生记》等报道也陆续见于《法制日报》、《法治周末报》、《湖南日报》、人民论坛网、学习强国、红网等媒体。此乃鞭策。

2021年1月23日，我创办整整3年、撰写推送普法文章255篇的个人微信公众号被最高人民检察院评为“全国检察自媒体十佳”。至此，“山虎说法”刊发“话说民法典”系列文章36篇。当属殊荣。

当然，我深知，此等殊荣与盛名，其实难副。我唯有使命在胸，责任在肩，继续执行好、贯彻好、践行好中央“谁执法谁普法”总要求，将民法典和法律的学习、贯彻、宣传与运用安排到工作和生活中，融入自己的生命里。

民法典，以你为荣为你忙。

“衣带渐宽终不悔”，普法之路漫且长！

（2021年2月11日，庚子除夕）

目　录

第一单元　绿色之光

《民法典》闪耀“绿色之光” …… 3
对餐饮浪费说不！ …… 8
电鱼 40 尾，放生 4000 条，拘役 3 个月 …… 12
提倡“树葬”种植“墓林” …… 17
快递包装呵，要说爱你不容易 …… 19
公益诉讼检察应在贯彻执行《民法典》上发力致效 …… 21

第二单元　睦邻之善

开发商所谓送“屋顶露台”有法律效力吗？ …… 27
《民法典》VS《物权法》：业主共同决定事项门槛降低了 …… 30
“住改商”：从“业主同意”到“业主一致同意” …… 37
拒交物业费是违法的 …… 40
如何设立“居住权”？ …… 44

第三单元　诚信至上

贯彻执行《民法典》，应加强对虚假诉讼、虚假仲裁防治的研究 ………… 51

诚信与良知

——我与反虚假诉讼、虚假仲裁的故事 …………………………………… 65

司法应避免充当黑钱洗白和虚假诉讼工具

——试论为什么对大额现金交易纠纷不得作出司法确认 ………………… 79

当心司法为“高利贷”背书

——再论为什么对大额现金交易不应作司法认定 ……………………… 87

虚假调解、虚假仲裁“伪证据”不得采信 …………………………………… 93

处理民间借贷纠纷应破除“身份主义”和“公章崇拜论” ……………… 99

第四单元　民生为本

经视说法：《加装电梯，到底难在哪？》 ………………………………… 105

加装电梯有住户不同意怎么办？用民法典来办！ ………………………… 108

既有住宅加装电梯：一部电梯几行泪？ …………………………………… 112

应将加装电梯提升为市长工程加快推进 …………………………………… 118

既有住宅加装电梯问题需要系统解决 ……………………………………… 122

第五单元　家和之福

《民法典》倡导优良家风、家庭美德和家庭文明建设 ……………………… 133

《民法典》设立“离婚冷静期”是必要而科学的 …………………………… 135

《民法典》“夫妻共同债务”规定解读与释疑 ………………………………… 143
处理夫妻一方“侵权之债”的基本法理和特别清偿程序 ……………………… 154
“家事代理”规则基本过时了
——兼与孙宪忠教授商榷………………………………………………… 160
唯有“共债共签”，才能堵住“假离婚真逃债”
——与舒圣祥先生商榷………………………………………………… 166
依《民法典》精神和原《婚姻法》第41条规定，坚决再审涉“24条”
错判案件………………………………………………………………… 171

第六单元　人格之尊

《民法典》贯彻宪法精神，首创人格权编，全面保障人权和人的尊严 …… 179
《民法典》对英雄烈士人格利益保护作出特别规定 ……………………… 186
《民法典》对未成年人遭受性侵的诉讼时效作出特别规定 ……………… 192
君子动口不动手：这个做人底线必须坚持……………………………… 197
君子骂人不“辱骂”：为人做官的基本素养 ……………………………… 204
不必过分解读“掌掴书记”被免职事件 ……………………………………… 207
普通公民和社会公众人物名誉权、隐私权的保护有着较大的差别……… 209
信达雅：为人、作文与办案………………………………………………… 217
民事权利的行使有无边界？是否需要限制或让渡？ …………………… 224

第七单元　风险防范

《民法典》确立的“自甘风险规则” ……………………………………… 233
喝酒出事，不能适用“自甘风险规则” ……………………………………… 237
民法典禁止高利放贷，最高法修改完善民间借贷司法解释……………… 240

民间借贷利率保护上限回归四倍：15.4% …………………………………… 247
《民法典》如何保障我们“头顶上的安全” ……………………………… 250
《民法典》全方位保障自然人的安全 …………………………………… 255

第八单元　说法之荣

如何把《民法典》讲好讲活？ ………………………………………………… 263
我为民企“三一集团”讲《民法典》 ………………………………………… 268
学好讲好《民法典》，回报家乡人民期待 ………………………………… 273
马贤兴：带头学好讲好用好民法典……………………………………… 278
马贤兴：传递法治声音传播法治信仰…………………………………… 281
让民法典扎根百姓心中
——记湖南省最美公益普法个人、长沙市雨花区检察院检察长马贤兴 … 287
最美公益普法个人马贤兴：担当有为，发出新时代法治好声音………… 290
检察长创办个人公众号传递法治声音：“山虎说法”诞生记 …………… 295
长沙雨花区检察长马贤兴被确定为“湖南省民法典宣讲团成员” ……… 299
马贤兴“山虎说法”获评“全国检察自媒体十佳” ……………………… 301
马贤兴三次上央视，其实只为一件事…………………………………… 304

后　记……………………………………………………………………… 311

第一单元　绿色之光

《民法典》闪耀“绿色之光”

《民法典》学习

《民法典》第9条规定：“民事主体从事民事活动，应当有利于节约资源、保护生态环境。”

《民法典》在第286条和第509条也规定了相关行为应当符合节约资源，避免浪费资源、污染环境和破坏生态。第1229条至第1235条还规定了因污染环境、破坏生态的侵权责任和惩罚性赔偿责任。

2020年5月28日下午，《民法典》经十三届全国人大三次会议审议，正式通过，自2021年1月1日起施行。

《民法典》共有1260个条文，在开篇第九条就规定，民事主体从事民事活动，应当有利于节约资源、保护生态环境。这就是我们所说的“绿色原则”。

一、贯彻“绿色原则”的主体具有全面性

全面贯彻《民法典》确立的“绿色原则”，首先是主体具有全面性，即涵括了自然人、企业、机关、事业单位、团体和其他非法人组织。当然，我们还是要把“民事主体”定义在法律概念上。

那么，法律概念上的“民事主体”有哪些呢？《民法典》第2条规定：

“民法调整平等主体的自然人、法人和非法人组织之间的人身关系和财产关系。”从这条可以看出，法律意义上的“民事主体”包括自然人、法人和非法人组织。《民法典》第三章又对“法人”作出了分类：营利法人、非营利法人和特别法人。《民法典》相关条款还分别明确：“营利法人包括有限责任公司、股份有限公司和其他企业法人等”“非营利法人包括事业单位、社会团体、基金会、社会服务机构等”“机关法人、农村集体经济组织法人、城镇农村的合作经济组织法人、基层群众性自治组织法人，为特别法人”。

可见，一切具有民事行为能力的自然人都应自觉贯彻“绿色原则”，一切党和国家机关，企业、事业单位和其他非法人组织更应自觉带头贯彻和践行“绿色原则”。

二、“绿色原则”是一种价值理念，引领一切民事行为

《民法典》不是一部普通的法律。这部法律创制了“绿色原则”，体系化设计了诸多“绿色条款”，将生态文明熔铸其中，注入“绿色基因”。从这一点上说，我国《民法典》具有世界意义，为世界贡献了生态文明建设的“中国方案”。

作为社会生活的百科全书、人民权利的法律宝典，其中鲜明的生态环保色彩更折射出人民群众对良好生态环境的向往，浸润着新时代的价值理念。

“绿色原则”要求民事主体从事一切“民事活动”都要做到节约资源，保护生态环境，这既是一种价值引领、行为导向，起到引导、鼓励作用，同时它又是一种法律规定，那就意味着一切“民事主体”都有了自觉遵循该条款规定，在各类民事活动中履行节约资源、保护生态环境的义务。

良好生态环境是最普惠的民生福祉。民法典体现时代精神，反映人民意愿，是一部真正“以人民为中心”的法典。

三、《民法典》“绿色原则”的内容包罗万象

《民法典》是将相关民事法律规范编纂而成的一部综合性法典，是对我国民事立法和司法实践经验的全面总结。这部法典确立的“绿色原则”，其内容从自然人的衣食住行吃喝拉撒，到企业的决策、生产和经营，到各级机关和一切单位组织的行为都要贯彻节约资源、保护生态环境。从法律规范而言，“绿

色原则”涵盖了物权、合同、人格、婚姻家庭、继承以及侵权等社会生活方方面面的规则秩序。

以自然人为例，在日常生活中，应尽量合理使用生活资料，杜绝浪费，避免产生新的垃圾。人们出行时也尽可能选择公共交通，非必要不必驾驶车辆。近距离出行最环保的就是选择自行车和步行，既不产生能耗，又锻炼身体。

再如，为什么要禁止食用野生动物？滥杀、经营和食用野生动物，就是破坏生态环境的违法行为。首先就是违反了《民法典》第 9 条确立的“绿色原则”，即“节约资源、保护生态环境”的原则。如果猎杀、销售的是野生保护动物的话，还可能触犯刑法，构成刑事犯罪。

从物权规范角度而言，不动产权利人弃置废物、排放污染物不得违反国家规定的要求，建造建筑物不得违反通风、采光和日照相关标准，对自然流水的排放应当尊重自然流向等规定，进一步将环保约束扩展到生活层面，把人的行为限制在自然资源和生态环境能够承受的限度内，给自然生态留下休养生息的时间和空间。

绿色原则也同样约束企业。企业在生产、销售等一系列经营行为都应贯彻“资源节约、生态环保”的绿色原则，尤其在进行投资、并购等交易活动时，更应关注对目标项目资源、能源、环境相关的尽职调查，推动绿色投资，避免投资高能耗、高污染、高违规风险的项目。

四、国家机关和公职人员应带头示范，践行“绿色原则”

党和国家机关、事业单位和人民团体，以及一切公职人员都应带头践行《民法典》确立的“绿色原则”。

我先后在宁乡市法院、长沙市天心区法院和雨花区检察院主职，我们一直在倡导并践行“绿色原则”。比如我们在食堂、走廊、电梯均张贴有“以吃萝卜白菜为荣，拒吃鱼翅珍禽”“‘光盘’行动，避免浪费；七八分饱，有益健康”“少乘电梯，有利节约；多走楼梯，有益健康”“吃完是营养，剩下成垃圾；营养长身体，垃圾害社会”等提示标语，旨在固化提示，根植理念，养成习惯，化为自觉行为。

雨花检察院食堂餐桌，过去每天每餐都要更换塑料桌布，因为大家都把吃剩的骨头、菜梗等随意丢在桌子上，以致餐桌上常常剩饭剩菜狼藉一片，很不雅观，每餐必须更换塑料桌布，又导致产生过多的白色垃圾。后来我们作了一个小小的改进，即在每个桌子上放一个盘子，大家吃不了的骨头、鱼刺、菜梗等都放入盘子中，桌子可保持整洁干净，就不必每餐每天更换塑料桌布。塑料桌布虽然很便宜，但会变成白色垃圾。

疫情期间，单位食堂不提供堂食，每天中餐提供盒饭。因米饭量足，我每天把吃不完的米饭带回家，或用来晚餐熬稀饭，或放入冰箱，到周末带回乡下喂鸡喂鸭喂鱼。平常自己做饭留下的菜叶、菜梗、剩饭剩菜等厨余垃圾，也把它倒入专用水缸沤肥浇菜，避免产生过多的垃圾。处理垃圾又要耗费社会成本，还可能危害社会。而收集沤肥浇菜，化废为宝。

五、全面贯彻“绿色原则”，还应加大生态环境破坏者的违法犯罪成本

《民法典·侵权责任编》第七章专门就“环境污染和生态破坏责任”，规定了生态环境损害的惩罚性赔偿制度，并明确规定了生态环境损害的修复和赔偿规则。

生态环境保护与消费者保护同样关乎社会公共利益，在规定生态环境侵权责任时，除了应当考虑对受损权益进行补偿，还需考虑对加害行为进行惩戒，对类似的环境污染和生态破坏行为进行威慑和预防，从而保护社会公共利益。如今，生态环境侵权责任也实现了突破。侵权人故意违反国家规定污染环境、破坏生态造成严重后果的，被侵权人有权请求相应的惩罚性赔偿。如第 1232 条规定了“环境污染、生态破坏侵权的惩罚性赔偿”：“侵权人违反法律规定故意污染环境、破坏生态造成严重后果的，被侵权人有权请求相应的惩罚性赔偿。第 1234 条规定了“生态环境修复责任”，规定：“违反国家规定造成生态环境损害，生态环境能够修复的，国家规定的机关或者法律规定的组织有权请求侵权人在合理期限内承担修复责任。侵权人在期限内未修复的，国家规定的机关或者法律规定的组织可以自行或者委托他人进行修复，所需费用由侵权人负担。”

在继承中发展，在守正中创新。近年来公众持续关注的环境公益诉讼和生态环境损害赔偿，也从政策性文件和司法解释中走进民法典。

《民法典》第 1235 条对公益诉讼的赔偿范围作出了规定：“违反国家规定

造成生态环境损害的，国家规定的机关或者法律规定的组织有权请求侵权人赔偿下列损失和费用：（一）生态环境受到损害至修复完成期间服务功能丧失导致的损失；（二）生态环境功能永久性损害造成的损失；（三）生态环境损害调查、鉴定评估等费用；（四）清除污染、修复生态环境费用；（五）防止损害的发生和扩大所支出的合理费用。”

检察机关或者法律规定的组织有权要求生态环境侵权人承担修复责任和生态环境损害赔偿。明确、高位阶的实体法依据，对于通过诉讼制度保护生态环境、引入社会参与、加强生态文明建设有重大意义。同时，生态环境损害赔偿与惩罚性赔偿一道，极大加重了恶意违法者应承担的民事责任。

人民检察院的公益诉讼检察尤其要把着力点放在生态环境保护的公益诉讼上。

相关行政执法部门要切实强化行政高效执法，及时查处和制裁生态环境违法者。

对破坏生态环境构成犯罪的，公安、检察、法院要加大刑罚惩处制裁力度。

（2020 年 5 月 30 日）

向餐饮浪费说不！

《民法典》学习

《民法典》第9条："民事主体从事民事活动，应当有利于节约资源、保护生态环境。"

一、把贯彻习近平指示精神与《民法典》"绿色原则"结合起来

习近平总书记在2020年8月对制止餐饮浪费行为作出重要指示：餐饮浪费现象，触目惊心、令人痛心！"谁知盘中餐，粒粒皆辛苦。"尽管我国粮食生产连年丰收，对粮食安全还是始终要有危机意识，2020年全球新冠肺炎疫情所带来的影响更是给我们敲响了警钟。

全党全国人民都要切实贯彻习近平总书记关于制止餐饮浪费的指示精神，并结合学习和贯彻《民法典》，全面积极开展厉行节约、反对浪费的行动，在全社会确立节约光荣、浪费可耻的价值理念，营造崇尚节俭的浓厚氛围。

习近平一直高度重视粮食安全和提倡"厉行节约、反对浪费"的社会风尚，多次强调要制止餐饮浪费行为。并多次作出重要指示，要求以刚性的制度约束、严格的制度执行、强有力的监督检查、严厉的惩戒机制，切实遏制公款消费中的各种违规违纪违法现象，并针对部分学校存在食物浪费和学生节俭意识缺乏的问题，对切实加强引导和管理，培养学生勤俭节约良好美德等提出明

确要求。

党的十八大以来，各地区各部门贯彻落实习近平重要指示精神，采取出台相关文件，开展“光盘行动”等措施，大力整治浪费之风，“舌尖上的浪费”现象有所改观，特别是群众反映强烈的公款餐饮浪费行为得到有效遏制。然而，一些地方、部门、单位、餐馆乃至家庭餐饮浪费现象仍然存在，有的还比较严重，需要各级党政机关和部门采取更加有力的措施，推动全社会深入推进制止餐饮浪费工作。

二、各级党和国家机关及其公职人员要做好示范引领

各级党政机关和政法机关及其公职人员要带头践行“厉行节约，反对浪费”，做好示范引领，并按照民法典确立的“绿色原则”，一切活动“应当有利于节约资源、保护生态环境”。

我先后在宁乡市法院、长沙市天心区法院和雨花区检察院主职，我们一直在倡导并践行“绿色原则”。比如我们在食堂、走廊、电梯均张贴有“以吃萝卜白菜为荣，拒吃鱼翅珍禽”“‘光盘’行动，避免浪费；七八分饱，有益健康”“吃完是营养，剩下成垃圾；营养长身体，垃圾害社会”等提示标语，旨在固化提示，根植理念，养成习惯，化为自觉行为。

雨花检察院单位食堂提供自助餐，要求大家取餐时“单次少取，不够再取”，避免食物浪费，避免吃不完产生更多的餐厨垃圾。厨余垃圾过多，不仅浪费粮食，浪费资源，还进一步污染环境，危害社会。

同时，雨花检察院食堂餐桌，过去每天每餐都要更换塑料桌布，因为大家都把吃剩的骨头、菜梗等随意丢在桌子上，以致餐桌上常常剩饭剩菜狼藉一片，很不雅观。每餐必须更换塑料桌布，又导致产生过多的白色垃圾。后来我们作了一个小小的改进，即在每个桌子上放一个盘子，大家吃不了的骨头、鱼刺、菜梗等都放入盘子中，桌子可保持整洁干净，就不必每餐每天更换塑料桌布。塑料桌布虽然很便宜，但过多使用，就变成白色垃圾。

雨花检察院把“厉行节约，反对浪费”的教育作为干部队伍建设和检察文化建设重要内容，从理念、制度、行为规范到日常工作和生活，让节俭文化持续得到深化固化常态化。

三、每个家庭都要切实践行节约、禁止浪费

每个家庭每天的饭菜都要适量，尽量避免产生剩饭剩菜。如产生剩饭剩菜，也要科学合理利用。

我在家里是这样做的：晚餐如有剩饭，一般与小米、绿豆、莲子、红枣等拌在一起熬粥，供第二天早餐食用。如剩饭过多，则放入冰箱，待到周末带回乡下老家喂鸡鸭。如有剩菜，也与厨房留下的菜叶、菜梗、果皮瓜瓤和洗碗留下的菜渣饭屑等厨余垃圾一起，倒入专用水缸沤肥浇菜，避免产生过多的垃圾。因为处理垃圾既要耗费社会成本，还可能危害社会。而将其收集沤肥浇菜，则可化废为宝。

2020 年初疫情期间，单位食堂不提供堂食，每天中餐统一提供盒饭。因米饭量足，我总是吃不完。自己就每天把吃不完的米饭带回家，或用来晚餐熬稀饭，或放入冰箱，到周末带回乡下喂鸡喂鸭喂鱼。

每家每户要坚持节约，减少剩饭剩菜倾倒，避免浪费，避免产生过多的厨余垃圾。

在农村，应实行每家每户严格区分厨余垃圾，严禁随意倾倒，将剩饭剩菜、菜叶菜梗、果皮瓜瓤都用来喂鸡喂鸭，或倒入在菜土设置的专用水缸，用以沤肥浇菜，化废为宝。

当然，在城市，很多家庭难以做到自己处理厨余垃圾。但必须做好垃圾分类，严格按规定处理厨余垃圾，以便有关部门统一集中处理。

无论城乡，每个家庭都要切实贯彻习总书记指示精神和《民法典》规定的“绿色原则”，特别注重对家庭成员尤其是青少年的节俭教育，形成爱惜粮食、崇尚节约、反对浪费的价值观和文化氛围。

四、餐饮企业更要做厉行节约、杜绝奢侈浪费的示范

现在更多的食物浪费是在餐馆或饭店。客人点一大桌饭菜，有的吃了不到一半，剩下的全部倒掉了，产生大量的餐厨垃圾。我们经常看到把餐馆或饭店剩饭剩菜一桶一桶倒掉，餐厨垃圾车经常在大街小巷穿梭。处理这些剩饭剩菜不知要耗费多少成本。如处理不好，这些餐厨垃圾不知流向何处，有可能进一步危害社会，污染环境。

到餐馆就餐，一方面客人点菜要适量，一方面餐馆要指导客人适量点菜。对确实没有吃完的食物，餐馆要建议客人打包带回家食用。

餐饮企业行政主管部门，要切实贯彻习近平总书记指示和《民法典》精神，出台有关制止浪费的规章制度，并为餐饮企业统一印制杜绝餐饮浪费的宣传标牌，督促悬挂张贴。加强日常督查检查，对浪费现象责令整改，对严重浪费的餐饮企业施以严厉处罚。

（2020 年 8 月 12 日）

电鱼40尾，放生4000条，拘役3个月

《民法典》学习

《民法典》第9条："民事主体从事民事活动，应当有利于节约资源、保护生态环境。"

第1229条："因污染环境、破坏生态造成他人损害的，侵权人应当承担侵权责任。"

第1232条："侵权人违反法律规定故意污染环境、破坏生态造成严重后果的，被侵权人有权请求相应的惩罚性赔偿。"

2021年1月12日，我到圭塘河一地段现场监督见证了一场被告人张某兵家属代为履行的渔业生态环境资源修复活动。

一、沉重代价：电鱼40尾，放鱼4000条，拘役3个月

2020年10月，被告人张某兵因在圭塘河流域电捕鱼约40尾，被公安机关立案侦查，雨花区检察院以非法捕捞水产品罪批准逮捕追究其刑事责任，并提起附带民事公益诉讼，要求其同时承担民事侵权责任，增殖放流4000尾鱼苗来修复电捕鱼带来的生态损害。

检察机关附带民事公益诉讼起诉书指出：张某兵于禁渔期内在禁渔区浏阳河水域，采用禁止使用的电鱼方法捕捞水产品共计约2kg，违反了一系列法律

法规的规定，张某兵依法应为其破坏浏阳河水域生态环境和渔业资源的非法捕捞行为承担修复渔业生态环境资源、赔礼道歉并承担专家咨询费。

因被告人张某兵被捕在押，其兄为其出资 20000 多元用于购买 4000 尾鱼苗和支付 4000 多元鉴定费。

鉴于被告人张某兵的认罪悔罪态度，检察机关决定适用认罪认罚从宽，对其从轻处罚，向法院提出判处拘役 3 个月的从宽量刑建议。

二、钓鱼手气不佳，心生“电鱼”歪念

2020 年 10 月 22 日下午，被告人张某兵在圭塘河洪塘段钓鱼，因为未钓到鱼，遂产生用“电机”电鱼的想法。当晚 10 点左右，张某兵用随身携带的简易电鱼工具电鱼。花了半小时，张某兵电鱼 40 尾左右，重量约 2kg。接到群众举报的农业农村局工作人员和同升街道城管办农水专干迅速赶赴现场并报警，民警立即赶赴现场将张某兵抓获。次日，雨花公安分局依法对张某兵予以刑事拘留。11 月 3 日，雨花区检察院以涉嫌非法捕捞水产品罪依法批准逮捕张某。

案发后，嫌疑人张某兵及时认识到了自己的错误，自愿认罪认罚，愿意委托家属按照湖南省水产科学研究所的修复方案进行增殖放流、承担专家鉴定费 4000 元并在市级以上媒体公开赔礼道歉。

随后，检察机关委托湖南省水产科学研究所对犯罪行为所导致圭塘河渔业生态环境和渔业资源的损害以及修复方案出具专家咨询意见书。该意见书指出电鱼行为不仅对水生生物资源造成了直接的损害，而且在水生生物生长发育、繁殖等多方面产生了间接的侵害，为修复因非法捕捞水产品造成的渔业资源生态环境损害，建议采取增殖放流的方式，从市级以上鱼类原良种场购置 10cm 以上滤食性鱼类苗种链 2000 尾、鳙 2000 尾，放流浏阳河、湘江水域。

三、破坏生态环境的违法犯罪活动必须从严惩处

雨花区检察院以非法捕捞水产品罪起诉被告人张某兵，同时提起刑事附带民事公益诉讼。检察机关认为：在浏阳河等重点水域设置禁渔区和禁渔期，是保护鱼类资源或其他水生经济动物正常产卵、繁殖、幼体成长及保护渔业资源和生物多样性、维护水域生态平衡的重要举措。在常年禁渔水域使用禁用的方法捕捞水产品，将导致渔业资源被破坏，物种数量减少，生物多样性遭到破

坏，侵害了社会公共利益。故雨花区检察院向法院提出依法判令张某兵进行增殖放流、在市级以上新闻媒体公开赔礼道歉以及承担专家鉴定费的诉讼请求。

“长江十年禁捕是为全局计、为子孙谋的重要决策”习近平总书记对长江流域“十年禁渔”作出重要批示，各级行政执法机关和司法机关必须深入贯彻落实，同时引起全社会高度关注，共同维护生态环境，为推动长江经济带高质量发展，谱写生态优先、绿色发展的新篇章。此次放流是雨花区实施长江流域重点水域禁捕以来，首次开展的渔业增殖放流活动，也是巩固和扩大圭塘河生态治理战果的重要举措。

圭塘河是长沙市唯一的内城河，系浏阳河一级支流。圭塘河发源于雨花区跳马镇石门村鸭巢冲水库，在黎托乡花桥村汇入浏阳河，全程约28. 3km。长期以来，由于圭塘河水流量不足、自净能力差、沿岸植被覆盖减少、泥沙淤积等综合因素影响，河岸沿线生态环境非常脆弱。近年来，雨花区财政投资100亿对圭塘河进行全面生态保护与水质改造，通过合理设计人工湿地、生态草沟、雨水花园等生态手法净化水质，目前圭塘河水质年均值已经达到国家III类标准，河域生态步入良性发展。

需要注意的是，为保护渔业资源和生物多样性，维护水域生态平衡，中共中央、国务院对长江流域重点水域于2020年1月1日0时起实行十年禁捕。长沙市人民政府、雨花区人民政府也发布了《长沙市人民政府关于长沙市重点水域常年禁渔的通告》《长沙市雨花区人民政府关于严厉打击电鱼、毒鱼、炸鱼等非法捕捞行为的通告》等重要文件，规定浏阳河及圭塘河全域实施常年禁捕，严禁电鱼、毒鱼、炸鱼等违法行为，违者须承担法律责任。

电鱼、炸鱼、毒鱼等行为不仅严重影响生态环境，还触犯了刑法，在高度重视生态文明建设、禁捕工作氛围浓厚的当下，不但要被判处刑罚，而且还要承担修复生态以及赔礼道歉的民事侵权责任。

故此，我们诚恳告诫广大群众：切勿触碰“生态环境”违法红线。

与此同时，每一位公民不仅要自觉守法，还有积极举报相关违法行为的社会责任，携手做好圭塘河的保护，共同维护生态环境，建设美丽中国。

（2021年1月16日）

电鱼40尾，放生4000条，拘役3个月

附：

有关法律条文

《刑法》第340条：【非法捕捞水产品罪】违反保护水产资源法规，在禁渔区、禁渔期或者使用禁用的工具、方法捕捞水产品，情节严重的，处三年以下有期徒刑、拘役、管制或者罚金。

《民法典》第9条：民事主体从事民事活动，应当有利于节约资源、保护生态环境。

第1229条：因污染环境、破坏生态造成他人损害的，侵权人应当承担侵权责任。

第1232条：侵权人违反法律规定故意污染环境、破坏生态造成严重后果的，被侵权人有权请求相应的惩罚性赔偿。

第1233条：因第三人的过错污染环境、破坏生态的，被侵权人可以向侵权人请求赔偿，也可以向第三人请求赔偿。侵权人赔偿后，有权向第三人追偿。

第1234条：违反国家规定造成生态环境损害，生态环境能够修复的，国家规定的机关或者法律规定的组织有权请求侵权人在合理期限内承担修复责任。侵权人在期限内未修复的，国家规定的机关或者法律规定的组织可以自行或者委托他人进行修复，所需费用由侵权人负担。

第1235条：违反国家规定造成生态环境损害的，国家规定的机关或者法律规定的组织有权请求侵权人赔偿下列损失和费用：（一）生态环境受到损害至修复完成期间服务功能丧失导致的损失；（二）生态环境功能永久性损害造成的损失；（三）生态环境损害调查、鉴定评估等费用；（四）清除污染、修复生态环境费用；（五）防止损害的发生和扩大所支出的合理费用。

第179条：承担民事责任的方式主要有：

（一）停止侵害；（二）排除妨碍；（三）消除危险；（四）返还财产；（五）恢复原状；（六）修理、重作、更换；（七）继续履行；（八）赔偿损失；（九）支付违约金；（十）消除影响、恢复名誉；（十一）赔礼道歉。

法律规定惩罚性赔偿的，依照其规定。本条规定的承担民事责任的方式，可以单独适用，也可以合并适用。

第 187 条：民事主体因同一行为应当承担民事责任、行政责任和刑事责任的，承担行政责任或者刑事责任不影响承担民事责任；民事主体的财产不足以支付的，优先用于承担民事责任。

提倡“树葬”种植“墓林”

《民法典》学习

《民法典》第 9 条规定：“民事主体从事民事活动，应当有利于节约资源，保护生态环境。”

殡葬改革应贯彻民法典精神。我总是想，修墓的观念什么时候要来个根本性的转变呢?

大力提倡“树葬”，“树葬”是一种最经济、最文明、最生态环保的殡葬方式。

所谓“树葬”，就是不再修墓了，种一棵树，或选一棵树，把骨灰撒在树下。在树上挂一个牌子，写上“×××之墓”，后人把这棵树培植养护好即可。

在城市，可由民政协同林业部门，选用若干地方，或种树，或在已有树上挂牌，培植成一片“墓林”。

在农村，也要倡导以种树替代修坟造墓。

这样，后人祭扫就不用烧纸钱、燃放鞭炮。只要对树培植养护，系一朵小花，寄托追思。这也会从根本上带来文明祭奠。

现在一些有钱人家修墓的攀比之风日盛，一家比一家豪华气派。有的坟墓修得像宫殿，挖山毁林，破坏生态，挤占自然资源。

过去在农村，一般实行土葬，都得打一副棺材。老人上了六十、七十，做儿子的就要为老人准备棺材，才算孝敬。棺材需要用很多大木头，耗用很多木材；人死了，放入棺材，葬于山林，又得毁林占地。

现在农村很多地方，虽然实行火葬。但火葬回来，照样把骨灰放入棺材之中，依然葬于山林，毁林占地。

在城乡结合部，一些人家甚至占用耕地修墓。

首先，政府应在烈士陵园为烈士造一片森林，为每一位烈士选一棵大树，在树上悬挂烈士英名，在树旁立一块碑，刻录烈士英雄事迹。

政府不再批准增加“墓地”，而要为市民种植“墓林”。公民去世后，后人到“墓林”选一棵树，挂上逝者姓名，将骨灰撒入树下。公民亦可在生前将树选好。

骨灰撒入树下，“化作春泥更护花”。

当前，对实行“树葬”者，政府可对逝者亲属给予一定的奖励。

过去一些人将骨灰撒入江河、湖泊或海洋，都会污染水源、水流，不能再提倡了。

唯有提倡“树葬”，才是最生态、最环保、最符合《民法典》“节约资源，保护生态环境”的“绿色原则”。

在14亿人之众的中国，提出“树葬”，以“墓林”取代“墓地”，用一片片郁郁葱葱的森林取代一堆堆的坟墓，这是美丽中国、绿色中国对地球、对人类最好的礼物，也是对逝者最好的纪念。

（2020年9月19日）

快递包装呵，爱你不容易

《民法典》学习

《民法典》第 9 条规定："民事主体从事民事活动，应当有利于节约资源、保护生态环境。"第 509 条规定："当事人在履行合同过程中，应当避免浪费资源、污染环境和破坏生态。"此外，第 286 条、第 346 条等条文也强调对物的利用要节约资源、保护环境。

形形色色的包装与人们工作和日常生活紧密相关联，无时不有、无处不在。然而，当前产品包装、快递包装均不同程度地存在"过度包装""塑料包装""劣质包装""有毒有害材质包装"，带来资源浪费、"白色污染"和生态环境破坏等问题，已经引起国家关注，更需全社会高度重视，共同发力，综合整治。

2020 年 11 月 30 日，国务院办公厅转发国家发展改革委、国家邮政局、生态环境部等八部门《关于加快推进快递包装绿色转型意见的通知》（以下简称《通知》）。《通知》要求：到 2022 年，制定实施快递包装材料无害化强制性国家标准，全面建立统一规范、约束有力的快递绿色包装标准体系；电商快件不再二次包装比例达到 85%，可循环快递包装应用规模达 700 万个。到 2025 年，电商快件基本实现不再二次包装，可循环快递包装应用规模达 1000 万个，以及逐步停止使用不可降解的塑料包装袋、一次性塑料编织袋，减少使用不可降解塑料胶带。

根据该《通知》精神，对快递包装绿色转型，必须实施综合治理。

一是完善快递包装法律法规和标准体系。健全法律法规体系，进一步明确市场主体法律责任和政府监管责任；加强标准化工作顶层设计，统一指导快递包装标准制定工作；升级完善快递包装标准，建立健全可循环快递包装、产品与快递一体化包装、合格包装采购管理、绿色包装认证等重点领域标准。

二是强化快递包装绿色治理。推进快递包装材料源头减量。加强快递领域塑料污染治理，推动重点地区逐步停止使用不可降解的塑料包装袋、一次性塑料编织袋，减少使用不可降解塑料胶带；提升快递包装产品规范化水平。全面禁止电商和快递企业使用重金属含量、溶剂残留等超标的劣质包装袋，禁止使用有毒有害材料制成的填充物；推广电商快件原装直发，推进产品与快递包装一体化，减少电商商品在寄递环节的二次包装。

三是推进可循环快递包装应用。推广可循环包装产品，鼓励在同城生鲜配送、连锁商超散货物流中推广应用可循环可折叠快递包装、可循环配送箱、可复用冷藏式快递箱，减少一次性塑料泡沫箱等的使用；培育可循环快递包装新模式。鼓励电商和快递企业与商业机构、便利店、物业服务企业等合作设立可循环快递包装协议回收点，投放可循环快递包装的回收设施，丰富回收方式和渠道。

四是规范快递包装废弃物回收和处置。加强快递包装回收，鼓励在校园、社区等场所的快递网点开展快递包装纸箱集中回收，适度提升复用比例。推进快递包装废弃物中可回收物的规范化、洁净化回收。推进快递包装废弃物分类处置，提高资源化、能源化利用比例，加强垃圾焚烧发电企业运行管理，确保污染物稳定达标排放。

（2021 年 2 月 3 日）

公益诉讼检察应在贯彻执行《民法典》上发力致效

《民法典》学习

《民法典》第1235条：“违反国家规定造成生态环境损害的，国家规定的机关或者法律规定的组织有权请求侵权人赔偿下列损失和费用：（一）生态环境受到损害至修复完成期间服务功能丧失导致的损失；（二）生态环境功能永久性损害造成的损失；（三）生态环境损害调查、鉴定评估等费用；（四）清除污染、修复生态环境费用；（五）防止损害的发生和扩大所支出的合理费用。”

每年的6月5日为世界环境日。它的确立反映了世界各国人民对环境问题的认识和态度，表达了人类对美好环境的向往和追求。联合国设立世界环境日旨在促进全球环境意识、提高社会对环境问题的注意并采取行动。

“山虎说法”第197期刊发了《全面贯彻民法典确立的“绿色原则”》，本期再推出《公益诉讼检察应在贯彻执行〈民法典〉上发力致效》，亦为纪念“世界环境日”而作，更在于为公益诉讼检察工作如何保护生态环境而献策、发声乃至发力。

在十三届全国人大三次会议通过《民法典》的第二天，即2020年5月29日，中共中央政治局就“切实实施民法典”举行第二十次集体学习。中共中央总书记习近平在主持学习时强调，民法典在中国特色社会主义法律体系中具有重要地位，是一部固根本、稳预期、利长远的基础性法律，对推进全面依法治国、加快建设社会主义法治国家，对发展社会主义市场经济、巩固社会主义基本经济制度，对坚持以人民为中心的发展思想、依法维护人民权益、推动我国人权事业发展，对推进国家治理体系和治理能力现代化，都具有重大意义。全党要切实推动民法典实施，以更好推进全面依法治国、建设社会主义法治国家，更好保障人民权益。

当前检察机关公益诉讼检察应把着力点放在《民法典》的宣传和贯彻执行上。

全面贯彻“绿色原则”，一方面要求一切民事主体从事的一切民事活动都要围绕《民法典》第 9 条规定的“有利于节约资源、保护生态环境”来进行；另一方面行政执法部门和司法机关还应加大对浪费资源、破坏生态环境违法犯罪活动的制裁惩处力度，提高生态环境破坏者的违法犯罪成本。

各级人民检察院作为法定的国家公益诉讼机关、司法机关和法律监督机关应切实履行法定职责，为生态环境的维护提供法治保障。

《民法典·侵权责任编》第七章专门就“环境污染和生态破坏责任”，规定了生态环境损害的惩罚性赔偿制度，并明确规定了生态环境损害的修复和赔偿规则，为检察机关就生态环境保护的公益诉讼检察提供了法律依据。

生态环境保护关乎社会公共利益，在规定生态环境侵权责任时，除了应当考虑对受损权益进行补偿、填补，还需考虑对加害行为进行惩戒、制裁，对类似的环境污染和生态破坏行为进行威慑和预防，从而保护社会公共利益。如今，生态环境侵权责任也实现了突破。侵权人故意违反国家规定污染环境、破坏生态造成严重后果的，被侵权人有权请求相应的惩罚性赔偿。如《民法典》第 1232 条作出了“环境污染、生态破坏侵权的惩罚性赔偿”规定：“侵权人违反法律规定故意污染环境、破坏生态造成严重后果的，被侵权人有权请求相应的惩罚性赔偿。”第 1234 条规定了“生态环境修复责任”：“违反国家规定造成生态环境损害，生态环境能够修复的，国家规定的机关或者法律规定的组织有权请求侵权人在合理期限内承担修复责任。侵权人在期限内未修复的，国家规定的机关或者法律规定的组织可以自行或者委托他人进行修复，所需费用由侵权人负担。”

近年来公众持续关注的环境公益诉讼和生态环境损害赔偿，也从政策性文件和司法解释中走进民法典。

《民法典》第1235条对公益诉讼的赔偿范围作出了规定："违反国家规定造成生态环境损害的，国家规定的机关或者法律规定的组织有权请求侵权人赔偿下列损失和费用：（一）生态环境受到损害至修复完成期间服务功能丧失导致的损失；（二）生态环境功能永久性损害造成的损失；（三）生态环境损害调查、鉴定评估等费用；（四）清除污染、修复生态环境费用；（五）防止损害的发生和扩大所支出的合理费用。"

这里"国家规定的机关"当然包括检察机关。

《民事诉讼法》第55条规定："对污染环境、侵害众多消费者合法权益等损害社会公共利益的行为，法律规定的机关和有关组织可以向人民法院提起诉讼。""人民检察院在履行职责中发现破坏生态环境和资源保护、食品药品安全领域侵害众多消费者合法权益等损害社会公共利益的行为，在没有前款规定的机关和组织或者前款规定的机关和组织不提起诉讼的情况下，可以向人民法院提起诉讼。前款规定的机关或者组织提起诉讼的，人民检察院可以支持起诉。"

《行政诉讼法》第25条亦规定："人民检察院在履行职责中发现生态环境和资源保护、食品药品安全、国有财产保护、国有土地使用权出让等领域负有监督管理职责的行政机关违法行使职权或者不作为，致使国家利益或者社会公共利益受到侵害的，应当向行政机关提出检察建议，督促其依法履行职责。行政机关不依法履行职责的，人民检察院依法向人民法院提起诉讼。"

可见，人民检察院作为提起公益诉讼的国家法定机关，既可以依据《民事诉讼法》对"破坏生态环境和资源保护、食品药品安全领域侵害众多消费者合法权益等损害社会公共利益的行为"提起公益诉讼或支持有关"机关或者组织提起诉讼"，也可以依据《行政诉讼法》对"生态环境和资源保护、食品药品安全、国有财产保护、国有土地使用权出让等领域负有监督管理职责的行政机关违法行使职权或者不作为"向有关行政机关提出检察建议或向人民法院提起行政公益诉讼。

检察机关或者法律规定的组织有权要求生态环境侵权人承担修复责任和生态环境损害赔偿。明确、高位阶的实体法依据，对于通过诉讼制度保护生态环境、引入社会参与、加强生态文明建设有重大意义。同时，生态环境损害赔偿与惩罚性赔偿一道，极大加重了恶意违法者应承担的民事责任。

人民检察院的公益诉讼检察尤其要把着力点放在生态环境保护的公益诉讼上。

相关行政执法部门要切实强化行政高效执法，及时查处和制裁生态环境违法者。对破坏生态环境构成犯罪的，公安、检察、法院要加大刑罚惩处制裁力度。

检察机关作为宪法规定的法律监督机关，应积极履职，监督行政执法部门和司法机关正确履行法定职责，推动其共同保护生态环境。

（2020 年 10 月 3 日）

第二单元　睦邻之善

开发商所谓送“屋顶露台”有法律效力吗？

《民法典》学习

《民法典》第271条：“业主对建筑物内的住宅、经营性用房等专有部分享有所有权，对专有部分以外的共有部分享有共有和共同管理的权利。”

《民法典》第274条规定：“建筑区划内的道路，属于业主共有，但是属于城镇公共道路的除外。建筑区划内的绿地，属于业主共有，但是属于城镇公共绿地或者明示属于个人的除外。建筑区划内的其他公共场所、公用设施和物业服务用房，属于业主共有。”

《民法典》第271条的规定与《物权法》第六章第70条、第71条、第73条的规定内容大致相同。

在上述规定中，对于“层顶露台”的性质没有明确列举，但根据立法精神和“层顶露台”的属性，它显然不能属于专有部分，而只能原则上划归业主共有部分。

由于《物权法》没有将“屋顶露台”明确规定于法律条文中，导致在实际生活中对“屋顶露台”的性质产生不同理解，产生诸多纠纷。最高人民法院为了司法实务中更好地理解和适用2009年10月施行的《最高人民法院关于审理建筑物区分所有权纠纷案件具体应用法律若干问题的解释》（以下简称

《建筑物区分所有权解释》）第 3 条规定，屋顶平台原则上属于共有部分。该解释第 3 条的全文是：“除法律、行政法规规定的共有部分外，建筑区划内的以下部分，也应当认定为物权法第六章所称的共有部分：（一）建筑物的基础、承重结构、外墙、屋顶等基本结构部分，通道、楼梯、大堂等公共通行部分，消防、公共照明等附属设施、设备，避难层、设备层或者设备间等结构部分；（二）其他不属于业主专有部分，也不属于市政公用部分或者其他权利人所有的场所及设施等。”

依据这一规定，屋顶和外墙、通道、楼梯等基本结构和公共通行部分明确规定为业主共有部分。

综观《民法典》《物权法》《建筑物区分所有权解释》的规定，作为建筑物基本结构的屋顶等共有部分，法律并没有赋予开发商送顶楼平台的权利，开发商对顶楼业主送屋顶露台的承诺，无论是口头的还是书面的，都是无效的约定。

依据《物权法》规定，屋顶是公共部位，归全体业主共有，业主共同享有权利并承担义务。对屋顶的使用，应由全体业主共同约定。“屋顶”既包括平台屋顶、斜坡屋顶和其他平斜结合屋顶。

按法律规定，屋顶露台作为业主共有部分，全体业主享有使用权和共同管理权，但在实际生活中，楼顶业主对屋顶露台可能使用得更多一些，且更方便进行管理。但楼顶业主对屋顶露台的使用和管理必须遵循合法与合理原则，不能独占，不能过分使用，特别是不能将露台建成封闭式的建筑，限制和禁止其他业主使用。

当然也不排除屋顶露台作为业主专有部分的例外情形，但需要符合认定为专有部分的特点条件。首先其必须在规划上即属于特定的房屋，并且在开发商销售时，赠送的部分符合有关部门的规划，而且还被明确地列入了商品房买卖合同当中的，才被确认为房屋的组成部分之一。

《建筑物区分所有权解释》第 2 条第 2 款：“规划上专属于特定房屋，且建设单位销售时已经根据规划列入该特定房屋买卖合同中的露台等，应当认定为物权法第六章所称专有部分的组成部分。”这就是对屋顶露台作为业主专有部分例外情形的规定。

展开来说，露台要成为专有部分的组成部分，必须具备以下条件：

（1）符合规划，规划需经过规划行政主管部门批准。有了主管部门的批准，露台才可能成为合法建筑。否则，建设单位违规建设的露台或者某部分业主私自加建的露台，都是违法的，也不可能取得登记机关的登记。

（2）物理属性上专属于特定房屋，是该特定房屋的附属物。只有该特定房屋的所有权人才能对该露台享有所有权，才能对该露台进行使用，其他人对该露台不享有所有权，也不能对该露台进行使用。换言之，特定房屋的所有权人可以对该露台进行排他使用。

（3）建设单位销售时已经将根据规划列入该特定房屋买卖合同中的露台进行了约定，即如果露台要成为某特定房屋的组成部分，必须还要有合同依据。也就是说，开发商与购房人签合同时，已经明确约定出售的部分包括露台。

在实践中，如果某套房屋有露台，那么，开发商在出售该套房屋时，几乎都会对露台的权属作出约定。随着民法典的出台，《物权法》第六章相关条文被吸收，上述司法解释的理解与立法本意仍然是契合的，可继续适用。（以上参见《中华人民共和国民法典物权编理解与适用（上）》，最高人民法院民法典贯彻实施工作领导小组主编，人民法院出版社，2020 年 7 月出版。）

建筑区划内符合下列条件的房屋，以及车位、摊位等特定空间，应当认定为《物权法》第六章和《民法典》“物权编”第六章所称的专有部分：具有构造上的独立性，能够明确区分；具有利用上的独立性，可以排他使用；能够登记成为特定业主所有权的客体。

专有部分是建筑物区分所有权制度的基础性概念，其应具备的特征为：

（1）“具有构造上的独立性，能够明确区分”，判断标准主要是此专有部分与彼专有部分是否能够明确区分，就房屋而言，此套房屋须以墙、天花板、地板等与彼套房屋分开，就车位、摊位而言，此特定空间须以四条线为基础组成的立体空间与彼特定空间分开。

（2）“具有利用上的独立性，可以排他使用”，判断标准主要是有独立的出入口，即通常所说的门与公共空间相通。

（3）“能够登记成为特定业主所有权的客体”，判断标准主要是看是否在登记机关的登记簿上有记载。

（2020 年 9 月 27 日）

《民法典》VS《物权法》：业主共同决定事项的门槛降低了

《民法典》学习

《民法典》第 278 条："下列事项由业主共同决定：（一）制定和修改业主大会议事规则；（二）制定和修改管理规约；（三）选举业主委员会或者更换业主委员会成员；（四）选聘和解聘物业服务企业或者其他管理人；（五）使用建筑物及其附属设施的维修资金；（六）筹集建筑物及其附属设施的维修资金；（七）改建、重建建筑物及其附属设施；（八）改变共有部分的用途或者利用共有部分从事经营活动；（九）有关共有和共同管理权利的其他重大事项。业主共同决定事项，应当由专有部分面积占比三分之二以上的业主且人数占比三分之二以上的业主参与表决。决定前款第六项至第八项规定的事项，应当经参与表决专有部分面积四分之三以上的业主且参与表决人数四分之三以上的业主同意。决定前款其他事项，应当经参与表决专有部分面积过半数的业主且参与表决人数过半数的业主同意。"

2021 年 1 月 1 日《民法典》生效实施之前，仍然适用各编对应的相关法律。

在此讨论《民法典》"物权编"第 278 条对《物权法》第 76 条的修改与完善。其中，最主要的区别和法律价值在于适当降低了业主对共同决定事项作出决议的门槛，即表决或同意的法定比例要求有所降低。《民法典》之所以作出这样的完善，旨在解决《物权法》第76条规定业主共同决定一般事项要求占专有部分建筑物总面积和业主总人数“双过半业主同意”、共同决定重大事项要求“双2/3业主同意”的法定比例过高难以达到的问题。

一、《民法典》第278条和《物权法》第76条比较阅读

《民法典》第278条：下列事项由业主共同决定：

（一）制定和修改业主大会议事规则；

（二）制定和修改管理规约；

（三）选举业主委员会或者更换业主委员会成员；

（四）选聘和解聘物业服务企业或者其他管理人；

（五）使用建筑物及其附属设施的维修资金；

（六）筹集建筑物及其附属设施的维修资金；

（七）改建、重建建筑物及其附属设施；

（八）改变共有部分的用途或者利用共有部分从事经营活动；

（九）有关共有和共同管理权利的其他重大事项。

业主共同决定事项，应当由专有部分面积占比2/3以上的业主且人数占比2/3以上的业主参与表决。决定前款第六项至第八项规定的事项，应当经参与表决专有部分面积3/4以上的业主且参与表决人数3/4以上的业主同意。决定前款其他事项，应当经参与表决专有部分面积过半数的业主且参与表决人数过半数的业主同意。

《物权法》第76条：下列事项由业主共同决定：

（一）制定和修改业主大会议事规则；

（二）制定和修改建筑物及其附属设施的管理规约；

（三）选举业主委员会或者更换业主委员会成员；

（四）选聘和解聘物业服务企业或者其他管理人；

（五）筹集和使用建筑物及其附属设施的维修资金；

（六）改建、重建建筑物及其附属设施；

（七）有关共有和共同管理权利的其他重大事项。

决定前款第五项和第六项规定的事项，应当经专有部分占建筑物总面积

2/3 以上的业主且占总人数 2/3 以上的业主同意。决定前款其他事项，应当经专有部分占建筑物总面积过半数的业主且占总人数过半数的业主同意。

表 1　《民法典》第 278 条 VS《物权法》第 76 条

法条	《民法典》第 278 条	《物权法》第 76 条
参与表决人数	由专有部分面积占比 2/3 以上的业主且人数占比 2/3 以上业主参与表决	无要求
通过一般事项	经参与表决专有部分面积 1/2 以上且参与表决人数 1/2 以上业主同意（最终实际表决同意只需占该建筑物总面积 1/3 以上的业主且总人数 1/3 以上业主同意即可通过）	专有部分面积占建筑物总面积 1/2 以上的业主且占总人数 1/2 以上业主同意
通过重大事项	经参与表决专有部分面积 3/4 以上且参与表决人数 3/4 以上业主同意（最终实际表决同意只需占该建筑物总面积 1/2 以上的业主且总人数 1/2 以上业主同意即可通过）	专有部分面积占建筑物总面积 2/3 以上的业主且占总人数 2/3 以上业主同意

通过比较阅读，可以看出《民法典》第 278 条在《物权法》第 76 条基础上所作的修改完善主要有四个方面：一是将“使用建筑物及其附属设施的维修资金”从《物权法》第 76 条第（五）项“筹集和使用建筑物及其附属设施的维修资金”分离出来单列一项，并把它作为一般性共同决定事项，降低了通过这一事项的表决要求；二是增加规定“改变共有部分的用途或者利用共有部分从事经营活动”为业主共同决定的重大事项；三是适当降低了业主对共同决定事项作出决议的门槛；四是对共同决定事项需经过“表决”，相较《物权法》直接使用“同意”而言，更具有程序性、正式性、可操作性和法定性。当然，“参与表决”的方式亦不拘于会议表决，亦可创新表决形式，使之体现一定灵活性。

二、《民法典》适当降低业主对共同表决事项决议门槛

（一）业主共同决定的重大事项由《物权法》规定的“双 2/3”同意实际可降低至“双 1/2”表决同意，即符合法定比例

《民法典》第 278 条对业主共同决定的重大事项表决方式作出了改变。《物权法》第 76 条的“总面积、总人数”为计算基数，均需满足“2/3”，直接计算“业主同意”票数。而《民法典》第 278 条采用两步计算法：第一步

计算要求参与表决的专有部分面积和业主人数均不低于“2/3”；第二步计算参与表决占专有部分面积与参与表决业主同意人数均不低于“3/4”，才达到法定比例要求。简单地说，就是对业主共同决定的重大事项的表决由《物权法》的“双 2/3 同意”，到《民法典》改变为“由 2/3 以上业主参与表决、经参与表决的 3/4 以上业主同意”。这样在实际操作中，参与表决同意的只要达到专有部分总面积和业主总人数“双 1/2”即符合法定比例要求。

以一个建筑小区内建筑物专有部分总面积 9 万平方米、业主总人数为 600 人为例，依据《民法典》第 278 条规定，业主共同决定的重大事项，第一步是参与表决的专有部分总面积和业主总人数均需满足 2/3，即均不低于 6 万平方米和 400 人；第二步是，假定参与表决的业主专有部分面积和业主人数正好分别为 6 万平方米和 400 人，决定重大事项需达到参与表决的专有部分面积 3/4（4.5 万平方米）以上的业主和参与表决的业主人数 3/4（300 人）以上的业主同意（即“双 3/4 表决同意”）。

也就是说，就该建筑小区 9 万平方米的专有部分总面积和 600 人的业主总人数而言，该小区业主共同决定重大事项，最终只需专有部分总面积 4.5 万平方米和业主 300 人表决同意（获得“双 1/2”表决同意），即满足了在“双 2/3”参与表决的基础上，形成“双 3/4”专有部分面积和业主人数表决同意的法定比例要求。

笔者再以既有住宅加装电梯这一“改建、重建建筑物及其附属设施”为例，在《民法典》生效实施之前，只要满足《物权法》第 76 条规定的“双 2/3”即可对加装电梯工程予以报建和推进实施。《物权法》第 76 条第 1 款第（六项）规定“改建、重建建筑物及其附属设施”“应当经专有部分占建筑物总面积 2/3 以上的业主且占总人数 2/3 以上的业主同意”。既有住宅加装电梯显然属于“改建、重建建筑物及其附属设施”，需要“双 2/3”同意。以六层既有住宅一个单元 12 户专有部分建筑物总面积 1200 平方米为例，需要达到专有部分建筑物面积 800 平方米业主和 8 户业主同意才可。

2021 年 1 月 1 日生效实施的《民法典》，对既有住宅加装电梯这项“改建、重建建筑物及其附属设施”业主表决同意的门槛是如何降低的呢？

《民法典》第 278 条对“改建、重建建筑物及其附属设施”等重大事项的，规定在“应当由专有部分面积占比三分之二以上的业主且人数占比三分之二以上的业主参与表决”的基础上，“经参与表决专有部分面积四分之三以上的业主且参与表决人数四分之三以上的业主同意”。

简单地说就是“由2/3以上业主参与表决、经参与表决的3/4以上业主同意”即符合法定比例要求。

同样以六层既有住宅一个单元12户专有部分建筑物总面积1200平方米为例，在获得专有部分建筑物面积800平方米业主和8户业主参与表决的基础上，只要达到参与表决的“专有部分建筑物面积800平方米业主的3/4（600平方米）和参与表决的8户业主的3/4（6户）的同意”，即满足了法定比例。

通过对《民法典》第278条和《物权法》第76条的比较，在前述12户专有部分建筑物总面积1200平方米的事例中，我们不难看出，《民法典》生效实施后，参与表决的专有部分建筑物面积和参与表决的业主与依照《物权法》第76条规定要求的800平方米和8户业主（即“双2/3”）比较降低到了600平方米和6户业主。针对该12户而言，其表决同意增设电梯的法定比例降为“双1/2”。

表2　以加装电梯12户1200平方米为例

法条	《民法典》第278条	《物权法》第76条
参与表决人数	由专有部分面积占比2/3（800平方米）以上的业主且人数占比2/3（8户）以上业主参与表决（12×2/3=8）	无要求
通过加装电梯重大事项	经参与表决专有部分面积3/4（600平方米）以上且参与表决人数3/4（6户）以上业主同意（12×2/3×3/4=6）	专有部分面积占建筑物总面积2/3（800平方米）以上的业主且占总人数2/3（8户）以上业主同意（12×2/3=8）

（二）业主共同表决的一般性事项，表决同意的比例由《物权法》规定的“双过半数”实际可降低至半数以下或“双1/3”，即符合法定比例

《民法典》第278条把制定和修改业主大会议事规则、制定和修改管理规约、选举业主委员会或者更换业主委员会成员、选聘和解聘物业服务企业或者其他管理人、使用建筑物及其附属设施的维修资金等事项作为一般性或常规性事项，虽然需要由业主共同决定，但只要满足“经参与表决专有部分面积过半数的业主同意”和“参与表决人数过半数的业主同意”这两个条件即“双过半即可”。

当然，这里的“参与表决”应符合全体业主专有建筑物总面积和业主总人数的2/3（即“双2/3”）这个法定基数。

也就是说，业主共同决定一般性事项，第一步要求全体业主专有建筑物总面积和业主总人数的2/3（即“双2/3”）以上参与表决；第二部是，在此基础上，不低于“双2/3”参与表决达到“双过半”同意即符合法定比例要求。

以一个建筑小区内建筑物专有部分总面积9万平方米、业主总人数为600人为例，依据《民法典》第278条规定，业主共同决定的一般性事项参与表决的专有部分总面积和业主总人数均需满足2/3，即均不低于6万平方米和400人。假定参与表决的业主专有部分面积和业主人数正好分别为6万平方米和400人，决定一般性事项只需达到参与表决的专有部分面积过半数（3万平方米）以上的业主和参与表决的业主人数过半数（200人）以上的业主同意。这与该建筑小区内9万平方米建筑物专有部分面积和600人业主总人数相比，业主共同决定一般性事项，只需分别满足1/3，即可达到法定比例要求。

表3　以建筑小区9万平方米业主600人为例

法条	《民法典》第278条	《物权法》第76条
参与表决人数	由专有部分面积占比2/3（9×2/3=6万平方米）以上的业主且人数占比2/3（600×2/3=400人）以上业主，参与表决	无要求
通过一般事项	经参与表决专有部分面积1/2（9×2/3×1/2=3万平方米）以上且参与表决人数1/2（600×2/3×1/2=200人）以上业主同意	专有部分面积占建筑物总面积1/2（4.5万平方米）以上业主且占总人数1/2（300人）以上业主同意
通过重大事项	经参与表决专有部分面积3/4（9×2/3×3/4=4.5万平方米）以上且参与表决人数3/4（600×2/3×3/4=300人）以上业主同意	专有部分面积占建筑物总面积2/3（9×2/3=6万平方米）以上的业主且占总人数2/3（600×2/3=400人）以上业主同意

三、《民法典》将筹集和使用“维修资金”分离单列，并降低表决门槛

《物权法》第76条第（五）项规定，“筹集和使用建筑物及其附属设施

的维修资金”，把“筹集”和“使用”建筑物及其附属设施的维修资金相提并论，而且把它们作为需要业主共同决定的“重大事项”，规定“应当经专有部分占建筑物总面积三分之二以上的业主且占总人数三分之二以上的业主同意”。

《物权法》作出这样的规定，导致“使用”维修资金的业主同意门槛过高，很多需要使用维修资金的情况，由于需要达到“2/3 业主同意”，往往很难满足这一法定比例要求，致使很多急需的维修项目难以启动。

有鉴于此，《民法典》第 278 条将“使用建筑物及其附属设施的维修资金”从《物权法》第 76 条第（五）项分离出来单列一项，并把它作为一般性共同决定事项，降低了通过这一事项的表决要求。即“由专有部分面积占比三分之二以上的业主且人数占比三分之二以上的业主参与表决”后，再“经参与表决专有部分面积过半数的业主且参与表决人数过半数的业主同意”即可。这样，通过两步计算，“使用建筑物及其附属设施的维修资金”从《物权法》第 76 条作为重大事项需要满足“2/3 业主同意”，到《民法典》第 278 条，“1/2”参与表决的业主同意即可。这样，法定比例实际上由“2/3”降低到了“1/3”，前文已论述，不再赘述。

但《民法典》第 278 条将“筹集建筑物及其附属设施的维修资金”仍规定为需要业主共同决定的重大事项，在“由专有部分面积占比三分之二以上的业主且人数占比三分之二以上的业主参与表决”的基础上，再“经参与表决专有部分面积四分之三以上的业主且参与表决人数四分之三以上的业主同意”。其业主表决同意的门槛也较《物权法》有所降低，前文已述。

（2020 年 9 月 12 日）

“住改商”：从“业主同意”到“业主一致同意”

《民法典》学习

《民法典》第279条：“业主不得违反法律、法规以及管理规约，将住宅改变为经营性用房。业主将住宅改变为经营性用房的，除遵守法律、法规以及管理规约外，应当经有利害关系的业主一致同意。”

《物权法》第77条规定：“业主不得违反法律、法规以及管理规约，将住宅改变为经营性用房。业主将住宅改变为经营性用房的，除遵守法律、法规以及管理规约外，应当经有利害关系的业主同意。”

《民法典》2021年1月1日生效，对“住”改“商”问题，有着更为严格的限制。说其“严格”，其实也只是增加了“一致”二字。也就是将《物权法》表述的“业主同意”修改为“业主一致同意”。《民法典》第279条是这样规定的：“业主不得违反法律、法规以及管理规约，将住宅改变为经营性用房。业主将住宅改变为经营性用房的，除遵守法律、法规以及管理规约外，应当经有利害关系的业主一致同意。”

2020年9月10日《潇湘晨报》有《长沙小区一业主买下77套住房欲装成酒店遭反对，负责人：邻居仇富》的报道。该报道称，一业主将一小区某栋楼16至20楼的住宅整层买下，加上两个临街门面，此人一共拥有77套住房，并将这77套房作统一装修。“从各种迹象上推断，他们认为这里将要建成一家酒店。此举遭到了不少邻居的反对，他们认为住宅小区内出现一家对外经营的酒店将带来许多不必要的麻烦；此外，装修时疑似改变了楼体结构，届时也可能存在一定的安全风险。”

从报道的情况来看，该业主将77套住房改变为经营性用房，如果该77套房所在属于住宅小区，可能存在以下几个方面的问题：

第一，是否经过了规划同意？如果是住宅小区，当初报建规划审批的是住宅用地，而现在改变土地性质，变为商业用地，在规划上是存在问题的，应该取得出让方和市、县人民政府城市规划行政主管部门同意。《中华人民共和国城市房地产管理法》第18条规定：“土地使用者需要改变土地使用权出让合同约定的土地用途的，必须取得出让方和市、县人民政府城市规划行政主管部门的同意，签订土地使用权出让合同变更协议或者重新签订土地使用权出让合同，相应调整土地使用权出让金。”

将住宅改为经营性用房，因为改变土地用途的性质，如果没有取得出让方和政府规划行政部门同意，就属于《民法典》第279条和《物权法》第77条规定的业主“违反法律、法规以及管理规约，将住宅改变为经营性用房”的情形。

第二，“住改商”在“不违反法律、法规以及管理规约”的基础上，是否经过了有利害关系的业主同意？报道说“此举遭到了不少邻居的反对”，既然是“反对”，说明是没有经过“有利害关系的业主同意”。报道上的那个“负责人”说是“邻居仇富”，这个认识是错误的。这里的“邻居”，就是法律意义上的“有利害关系的业主”。擅自将同一小区的住房改为酒店等经营性用房，按照《物权法》第77条规定，“应当经有利害关系的业主同意”。到2021年1月1日以后，还“应当经有利害关系的业主一致同意”。业主不经“有利害关系的业主同意”，擅自将住房改变为经营性用房，就是违法，怎么反过来说是“邻居仇富”呢？

第三，是否经过了消防许可？如改变为酒店，其消防要求也是不一样的，这一改变应当向消防提出申请，符合消防要求，获得消防特别许可。

第四，是否经过了特别经营许可？酒店是特别行业，应当经过有关主管行业部门的许可，方可开设。

第五，是否存在其他违反法律、法规以及管理规约的情况？

此外，该业主将16—20层整体买下，改变用途，还将存在“改变共有部分的用途或者利用共有部分从事经营活动”问题。比如改变有关过道、楼梯、电梯和建筑区划内其他公共区域本是属于小区业主共有部分的用途，按照《物权法》第76条规定“有关共有和共同管理权利的其他重大事项，……应当经专有部分占建筑物总面积过半数的业主且占总人数过半数的业主同意。”《民法典》第278条第（八）项规定“改变共有部分的用途或者利用共有部分从事经营活动”，属于业主共同决定的重大事项，应当经2/3以上业主参与表决，再经参与表决的3/4以上的业主同意。

（2020年10月6日）

拒交物业费是违法的

《民法典》学习

《民法典》第944条："业主应当按照约定向物业服务人支付物业费。物业服务人已经按照约定和有关规定提供服务的，业主不得以未接受或者无需接受相关物业服务为由拒绝支付物业费。

业主违反约定逾期不支付物业费的，物业服务人可以催告其在合理期限内支付；合理期限届满仍不支付的，物业服务人可以提起诉讼或者申请仲裁。

物业服务人不得采取停止供电、供水、供热、供燃气等方式催交物业费。"

《民法典》第286条："业主应当遵守法律、法规以及管理规约，相关行为应当符合节约资源、保护生态环境的要求。对于物业服务企业或者其他管理人执行政府依法实施的应急处置措施和其他管理措施，业主应当依法予以配合。

业主大会或者业主委员会，对任意弃置垃圾、排放污染物或者噪声、违反规定饲养动物、违章搭建、侵占通道、拒付物业费等损害他人合法权益的行为，有权依照法律、法规以及管理规约，请求行为人停止侵害、排除妨碍、消除危险、恢复原状、赔偿损失。

业主或者其他行为人拒不履行相关义务的，有关当事人可以向有关行政主管部门报告或者投诉，有关行政主管部门应当依法处理。"

一、支付物业费是业主的义务

当前业主拒付物业费问题，不仅成为困扰物业服务企业持续经营发展的突出问题，也是影响业主安居乐业、小区安宁和谐与社区治理的一个显性问题。

《民法典》第 944 条第 1 款首先明确“支付物业费”是业主的义务。具体规定是：“业主应当按照约定向物业服务人支付物业费。物业服务人已经按照约定和有关规定提供服务的，业主不得以未接受或者无需接受相关物业服务为由拒绝支付物业费。”

国务院《物业管理条例》第 7 条规定“按时交纳物业服务费用”是业主的义务。“业主在物业管理活动中，履行下列义务：（一）遵守管理规约、业主大会议事规则；（二）遵守物业管理区域内物业共用部位和共用设施设备的使用、公共秩序和环境卫生的维护等方面的规章制度；（三）执行业主大会的决定和业主大会授权业主委员会作出的决定；（四）按照国家有关规定交纳专项维修资金；（五）按时交纳物业服务费用；（六）法律、法规规定的其他义务。”

物业公司已经按照约定和有关规定提供了服务，业主不得以未接受或不需要相关物业服务为由，拒绝支付物业费。也就是，物业公司只要在整体上提供了保安、保洁以及绿化、水电气热力供应、电梯等各类设施、小区道路等方面的维护维修，业主就享受了物业服务，就应该支付物业费。不难想象，这些服务哪一项没有做好，都会严重影响业主的生活和生存。业主应以诚信为本，按约及时支付物业费。

当然，物业公司要不断改进和完善服务，以最优质高效的服务取信业主，获得业主的满意和信赖。

二、业主违约拒不支付物业费，物业公司应先行催告，再通过诉讼或仲裁请求解决

对于违约拒不支付物业费的业主怎么办？民法典告诉我们，要先行催告，给一定的合理期限。过了合理期限，仍然不支付物业费，可以向法院起诉或向仲裁机构申请仲裁。《民法典》第 944 条第 2 款规定：“业主违反约定逾期不支付物业费的，物业服务人可以催告其在合理期限内支付；合理期限届满仍不

支付的，物业服务人可以提起诉讼或者申请仲裁。”注意，催告是前置程序，也就是必须先行催告。业主在催告的合理期限内仍然拒不支付的，方可提起诉讼或申请仲裁。

三、禁止采用“野蛮催收”手段催收物业费

以往，有些物业服务企业，对拒不支付物业费的业主采取停水、停电、停气等办法，这就从根本上影响了业主的基本生活和生存，导致矛盾冲突升级。《民法典》对此明确予以禁止。

《民法典》第 944 条第 3 款规定：“物业服务人不得采取停止供电、供水、供热、供燃气等方式催交物业费。”

为什么物业公司不能对业主采取停水、停电、停气的办法催收物业费呢？一是会导致对业主基本生活的根本性影响，不文明，也不人道，属于“野蛮催收”，与法治社会起码要求相冲突。二是从法理上说，是业主另行与水、电、气、热力等提供企业签订购买合同，物业公司不是这些合同的当事人。提供水电气热力不是物业服务合同的内容。对水、电、气、热力，物业公司有责任和义务维护好相关设施，确保正常供应和全体业主的基本生活的正常。

四、人民法院和仲裁机构应支持物业公司依法催收

禁止物业公司采取“野蛮催收”，法治社会不允许这种损害群众根本利益的不文明手段。如业主违约经催告仍然拒不支付物业费，物业公司可以而且只能通过法律途径维护自身合法权益。

故此，《民法典》第 944 条第 2 款明确规定：“业主违反约定逾期不支付物业费的，物业服务人可以催告其在合理期限内支付；合理期限届满仍不支付的，物业服务人可以提起诉讼或者申请仲裁。”

最高人民法院《关于审理物业服务纠纷案件具体应用法律若干问题的解释》（以下简称《物业服务纠纷司法解释》）也明确要求人民法院对物业公司起诉业主支付物业费的案件“应予支持”，对“业主仅以未享受或者无需接受相关物业服务为抗辩理由的，人民法院不予支持”。该解释第 6 条：“经书面催交，业主无正当理由拒绝交纳或者在催告的合理期限内仍未交纳物业费，物业服务企业请求业主支付物业费的，人民法院应予支持。物业服务企业已经按

照合同约定以及相关规定提供服务，业主仅以未享受或者无需接受相关物业服务为抗辩理由的，人民法院不予支持。”第7条：“业主与物业的承租人、借用人或者其他物业使用人约定由物业使用人交纳物业费，物业服务企业请求业主承担连带责任的，人民法院应予支持。”

与此同时，《民法典》还在“物权编”规定了业主“拒付物业费”属于损害他人合法权益的行为，业主大会或业主委员会“有权依照法律、法规以及管理规约，请求行为人停止侵害、排除妨碍、消除危险、恢复原状、赔偿损失。”

部分业主拒付物业费，将导致物业服务企业缺乏必要的费用而无法按照约定对小区环境进行维护和修缮，从而损及其他业主的利益。

依据《民法典》第286条规定，业主大会或业主委员会对“业主或者其他行为人拒不履行相关义务的，有关当事人可以向有关行政主管部门报告或者投诉，有关行政主管部门应当依法处理”。业主大会或业主委员会对业主“任意弃置垃圾、排放污染物或者噪声、违反规定饲养动物、违章搭建、侵占通道等”损害业主利益的行为。一方面可以“请求行为人停止侵害、排除妨碍、消除危险、恢复原状、赔偿损失”；另一方面可以“向有关行政主管部门报告或者投诉，有关行政主管部门应当依法处理”。比如向公安、环保、城管等行政主管部门报告或投诉。对“拒不支付物业费”问题，可以支持物业公司提起诉讼或申请仲裁。

（2020年12月11日）

如何设立“居住权”？

《民法典》学习

《民法典》第366条：“居住权人有权按照合同约定，对他人的住宅享有占有、使用的用益物权，以满足生活居住的需要。”

《民法典》物权编专设“居住权”一章，为新增的新型用益物权。“居住权”制度起源于罗马法，这一概念在我国法律中乃首次出现。人们对“居住权”的概念还很陌生，需对它作些明白通俗的解读。

一、什么是居住权？

所谓居住权，是指以居住为目的，对他人的住宅及其附属设施所享有的占有、使用的权利，是用益物权的一种。这是学理解释。

我们能不能用更通俗、更直观的话来解释呢？

“在自己住宅上为他人设立居住权，或在他人住宅上为自己设立居住权。”用这两句话或许可以清晰地表明居住权的涵义。

由此可见，居住权的设立一定是房屋的所有权和占有使用权相分离的。对房屋拥有所有权，当然拥有包括居住在内的占有、使用、收益和处分的权利。而居住权恰恰是不拥有所有权。

二、居住权有何特点?

1. 必须订立书面合同。《民法典》第 367 条规定：“设立居住权，当事人应当采用书面形式订立居住权合同。居住权合同一般包括下列条款：（一）当事人的姓名或者名称和住所；（二）住宅的位置；（三）居住的条件和要求；（四）居住权期限；（五）解决争议的方法。”从这一规定来看，居住权合同排除了口头合同等形式，只能是书面合同，且必须以规范的、格式化的文字条款，对居住权合同具体内容予以明确。

2. 必须经过登记。《民法典》第 368 条规定：“设立居住权的，应当向登记机构申请居住权登记。居住权自登记时设立。”从这一规定来看，居住权的设立以登记为成立要件，未经登记居住权不能设立。

以书面形式设立，必须经过登记，这说明“居住权”是一种特别的用益物权，而不是一般的权利。这是居住区合同与房屋租赁合同的根本性区别所在。

3. 不得转让和继承。《民法典》第 369 条规定“居住权不得转让、继承”。同时规定“设立居住权的住宅不得出租，但是当事人另有约定的除外”。居住权不得转让和继承，是强制性规定。

4. 一般具有无偿性。居住权原则上也不允许出租，当事人另有约定的除外。这是因为在某些特殊情况下，比如以房养老情形下，老人生活拮据，法律允许当事人达成居住权人通过出租房屋获取收益的合意。同时，随着社会经济的发展，除养老方式不断变化，允许当事人通过约定有偿设立居住权能够更好满足养老需求外，还应该鼓励通过约定在城乡闲置房屋上为有特殊需求者有偿设立居住权，以满足人民群众对安居幸福的多元化需求。居住权制度的确立或许对农村闲置房屋使用效益的发挥有着特别的法律指引价值。

三、哪些情况下可设立“居住权”?

根据民法典有关居住权制度的立法精神，笔者认为至少在下列 10 种情况下，可设立“居住权”。

1. 在婚前房屋上设立居住权。按照中国传统习俗，一般由男方准备婚房。为了让女方有稳定的期待，可以在男方房屋上为女方设立居住权，可以避免或缓解对婚前房产是否加名带来的家庭内部矛盾。

2. 父母将唯一房产过户给子女时可为自己设立居住权。有的父母欲将自己的房屋过户给子女或其他对自己尽了主要赡养义务的他人，又担心将来怕情况和人心有变，使自己变得居无定所。此时，父母可以与子女订立书面居住权合同，经过登记用法律形式把居住权固定下来，以解后顾之忧。

3. 父母将房屋过户给一个子女，可为另一子女设立居住权。假设父母有一子一女，按照我国传统世俗，父母一般愿意将房屋产权过户给儿子，但又担心女儿将来“居无定所”，甚至“流离失所”，此时父母可以将房屋产权过户给儿子，同时为女儿设立居住权，此乃两全之策。

4. 出资为子女购房可为自己设立居住权。有的父母倾其所有出资为子女购买住房，也可以在该房屋上为自己设立居住权，使自己安度晚年获得有法律保障的居身之所。

5. 离异时优势一方应为“无家可归”的困难一方设立居住权。有的夫妇中年或晚年还出现离异情况。尤其是在农村和城乡接合部，不少中年或年长妇女离异后，她的亲人病故，娘家已“无人”，或者因拆迁等原因，娘家亦“无屋”，将致其“无家可归”。此时男方应出于人道主义，为女方解决离异后的居住问题。女方也可以提出与男方订立居住权合同经登记设立居住权，她的子女也应设法为母亲以法定形式解决后半生的居住问题。早在2001年最高人民法院颁布的《关于适用〈婚姻法〉若干问题的解释（一）》第27条第3款就对“居住权”作过规定：离婚时，一方以个人财产中的住房对生活困难者进行帮助的形式，可以是房屋的居住权或者房屋的所有权。

6. 可为家庭长期服务者（如保姆）设立居住权。有些如保姆等家庭服务人员已经融入家庭之中，成为不可替代的“家庭成员”，此时也可以为其设立居住权，以使此权利获得法律保障。

7. 将唯一住所转让获取养老资金应为自己设立居住权。这是《民法典》设立居住权彰显“以房养老”功能、闪烁人性光辉的一大亮点。比如低薪退休老人可以将房屋转让给暂时不需要使用的其他个人或有关机构获取价款并继续在该房屋上设立居住权。这样既能保障自己终生居有定所，又能获得一笔价款，以提高养老生活质量。

8. 政府允许的机构用公租房为特困家庭设立居住权。目前，全国各地的公租房所有权一般为政府所有，并租赁给住户，实际上住户的基本权益很难得到保障，也无法充分发挥公租房的社会效益。如果将居住权制度应用到公租房，居住人就具有了物权的对抗效力，这样可以更好地维护居住利益，对于低收入家庭来说有了更好的法律保障。

《民法典》确立居住权制度有助于为公租房和老年人以房养老提供法律保障。居住权立法，是为了认可和保护民事主体对住房保障的灵活安排，满足特定人群的居住需求。也是千百年来“安得广厦千万间，大庇天下寒士俱欢颜”文化理想的承传，更是对党的十九大提出要以“实现全体人民住有所居为最终目标，以加快建立多主体供给、多渠道保障、租购并举的住宅制度”政策的贯彻落实，是立法对“房子是用来住的”理念的回应，也是国家对养老、住房等现实问题的关照。

9. 为告老还乡者设立居住权。不少从乡村走出去的人士到了一定的年岁就萌生了“告老还乡”或“叶落归根”之念，但目前农村土地政策不允许其回乡建房。《民法典》居住权制度的确立，为还乡人士在农村亲人房屋上设立居住权提供了法律依据。

10. 为城市人在乡村设立居住权。部分城市人希望在乡村有休闲性居所或长期性居所。农民可以通过为城市有此需求意愿者约定合同经登记设立居住权的措施，提高其空置房屋使用效率，并为农民带来经济文化等多方面的效益。

此外，除对一些严重破坏生态环境、违法占用耕地和影响公共安全的违法违章建筑坚决依法予以强制拆除外，对城乡某些违法建房（如小产权房）也可以由政府依法没收，然后为有特定需求者设立居住权，也使这种房屋发挥它的使用价值和经济效益。

总之，民法典确立居住权制度正是加快建立多主体供给、多渠道保障、租购并举的住房制度的需要，居住权制度在一定程度上为人民群众住有所居、居有定所提供了更为灵活的机制安排、合理选择和制度保障。

（2020 年 8 月 13 日）

第三单元　诚信至上

贯彻执行《民法典》，应加强对虚假诉讼、虚假仲裁防治的研究

《民法典》学习

《民法典》第 7 条："民事主体从事民事活动，应当遵循诚信原则，秉持诚实，恪守承诺。"

第 146 条："行为人与相对人以虚假的意思表示实施的民事法律行为无效。以虚假的意思表示隐藏的民事法律行为的效力，依照有关法律规定处理。"

第 154 条："行为人与相对人恶意串通，损害他人合法权益的民事法律行为无效。"

第 155 条："无效的或者被撤销的民事法律行为自始没有法律约束力。"

第 509 条："当事人应当按照约定全面履行自己的义务。

当事人应当遵循诚信原则，根据合同的性质、目的和交易习惯履行通知、协助、保密等义务。

当事人在履行合同过程中，应当避免浪费资源、污染环境和破坏生态。"

第 679 条："自然人之间的借款合同，自贷款人提供借款时成立。"

第 680 条："禁止高利放贷，借款的利率不得违反国家有关规定。

借款合同对支付利息没有约定的，视为没有利息。"

第 737 条："当事人以虚构租赁物方式订立的融资租赁合同无效。"

引言

《民法典》在总则编和合同编用了一系列条文规定了“民事主体”从事民事活动应遵守诚信原则，禁止恶意串通实施损害国家、集体和他人合法权益或社会公共利益的民事行为。

虚假诉讼、虚假仲裁的重要特征就是恶意串通捏造法律事实、伪造证据，向人民法院提起民事诉讼或向仲裁机构申请仲裁，骗取生效法律文书，已达到损害国家、集体和他人合法权益或社会公共利益的非法目的。

贯彻执行《民法典》，就要加强对虚假诉讼、虚假仲裁的研究和惩治。《民事诉讼法》第 112 条、第 113 条从程序上对虚假诉讼作出了规制，《刑法》确立了虚假诉讼罪（《刑法》第 307 条之一）。

虚假诉讼和虚假仲裁显然是民事检察监督的重要内容。

2020 年 5 月 29 日，习近平总书记在主持中央政治局第二十次集体学习时提出要从宣传教育、民事立法、民法典执法、司法普法以及民事法律制度理论研究方面加强对民法典的有效贯彻实施。同时还专门强调“要加强民事检察工作”。检察机关当前要坚决贯彻习近平总书记这一要求，以保障民法典切实实施为重点，加强对民事司法活动的监督，畅通司法救济渠道，健全对不服生效民事裁判申诉的受理、审查机制，加大监督力度。对正确的裁判，依照民法典向当事人释法说理，促进息诉服判；对认为确有错误的裁判，通过发出检察建议或者提出抗诉，及时监督纠正。

当前，尤其要贯彻《民法典》总则编、合同编有关“诚信原则”和诚信民事行为的规定，对虚假意思表示、欺诈手段、恶意串通等民事行为的效力和民间借贷的实质交付予以考察，对禁止高利放贷等合同的履行予以审查监督，对民事司法活动予以监督。当前特别要把虚假诉讼、虚假仲裁司法研究作为民事检察监督的重点。

针对民间借贷、以物抵债、企业破产等领域为获取非法利益而虚构事实打“假官司”“假仲裁”的问题，深入开展民事虚假诉讼、虚假仲裁专项监督和理论与实务研究，着力维护诉讼和仲裁秩序与法律权威。

近些年来，我国的虚假诉讼①案件呈高发、蔓延之势。② 尽管《民事诉讼法》第112条、第113条对部分虚假诉讼行为实施的法律责任进行了具体规定，但在虚假诉讼行为的方式、主体等各方面依然存在众多争议。而这正是导致我国有关虚假诉讼的理论纷争与司法乱象的根本原因之一。③

一、虚假诉讼概述

（一）虚假诉讼的概念

我国目前跟虚假诉讼相近的概念众多，包含诉讼欺诈、诉讼诈骗、恶意诉讼、滥用程序、虚假诉讼等，有观点将其与恶意诉讼画上等号④，有观点将其

① 我国目前的相关研究中分别使用了诉讼欺诈、诉讼诈骗、恶意诉讼、滥用程序、虚假诉讼等不同概念，本文认为应当以虚假诉讼这一概念统领前述其他概念。为行文方便，在概括性叙述中均使用虚假诉讼一词。在虚假诉讼中，“诉讼”的含义应当作广义的理解，即不仅包括民事诉讼、刑事诉讼、行政诉讼、执行程序、仲裁程序，还应当包括行政处罚等准司法行政程序。在美国，一般认为在行政诉讼以及准司法行政程序（quasi – judicial administrative proceedings）中均存在恶意诉讼与滥用程序的行为。See Michael John O' Brien, Topical Survey: Administrative Law——Misuse of AdministrativeProcessProvides Grounds for Malicious Prosecution and Abuse of Process——Hillside Associates v. Stravato, 642 A. 2d 664 (R. I. 1994), 29 Suffolk U. L. Rev. 541 (1995)。

② 分别参见邓新建：《诉讼诈骗频发呈全国蔓延趋势》，载《法制日报》2009年3月9日；魏新璋、张军斌、李燕山：《对“虚假诉讼”有关问题的调查与思考——以浙江法院防范和查处虚假诉讼的实践为例》，载《法律适用》2009年第1期；王进：《虚假诉讼现象的分析及应对》，载《法律适用》2009年第11期；韦晓云：《驰名商标认定虚假诉讼之刑法规制》，载《人民司法·应用》2009年第17期。

③ 如关于诉讼欺诈取财行为是否构成犯罪，我国就有诉讼欺诈根本不能成立因而无罪、诉讼欺诈构成诈骗罪、应新设诉讼诈骗罪、应修改完善我国刑法中的伪证罪，以及诉讼欺诈取财行为构成敲诈勒索罪、抢劫罪等各种观点；在司法实践中，诉讼欺诈骗取财物行为的定性非常混乱，情节基本相同的不同案件，全国各地法院的判决结果有着天壤之别，有的以诈骗罪判处重刑，有的判决无罪。分别参见李林：《“诉讼诈骗”定性研究——以我国民事诉讼法为视角》，载《中南大学学报（社会科学版）》2010年第4期；郭理蓉：《谈“诉讼欺诈”行为的定性——兼论我国刑法中伪证罪的完善》，载《法制日报》2003年10月9日；吴玉萍：《诉讼欺诈行为定性研究》，载《中国刑事法杂志》2005年第4期；张明楷：《论三角诈骗》，载《法学研究》2004年第2期；王永亮等：《情节严重的诉讼欺诈行为能否认定为诈骗罪》，载《中国审判新闻月刊》2008年第12期。

④ 该观点认为虚假（恶意）民事诉讼，是指当事人本没有正当的理由和根据，而采用虚构诉讼主体、法律事实，或者隐瞒证据、伪造证据等手段，提起并参加民事诉讼，致使法院作出错误裁判，以达到损害其他民事主体合法权益的违法行为。这一界定类似于英美国家中的恶意诉讼。参见柴春元、刘金林：《规制恶意民事诉讼 净化私权行使空间——“虚假（恶意）民事诉讼”研讨会综述》，载《人民检察》2004年第1期。

限定为当事人恶意串通。[①] 这种局面的诞生，一方面是因为学界话语体系基础存在差异；另一方面是因为对虚假诉讼的差异化认识而导致的。由于多个观点间侧重点不一，从而使得针对的行为主体存在差异，如部分看法认为虚假诉讼的主体仅限原告；部分看法将虚假诉讼的主体拓展为所有诉讼参与人，也就是包含了原被告、诉讼代理人等。在《民事诉讼法》第112条、第113条中，虚假诉讼的主体被体现为“当事人”和“被执行人和他人”。

由此可见，对于虚假诉讼行为有两个方面的分歧：一是关于虚假诉讼的行为方式。捏造事实或者法律关系是虚假诉讼的必要条件吗？虚假诉讼是仅限于当事人一方的单方行为，还是以两方当事人串通为必要条件？二是虚假诉讼的行为主体。虚假诉讼的主体包括所有诉讼参与人吗？参与其中的司法工作人员可以成为行为主体吗？

（二）虚假诉讼的特征

在实践中，虚假诉讼由于其虚构性，在诉讼过程中常常会呈现出多种违背常理的特点：

1. 双方当事人基本没有对抗或者只有形式上的对抗。如原告将被告带来法院一同立案，当场领取起诉状副本等法律文书，双方均声明放弃答辩期、举证期；对于原告主张的事实，被告一方不加反驳，全盘接受，最终的目的就为了尽快结束诉讼，获得生效的法律文书。串通型的虚假诉讼，鉴于事前当事人之间已经合谋，在法律程序上配合无间，这就让案件的审理时间特别短促。

2. 当事人提交的证据在某种程度上存在细微缺陷。在同类型的案件中，往往不能达到证明标准，但在虚假民事诉讼中，被告对原告提交的证据材料完全没有异议，被告自身也不提交任何证据。如数额巨大的民间借贷案件，仅仅只有一份借条，没有资金来源、支付方式等证据佐证。证据材料的纸张新旧程度、墨色深浅程度都高度一致，明显是为了诉讼临时刻意制作的。

3. 大多数以调解的形式结案，同时双方的履行期限很急促，或以督促程

① 浙江省高级人民法院2008年11月18日《关于在民事审判中防范和查处虚假诉讼案件的若干意见》（浙高法〔2008〕362号）将虚假诉讼界定为：民事诉讼各方当事人恶意串通，采取虚构法律关系、捏造案件事实方式提起民事诉讼，或者利用虚假仲裁裁决、公证文书申请执行，使法院作出错误裁判或执行，以获取非法利益的行为。

序更快地获取生效法律文书。虚假诉讼与调解的关联性在于，通过调解方式结案是虚假诉讼的一个显著特征。[①] 法院追求高调解率与虚假诉讼高涨相得益彰。[②] 由于司法实践中调解具有便捷高效的特点，这就使得虚假诉讼的当事人更偏爱用调解的办法来结案。而调解分为两种，一种是当事人之间自行达成调解，另一种是当事人双方在法院的主持下达成调解。在虚假诉讼中，当事人双方会出奇一致地赞同使用调解的方式来予以结案，当其中一方透露出以调解结案的意思时，另一方立即表示赞成。有的虚假民事诉讼中，甚至当事人会主动向法院提交双方已经达成的调解协议，无需法院做调解工作，直接按提交的调解协议制作民事调解书即可。虚假诉讼中双方当事人在调解后，一般会一致约定一个非常短促的履行期，如巨额的债权债务关系，只商定在三五天的限期内了结完毕，丝毫不考虑践诺能力。给法官的感觉，如果是真实的民事纠纷，当事人完全可以自行解决好，无须法院处理。而督促程序对于虚假诉讼来说更容易操作。

（三）虚假诉讼的类型

在借鉴英美相关概念的前提下，根据虚假诉讼过程中的不同参与者以及不同类别，笔者拟把虚假诉讼行为分成三种类型：

1. 恶意诉讼。恶意诉讼系当事人基于违法目的，使用捏造的事实或法律关系将他人告上法庭的行为。恶意诉讼从一开始就缺少正常诉讼所必备的基础性事实和法律关系，其成立的必要条件可以参考英美诸国的相关要件的法律规程。

2. 滥用程序。滥用程序是指当事人为实现诉外的违法目的，而使用已经存在的事实或法律关系提起诉讼，以侵犯他人合法权益的行为。滥用程序以促成违法目的（诉外）为最根本的特点，其存在并不是为了寻求真实的诉讼，其成立的必要条件可以参考英美诸国的相关要件的法律法规。

3. 串通诉讼。串通诉讼系当事人为实现违法目的，以原被告或当事人与裁判组织之间共谋为手段，以虚构的事实提起诉讼的行为。串通诉讼的成立要件包括：第一，捏造法律事实或者法律关系；第二，基于原被告或者裁判组织

① 李浩：《虚假诉讼中恶意调解问题研究》，载《江海学刊》2012 年第 1 期。

② 宋朝武：《虚假诉讼法律规制的理性思考》，载《河南社会科学》2012 年第 12 期。

和当事人一方共谋，对于捏造的事实或法律关系原被告自行承认或积极认同；第三，参与共谋的原被告或者裁判组织与当事人一方具有相互共谋的共同故意；第四，串通诉讼是为了最终达成其不法目的。串通诉讼一般有以下几种类别：一是原被告串通，侵害第三方合法权益或公共利益；二是原告与被告1串通，损害被告2的利益，典型的有配偶因离婚而采取与第三人串通的形式将配偶双方告上法庭，来稀释共同财产，以及与项目部串通，将项目部及发包公司告上法庭，来侵害发包公司的权益；三是部分捏造事实，所捏造的事实从量级上远大于客观事实，比如将5万元的债务伪造成50万元的债务等。

二、虚假诉讼与社会治理的关系

社会治理是党的十八届三中全会提出的重要概念，这一概念将我国社会管理理论与实践的发展与创新推到了一个新的高度。而虚假诉讼治理作为法治体系的有机组成要素，其是否得到有效规制某种意义上决定了社会治理的现代化水平。

（一）治理虚假诉讼是健全国家法治体系必然要求

所谓法治体系，是指法治运转机制和运转环节的全系统，法治体系包括立法、执法、司法、守法、法律监督体系等，由这些体系组合而成的一个呈纵向的法治运转系统。① 法治体系规范运行的结果当然映现为建立法治社会与国家。在法治社会与国家中，公权力和社会关系在法律秩序的轨道上有序运行，在“法律面前人人平等”这一基本原则的覆盖下，人与人之间的关系和社会纠纷的解决均将依照既严格又公正的司法程序来运行。成熟的法治社会与国家，必然要求社会有法律至上的认同并普遍遵守法律，有自觉通过法律程序根据客观事实解决各方面纠纷的习惯和意识。基于法治精神，诚信就成为公正合理化解各项矛盾的基本条件。法治社会与国家要求人人遵守法律，人人依法办事，最终目的在于通过维护和遵守法律来实现公平正义。如果遵守法律者得不到保护，个案结果无法体现公平正义，法律的普遍遵守必然失去道德基础，虚假诉讼严重损害社会公平正义。在法治社会与国家中，对于虚假诉讼的有效惩

① 参见百度词条，http：//baike. baidu. com/view/1409050. htm，访问时间2014年8月7日。

治是法律公信的全面彰显和法律权威牢固确立的必由之路。作为法治社会和国家的重要表征，司法机关的权威性必须为全社会所尊重和崇尚，法院的裁判必须为全社会所广泛认同。倘使司法机关被虚假诉讼绑架，依据捏造的事实或法律关系作出扭曲的裁判，那么法律的价值和权威就将丧失殆尽。

（二）多重性的国家治理体系建立在能治理虚假诉讼的法治体系上

国家治理体系在构成上具有多重属性，为维持治理结构的持续有效动作，在制度上，至少应当包涵法治、激励及协作这三种基本制度要素。把所有的政治、经济、社会、文化、生态活动，全部置于法律框架体系之下。[①] 所以，国家的所有治理行为，必须置于法律框架体系和法治体系下。

易言之，国家治理体系和治理能力现代化的最终达成必须依赖于法律框架和法治体系下的国家治理行为。国家治理体系的本质是对各种权力运转的规制和对社会秩序的保护，其理应包含一揽子体制和范式，以确保行政、市场和社会等行为在法治的轨道上运行。体制的基础性决定了其不仅可以对人民法律素养予以改进，而且可以对公权力的泛滥和失范予以有效规制。所以，对体制的革新在国家治理体系的现代化进程中显得尤为重要。国家治理体系现代化的中心必须是且只能是法治化，要着重提升法治在国家治理中的关键地位。以上论述无不指明，国家的一切活动，包括国家的治理就是要实行法治、建设法治体系，意味着未来中国必将是法治之中国。[②] 如前所述，法治体系、法治社会与法治中国建设目标，必然是保护守法与诚信、惩治违法与失信的体系、社会与国家。

三、虚假诉讼的规制

虚假诉讼的规制应当既着重于强化事后的惩戒力度，又要提高事前防范水平。笔者认为应当从以下几点来展开对虚假诉讼的防范和规制。

（一）民事程序规制

1. 增加“训诫”“提出予以纪律处分的司法建议”作为虚假诉讼中采取

---

① 陶希东：《国家治理体系应包括五大基本内容》，载《学习导报》2013 年 12 月 30 日第 A6 版。

② 王韶华：《国家治理体系现代化的核心是法治化》，载中国改革论坛网，http：//www. chinare - fom. orgen/gov/system/ Report/201311/20131，访问时间：2014 年 8 月 7 日。

强制措施种类之一。在立案环节，立案法官根据所掌握的资料，发现申请立案人存在虚假立案情形的，应对其进行“训诫”，进行批评教育，向其讲明参与虚假诉讼可能会受到的惩治，责令其改正，不得再犯，并录入其诚信档案。凡对认定为虚假诉讼的参与人，建议均应向监察机关或者有关单位提出记过以上纪律处分的司法建议，并明确要求受建议单位必须六个月内向法院书面反馈处理结果。

2．对参与虚假诉讼各方实行“双罚制”。在诚信缺失严重、市场经济不够规范的今天，必须全面严厉制裁失信者，尤其是针对有损司法公信和权威的诉讼作假者。故在依法从重制裁的基础上，应当对2012年修改的《民事诉讼法》第112条中参与恶意串通的各方当事人、第113条中参与恶意串通的被执行人与他人全面推行“双罚制”，即对参与各方均采取强制措施。

3．明确“罚款”和“拘留”适用的条件及标准，符合条件的可以并处。凡是虚假案件进入审理及执行程序，就属于损害正常司法权威、扰乱法庭秩序范畴，都应当对参与其中的当事人采取“罚款”等措施，笔者建议在不超越民事诉讼法规定范围的前提下，依据案件标的额的大小，对虚假诉讼行为处以1倍以上5倍以下罚款。拘留措施可以与罚款措施并用，建议法院作出罚款决定的时候明确告知将拘留确定为法院对不及时缴纳罚款的虚假诉讼当事人补充强制措施，对于拒不缴纳罚款者依法采取拘留措施。

（二）刑法规制

《刑法》第307条之一为虚假诉讼罪，但在司法实践中，虚假诉讼罪是行为犯还是结果犯一直存在争议。有的认为构成虚假诉讼罪必须存在妨害司法秩序或者严重侵犯他人合法权益的不利后果。[①] 有的认为妨害司法秩序或者严重侵害他人合法权益是虚假诉讼罪的结果要件。[②] 对于前述的两个要件，根据《刑法》第307条之一规定，只要构成其中一项就已构罪。但实践中二者不便完全割裂，需要进行综合考量。同时基于现在我国普遍推行立案登记制，大量

① 参见《〈刑法修正案（九）〉条文及配套司法解释理解与适用》，沈德咏主编，最高人民法院研究室、最高人民法院刑法修改工作小组办公室编著，人民法院出版社2015年版。

② 参见《〈中华人民共和国刑法修正案（九）〉释解与适用》，雷建斌主编，全国人大常委会法制工作委员会刑法室编著，人民法院出版社2015年版。

的案件涌现导致法院在立案审查阶段不可能普遍进行实质性审查，所以对于虚假诉讼的既遂的认定更加复杂。笔者认为，虚假诉讼罪是行为犯，具体标准为致使人民法院采取保全措施，或者开庭审理、干扰正常司法活动等，应当以虚假诉讼罪定罪处罚。一是当事人“以捏造的事实提起民事诉讼”，致使人民法院采取保全措施，即构成虚假诉讼罪的既遂。因为采取保全措施一方面构成对司法秩序的妨害，一方面可能造成被保全人陷于经营困难或导致其他损失，严重侵害其合法权益。二是虽然没有采取保全措施，但“致使开庭审理，干扰正常司法活动”。只要虚假诉讼的行为最终导致了人民法院开庭，就已经产生了司法成本，也即扰乱了司法活动，也就侵害了司法秩序。三是“致使人民法院基于捏造的事实作出裁判文书、制作财产分配方案”。这里的作出“裁判文书”应作“广义”理解，即人民法院作出了判决书、裁定书、调解书或下达了支付令等法律文书。值得注意的是，这里只要求作出，而不要求送达，更不要求生效。这是由于法院的法律文书一经作出，就代表了司法行为的完成，也就构成了对司法秩序的妨害。同理，执行程序中财产分配方案的作出，也将构成既遂。

（三）对自认规则的限制

自认规则在大陆法系、英美法系普遍通用，各国法律以不同形式加以规定，并在司法实务得到广泛适用，但是对于自认的效力、范围及限制等一直存在争议。在虚假诉讼中，民事诉讼中双方对同一虚假的事实表示认可，法官根据证据规则放弃对该事实的调查，并根据该虚假事实作出裁判或确认，至此自认规则即变作了虚假诉讼的惯用“伎俩”。故笔者认为，在以下情形理应针对自认规则加以适当的限定：一是有相反事实的存在或者自认事实违反常理；二是自认一方存在因自认而获利的可能；三是举证责任方缺乏必要证据而对方积极自认。若经实质审查存在不实自认的嫌疑，则应当以强化对方当事人举证责任，启动调查，或者通过引入利害第三人等方式来展开更为严谨的鉴别，其中对于经常重复出现的重点虚假诉讼类型，应当进行更加严格和细致的审查以对自认规则作进一步的限制。《最高人民法院关于适用〈中华人民共和国民事诉讼法〉若干问题的意见》第 92 条规定：“自认的事实与查明的事实不符的，人民法院不予确认。”此条规定是对自认规则作出的有力限制。

（四）对债权保护的反思

一段时期以来，在民事领域出现的恶意串通伪造法律事实和证据、虚假债权债务关系、损害国家集体和他人合法权益的虚假诉讼呈严重化态势。这既有不法分子唯利是图丧失法律道德底线的现实根源，也有司法理念偏差、理论指引误导的理论根源。其中债权保护偏差就是虚假诉讼最重要的理论根源。

当前，不管是理论界或是实务界，都过于突出强调保护债权。利用虚假诉讼来稀释夫妻财产等行为层出不穷，夫妻中不知情的一方无辜承受巨额债务，虚假诉讼成为夫妻债务妥善处置的拦路虎。

笔者认为，家庭秩序和社会整体秩序的安定才是应当保护的首要价值。债权保护必须正本归源：首先，债的产生系市场行为，而市场行为就必须承担相应的风险。全社会都应确立慎重放债理念，法律保护的债权仅限于正当债权，不应全面保护怠于防范风险的债权人。其次，对债权的保护应当仅限于正当、合法的债权，同时这种保护应当存在必要的限制。再次，确定债务偿还者应遵循合同相对性原则，即坚持“谁立据谁还钱”。同时，考察债权的真实性和落实偿债责任主体，要结合证据综合考虑，不能简单凭借单一证据与身份作出结论。

四、虚假仲裁的规制

由于社会诚信缺乏、违法成本低等原因[①]，虚假仲裁问题有愈演愈烈的趋势。《刑法》确立虚假诉讼罪时并未考虑吸收虚假仲裁行为，导致对虚假仲裁的惩治力度明显不足。虚假仲裁指申请人与被申请人恶意共谋，以捏造事实和法律关系的手段，通过获得生效仲裁裁决，来损害国家、集体或他人合法权益的行为。目前，国内的虚假仲裁的不法目的分为三种：（1）“骗取”生效的仲裁文书后，向人民法院申请执行。（2）将骗取的仲裁文书作为“生效的法律文书”提交给人民法院或仲裁等纠纷裁决机构作为证据使用。（3）将骗取的仲裁文书用于公司企业作为核销呆坏账，或在破产清算活动中改变债权债务比

① 雨花区人民检察院检察长马贤兴认为，虚假仲裁的原因可以概括为“四缺五失”：社会诚信缺乏、制度设计缺理、仲裁机制缺陷、法律规制缺位；司法理念失衡、制动机制失控、学术界失语、裁判者失明、法律人节操失守。

例，多占财产，或用于保险理赔等商业活动。虚假仲裁的泛滥侵害了我国法律的公信与权威。

（一）仲裁的司法属性

我国的部分学者对于仲裁的司法属性不太认同，认为公权力对仲裁的干预过多，不利于仲裁制度的社会公信力的树立和契约性、私密性的保护。[①] 但在我国的现实法律制度下，仲裁制度不可避免地具有司法的属性。

1．仲裁采“一裁终局”制度，其与法院一样都具有独立裁判功能。仲裁裁决一旦作出，申请人就所涉纠纷不能再申请仲裁或起诉。这一规定赋予了仲裁事实上的司法权，其与法院一样，具有独立的裁判功能，故具有司法的属性。

2．仲裁的公信力以法院的强制执行权为后盾。仲裁法赋予仲裁以强制执行力[②]，如果仲裁裁决没有国家强制力作为后盾，那么仲裁制度的公信力就无从谈起，生效的裁决将变成一纸空文，仲裁制度也就失去赖以存在的倚仗。

3．仲裁的进行需要司法的保障。仲裁的非依赖性体现在仲裁组织与行政机关不存在上下级关系，仲裁庭可以单独作出对案件的裁决，不需要其他任何批准，同时生效的仲裁裁决，其他任何机关不能非法撤销。但是仲裁的顺利推进和最终实现需要其他司法程序作为后盾，比如财产保全、强制执行等。没有司法程序的保障，仲裁制度也只能是纸上谈兵，不可能具有公信力。

4．仲裁可以有效地排除法院管辖。我国法律规定仲裁的适用可以有效地排除法院的管辖[③]，这说明了仲裁制度在一定程度上可以代替诉讼程序来作为民商事纠纷解决机制，也正好说明了仲裁的司法属性。

5．仲裁裁决可以作为无需证明的证据使用。根据法律规定[④]，生效仲裁裁决所确认的事实可以作为当事人无需举证证明的事实。民事诉讼法之所以采用这样的制度设计，也正是因为仲裁具有司法属性。

---

① 谭兵：《试论我国的仲裁环境及其优化》，载《法学评论》2006 年第 1 期。

② 《仲裁法》第 62 条规定，当事人不履行仲裁裁决的，当事人可以向人民法院申请执行。

③ 《仲裁法》第 5 条规定，当事人达成仲裁协议，一方向人民法院起诉的，人民法院不予受理，但仲裁协议无效的除外。

④ 参见《最高人民法院关于适用〈中华人民共和国民事诉讼法〉的解释》第 93 条，以及《最高法关于民事诉讼证据的若干规定》第 9 条的规定。

（二）虚假仲裁的治理路径

1. 建立利害关系人、案外人异议制度和国家机关依职权调查制度。

《仲裁法》第 58 条[①]和《民事诉讼法》第 237 条[②]规定向人民法院申请撤销或申请裁定不予执行，都得由“当事人”或“被申请人”提出且需要有证据证明裁决所根据的证据是伪造的。如果是恶意串通的，一方当事人或被申请人当然不会提出撤销或不予执行的申请，这就说明民事诉讼法和仲裁法的立法都没有考虑到当事人恶意串通伪造事实和证据的情形。这就为虚假仲裁的产生留下了一个巨大的漏洞。对此漏洞，应尽快予以修正相关法律，赋予利害关系人、案外人异议权、提起仲裁撤销申请和裁定不予执行申请的请求权，赋予国家有权机关依职权启动的调查处理权。

近期最高人民法院赋予了案外人不予执行申请权[③]，这是我国立法上的一大进步。但是，从效力等级来看，上述司法解释似乎有突破法律界限的嫌疑，与立法规范不符。故我国应该尽快以立法的形式来赋予案外人不予执行的申请权，同时赋予案外人的撤销异议权。唯有如此，才有助于更好地解决虚假仲裁这一立法漏洞。

2. 对“违背社会公共利益”作出司法解释。我国法律规定了当仲裁裁决“违背社会公共利益”时，人民法院应当裁定撤销或裁定不予执行。[④] 何为“违背社会公共利益”？最高人民法院应作出司法解释，将虚假仲裁、恶意仲裁、违法仲裁等纳入“违背社会公共利益”治理。

2017 年，最高院将仲裁司法审查案件申请和依职权裁定不予执行或撤销仲裁裁决的审批权限上调至省高院和最高院[⑤]，其立法本意旨在保护仲裁的契

---

① 《仲裁法》第 58 条：“当事人提出证据证明裁决有下列情形之一的，可以向仲裁委员会所在地的中级人民法院申请撤销裁决：（四）裁决所根据的证据是伪造的。”“人民法院认定该裁决违背社会公共利益的，应当裁定撤销。”

② 《民事诉讼法》第 237 条：“被申请人提出证据证明仲裁裁决有下列情形之一的，经人民法院组成合议庭审查核实，裁定不予执行：（四）裁决所根据的证据是伪造的。”“人民法院认定执行该裁决违背社会公共利益的，裁定不予执行。”

③ 详见最高人民法院于 2018 年 2 月 22 日通过的《最高人民法院关于人民法院办理仲裁裁决执行案件若干问题的规定》（法释〔2018〕5 号）第 9 条和第 18 条。

④ 《仲裁法》第 58 条第三款和《民事诉讼法》第 237 条第 3 款。

⑤ 参见最高人民法院 2017 年 11 月 20 日通过的《最高人民法院关于仲裁司法审查案件报核问题的有关规定》（法释〔2017〕21 号）。

约性、私密性和高效性，这是值得肯定的价值取向，但在我国现有仲裁制度尚不完善、虚假仲裁等行为猖獗的情况下，这在实质上却增加了人民法院监督仲裁裁决的难度，在某种程度上放纵了虚假仲裁、恶意仲裁等违法仲裁行为。笔者认为只有在建立了完善的仲裁制度和监督方式，从而使我国的仲裁大环境实现良性的循环后，才能逐步地减少司法对仲裁的干预。

3. 将虚假仲裁纳入“虚假诉讼罪”惩治。最高人民法院和最高人民检察院应对《刑法》第307条之一确立的“虚假诉讼罪”作出司法解释，将虚假仲裁纳入虚假诉讼罪。对未进入民事执行程序的虚假仲裁活动也纳入到刑法规制的范围中来，强化刑法对虚假仲裁的打击和震慑力度。

4. 完善体制和机制，强化行业管理。根据业内人士反映，仲裁法律不完善根本问题还是仲裁体制缺陷。从法律来说，仲裁法颁布20多年没修改过，已不适应形势的发展。《民事诉讼法》2012年8月作了一次全面修改，而仲裁法明显存在问题却无部门牵头修改。其中原因一是仲裁无法律规定的主管部门。仲裁无娘家，必然政出多门，各行其是，各显神通，焉有不乱之理？二是仲裁体制不顺，有行政机关管理，有事业单位管理，也有民间管理，还有个体户搞法。政府行政管理的，没有按仲裁规律运行，没有建立仲裁公信。民间管理的，又没有出台相应规范，连20多年前国务院要求成立的仲裁协会（行业管理）至今未成立，当时中央要求法制办牵头组建，但有关主管部门存在不作为，致使问题得不到解决。仲裁几乎成为一块法外“飞地”。

5. 充分发挥检察机关法律监督职能，依法治理虚假仲裁。检察机关是我国宪法确定的法律监督机关①，但在虚假仲裁的问题上，我国的相关法律法规始终缺乏对检察机关的明确授权。笔者认为，我国立法机关应该以司法解释的形式明确检察机关对虚假仲裁的调查权，因为检察机关在虚假仲裁的治理问题上有得天独厚的优势：

（1）检察机关代表公权力依法行使检察监督权。相对于利害关系人和律师等主体而言，检察机关是公权力的代表，可以利用手中的公权力来更好地维护公平正义。在虚假仲裁面临取证难等诸多问题的情况下，检察机关的公权救济要优于私力救济；法院和仲裁机构的主要职能均偏重于案件审理方面，故检

---

① 《宪法》第134条规定：“中华人民共和国人民检察院是国家的法律监督机关。”

察机关具有比较优势。

（2）检察机关办案人员具有较好的侦查素养。在“两反”转隶的大背景下，仍有相当一部分反贪、反渎部门的干警因各种原因留在了检察系统，而且检察机关多年的侦查、办案经验将有得于虚假仲裁的取证；在碰到取证困境时，检察机关还可以让公诉等部门及时介入，为虚假仲裁的调查取证提供引导。

（3）检察机关取证职能强大，可以取得其他机关的协助。相对于其他主体而言，检察机关的取证手段多样，取证范围大，对取证的整体性和完备性把握得更好，同时由于检察机关与其他司法机关和行政机关协同交流的机会较多，所以在取证的过程中更容易取得其他机关的协助。

（2020 年 12 月 3 日）

诚信与良知

——我与反虚假诉讼、虚假仲裁的故事

 **《民法典》学习**

《民法典》第 7 条："民事主体从事民事活动，应当遵循诚信原则，秉持诚实，恪守承诺。"

第 500 条："当事人在订立合同过程中有下列情形之一，造成对方损失的，应当承担赔偿责任：……（二）故意隐瞒与订立合同有关的重要事实或者提供虚假情况；(三）有其他违背诚信原则的行为。"

第 509 条："当事人应当遵循诚信原则，根据合同的性质、目的和交易习惯履行通知、协助、保密等义务。"

《民法典》把"诚信原则"作为基本原则，放在总则编第 7 条，在物权编、合同编等分编中还有许多有关民事主体从事民事行为须遵守"诚信原则的规定"，足见"诚信原则"在《民法典》构架和体系中的地位。

诚信与良知是连在一起的，犹如一对孪生兄弟。如果一个人丢了"良知"，就必然丧失"诚信"。反之亦然，一个人还讲诚信，那他的"良知"还在，坏也坏不到哪里去。当然，良知不是法律概念，是道德准则，或者是最高的法理，也可以叫作天理。我们常说一个人干了极其缺德的事情，就说他"丧尽天良"，这样的人是"天理难容"。"天良"，在"良知"前面冠以"天"字，说明良心就是最高的法理或法律。而"诚信"既是道德概念，更是法律

概念。民法典和很多法律都把“诚信”作为基本原则。

诚信与良知，要求我们在司法工作中拒假、防假、识假、打假。

我们每做一件事情，总会留下一些故事。在《夫妻债务司法认定及实案评析》一书（法律出版社，2018 年版）中，我以《我与“24 条”的故事》作为序言。同样，在多年来开展的“弘扬诚信、防治虚假诉讼、虚假仲裁”工作中，自己也有不少故事值得记载，值得回顾，有些或许值得流转与传承。

一、做了两件很有挑战意义的事

我当了 10 年基层法院院长，在民商事审判领域作了 2 件很有挑战性的事情，都与诚信和良知紧密相关：一是反对直接适用“《婚姻法司法解释二》第 24 条”，并再审纠错了一批原来简单套用“24 条”裁判的案件，使一批离异人士尤其是女士从莫名的“被负债”中解放出来。2015 年 12 月 4 日，国家宪法日那一天，因我力排众议再审并撤销原审判决、驳回“债权人”袁某诉讼请求的“喻某不服一审判决为夫妻共同债务申诉案”被评为“全国维护妇女儿童合法权益十大案例”。2017 年 3 月 31 日，我从全国人大常委会副委员长沈跃跃手中接过了“全国维护妇女儿童权益先进个人”的大红证书。2018 年 1 月最高人民法院终于重新颁发《关于审理涉及夫妻债务纠纷案件适用法律若干问题的解释》，彻底修正了“24 条”。随后本人专著、36 万字的《夫妻债务司法认定及实案评析》由法律出版社出版。二是在全国政法系统率先发动、持续推动“弘扬诚信、防治虚假诉讼”专项活动，进行“诉讼打假”，后来又率先提出了“仲裁打假”。与旗帜鲜明反对适用“24 条”一样，再审撤销了一批虚假诉讼案件。同时在理论上作出了一系列思考，最高人民法院几部司法解释吸纳了本人的建议，推动了反虚假诉讼立法的进程。本人主编的《虚假诉讼防治的理论与实践》2015 年 1 月由人民法院出版社出版，成为全国第一本有关防治虚假诉讼的专著。2015 年 4 月，本人被评为首届湖南省审判业务专家。2015 年 10 月，湖南省高级人民法院为我个人记二等功。2018 年 10 月，中国检察出版社出版我的专著《虚假诉讼、虚假仲裁防治与实案精解》。

有时，“反 24 条”和“反虚假诉讼”这两件事交织在一起，因为涉及“24 条”案件里面有一些是虚假诉讼。这两件事，成就了我的两个课题。另一方面，在实务操作上，我和我的同事较好地处理一批案件，再审纠正了一批案件，维护了公平正义，彰显了司法良知，取得了良好的法律效果和社会效果；一方面，我们又在理论上不断探索，填补立法和司法解释漏洞，重构裁判规则，并积极献言建议，推动立法和司法解释的修改和完善。我们的思考与实践，均形成智力成果，公开出版发行，得以产生更大影响。

我为什么要推进“反24条”和“反虚假诉讼”这两件事？其实我的想法更简单。一是我担任院长以来，不断地接到当事人投诉，反映他们离异后被莫名背负巨债，其中多为拖儿带女的妇女。她们的后半生已经陷于无辜债的泥淖无法自拔。一切都因为“24条”的株连捆绑。这里面的所谓“夫妻共同债务”，有不少是夫妻感情破裂以后，夫妻一方在外与他人恶意串通形成的虚假债务；二是从2013年以来，我在天心法院率先持续系统强力推进“弘扬诚信——诉讼打假”工作。这不是因为自己有什么很深厚的理论根底，而是基于一个最朴素的认知：法律和司法程序是维护正义的工具，而不是恶意串通的不法分子用来非法获利的手段。司法的正当程序不能为不法分子和不法利益当枪使。我和天心法院法官一道，根据宪法精神、法治原则、立法原意和社会普遍认知的公理、道理、常理来克服“反虚假诉讼”过程中遇到的理论问题和法律障碍，包括法律条文、司法解释、司法理念、司法政策等存在漏洞和偏差。

从此，我与“24条”纠葛缠绕上了，与涉嫌虚假诉讼的案件纠葛缠绕上了，也算“无以自拔”。每接待一个当事人，每听一个案例，每收到一封投诉，社会诚信受到严重挑战和损害，我的良心都被深深击打。

大凡涉及“24条”和涉嫌虚假诉讼的案件，我都要调卷仔细阅卷。虽然辛苦一些，但在阅卷时发现案件问题、破绽和瑕疵，总比“听汇报”来得踏实，来得更有底气。

“反24条”和“反虚假诉讼”这两项事关弘扬诚信的工作，得到了上级领导的鼓励、支持和指导。湖南省高级人民法院党组书记、院长康为民大法官始终坚定地支持我这个基层法官所作的探索。2015年，湖南省高级人民法院为我个人记二等功，发专文表彰我在虚假诉讼防治工作中所作出的突出业绩，并将我评定为“湖南省首届审判业务专家”。

与此同时，最高人民法院党组副书记、副院长江必新大法官给了我有力的支持与指导，向我提出要把心态建设与司法良知建设结合起来，并为我《政法职业心态建设漫谈》和《虚假诉讼防治的理论与实践》两本书作序鼓励。

最高人民法院审委会副部级专职委员胡云腾大法官对我开展“弘扬诚信、防治虚假诉讼和虚假仲裁”工作给予充分肯定，热情鼓励和精心指导。

此后，我先后受邀到辽宁、广东、广西、贵州、重庆等高级人民法院和全国各地的政法单位、机关和企事业单位作过“心态建设”和“虚假诉讼防治”讲座。广东省高级人民法院院长郑鄂大法官听完我的全部讲座，也很认同我们的做法，和我作进一步交流，向我提出课题完善意见。

近年来总有人问我，不断推进诉讼打假和仲裁打假，坚持不适用“24条”，并不断呼吁修正这条错误的司法解释，理论底气来自何处？答案很简单：就来自良心和诚信，来自父母“做人要有良心，做事要讲诚信”的教诲。“良心”和“诚信”成为支撑我“反24条”和“反虚假诉讼”的强大内心力量。

二、自认不能成为帝王规则

在反虚假诉讼实践中，我们发现，社会上一些不法分子违背诚信，丧失良知，利用调解制度、支付令和自认规则形成的漏洞，制造虚假诉讼，损害国家、集体和他人合法权益、社会公共利益，妨害司法秩序，把正当司法程序异化为谋取不法利益的工具。

我主持审委会通过了关于“防治虚假诉讼的‘十不支持’的规定”，对10万元以上的支付令申请引导进入诉讼程序，防止大额虚假支付令的发生；我们向湖南省高级人民法院建议取消调解率考核，康为民院长高度重视我们的建议，责成相关部门专题研究。湖南省高级人民法院于2014年取消调解率的考核指标，比最高人民法院2015年在全国取消调解率考核提前了一年。坚持“能调则调，当判则判”，才是正道，才能避免良好的司法政策异化为虚假诉讼的工具。

《最高人民法院关于民事诉讼证据的若干规定》第8条规定：“诉讼过程中，一方当事人对另一方当事人陈述的案件事实明确表示承认的，另一方当事人无需举证。但涉及身份关系的案件除外。”一些法律人士把这个“自认”规则奉为帝王规则，只要是一方当事人予以“自认”，就不再作实质审查了，为恶意串通捏造法律事实提起民事虚假诉讼的当事人提供了方便。

我在天心区法院的做法完全有别：一方面，在实务操作上，我们不是简单理解和机械适用“自认规则”，对不合常理的“自认”，仍然要作实质审查，并加重其举证责任，防止虚假自认得逞。另一方面，我们积极向最高人民法院提出对“自认”规则加以适当限制的修改意见。最高人民法院 2015 年颁发的《关于适用民事诉讼法的解释》第 92 条采纳了我们的建议。该条第 1 款规定：“一方当事人在法庭审理中，或者在起诉状、答辩状、代理词等书面材料中，对于己方不利的事实明确表示承认的，另一方当事人无需举证证明。”增加了第 2 款“对于涉及身份关系、国家利益、社会公共利益等应当由人民法院依职权调查的事实，不适用前款自认的规定”和第 3 款“自认的事实与查明的事实不符的，人民法院不予确认”。对“自认”规则作出了科学合理的限制，强化了人民法院的依职权调查和实质审查。

当然，当前人民法院民商事案件增速迅猛，对案件过多地作实质审查不现实，但对虚假诉讼嫌疑案件，总不能视而不见，必要的依职权调查和实质审查依然不能缺位。

三、司法不得支持大额现金交易

司法裁判支持大额现金交易，也成为方便虚假诉讼的一大漏洞。我在防治虚假诉讼的过程中，旗帜鲜明地对不合常理的大额现金交易形成的债权不予支持和保护。

但不少法律人士提出，国家没有出台禁止公民使用现金的规定，司法没有理由对现金交易不予保护。我们认为这里混淆了两个概念：国家没有公民使用大额现金的禁止性规定，只表明对公民大量使用现金不予处罚，但并不意味着要进行法律保护。因为公民和企业大量使用现金，总在规避财务、税务和司法执法部门的监督，或者大额现金来历不明，有可能是违法犯罪所得或其他黑钱。如果司法保护大额现金交易，有可能支持行为人逃避监管，甚至为黑钱洗白，使违法犯罪所得合法化。

2015 年 6 月，我到省内某中级人民法院作“虚假诉讼防治”讲座，讲到对大额现金交易不应作司法认定时，该院一庭长提出不同意见，说她手中有一个“2000 万元”的现金交易民间借贷案件。她首先不相信有那么多现金。那个当事人把法官带到家里，打开保险柜，告诉她还有 1000 万元现金。法官就相信了，对那笔 2000 万元的现金交易案件作出了认定。我说，你又上当了。

家中的1000万元，与你案件的2000万元又有什么必然关系呢？2000万元现金，这有何奇怪？有人家里还有上亿元的现金了！这位庭长，就被那1000万元现金惊呆了，形成了她的“内心确信”。谁知那个2000万元的现金交易案件不是虚假诉讼呢？谁能保证那2000万元的来历合法正当呢？

一段时期以来，一些司法裁判在保护债权的价值理念主导下，对一些大额现金交易简单予以认定，虽然看起来好像保护了债权，但却没有想到它可能给某些黑钱和恶意串通形成的虚假债权披上了合法的外衣。

也许有人会问：“假如那现金交易是真的，你不保护，不是损害了真实债权吗？”我的答案是：司法不是万能的，司法只保护合法正当债权。《民法通则》第90条说得很明白：“合法的借贷关系受法律保护。”

我们对民商事纠纷中的大额现金交易不予认定和支持。其法律依据就是《合同法》第210条。对大额现金交易案件，我们以没有完成款项交付证明为由，驳回其诉讼请求。这样有效地防止了恶意串通者以“现金交易”为由，进行虚假诉讼，或借助法院裁判文书使黑钱洗白、使违法犯罪所得合法化。这样也能倒逼债权的规范化。

四、《人民日报》三次发表我的反虚假诉讼文章

过去从来没有在《人民日报》发过文章，而因为开展“弘扬诚信，防治虚假诉讼”专项活动，我得以三次在《人民日报》发表法评文章。作为基层实务工作者，实在是一件荣耀之事。

2013年11月20日，《人民日报》首次发表我的《诉讼也要“打假”》一文。文章写道：“民事诉讼本是公民、法人和其他组织等平等主体依法定程序解决民事纠纷、维护合法权益的一种方式。近几年，有人利用诉讼‘游戏规则’或者法律漏洞，采用恶意串通、虚构法律关系、捏造案件事实等方式向法院申请支付令或提起诉讼，或者利用虚假调解文书、仲裁裁决、公证文书向法院申请执行，获取非法利益，损害国家、集体或他人合法权益，这就是虚假诉讼，俗称打‘假官司’。虚假诉讼使法律和司法正当程序被不法分子用来当‘枪’使，成为牟取不法利益的‘工具’。”

2014年12月17日，《人民日报》再次发表我撰写的《惩治虚假诉讼，司法机关责无旁贷》。“有些法官轻易对真伪难辨、交付不明的借据、欠条以及

有悖常理、动辄上百成千万的‘现金交易’作出认定，导致一些不法分子将赌债、高利贷、非法集资、虚假债务等包装成民间借贷企图蒙混过关；有些法官将法定代表人、单位负责人的签字或盖有公章的合同、借条等产生的债务简单认定为法人债务，忽视了其中可能存在的虚设债务、个人债务等；还有部分法条或司法解释条文与社会发展不相符，比如将夫妻一方个人债务强制推定为夫妻共同债务，给恶意串通虚设共同债务以可乘之机等。”“防止、纠正和制裁惩罚各类虚假诉讼，维护法律的权威，是司法机关的重要职责，各级检察院、法院等都必须有所作为。”“对于虚假诉讼，司法机关加大惩处制裁力度是重要手段。还应加大联动制裁力度，在司法机关之间建立防治虚假诉讼联动机制，分工负责对虚假诉讼当事人、代理律师和司法人员等进行监督和处罚。同时，也要向社会公开典型虚假诉讼，加大虚假诉讼当事人的违法成本。”我在文中作了这些表达。

2016 年 7 月 13 日，《人民日报》发表我的《哪些债权得不到保护?》，文章指出：“债权具有多样性，可以区分成合法债权和不合法债权。合法债权是指符合法律规定、正当合理的债权，反之就是不合法债权。不合法债权包括虚假债权、恶意债权、损害第三人或为第三人设置负担的债权、显失公平的债权、乘人之危形成的债权等。例如参与非法集资形成的债权、夫妻一方串通他人的恶意债务和虚设债务、项目经理与他人串通虚列的债务或者恶意举债损害公司利益的债务，都不是合法债权。”“为何法律只保护合法正当债权？权利是利益的调整，在增进一方利益的同时，必然会减损他人利益，因此权利的实现或者利益的调整必须有边界。不然，无边界的权利就会使社会关系无序、紧张，甚至酿成冲突，而这种边界首先就是权利的正当合法性。只有正当合法的民事权利才能被法律所保护，债权作为民事权利中的一种权利，也应该符合这些要求。”

五、一场关于仲裁的“隔空辩论”

2018 年 3 月 7 日，在《法制日报》社与中国仲裁法学研究会共同举办的“虚假仲裁受害人利益保护机制研讨会”上，有位律师代表第一个发言，强调仲裁是私力救济，公权力不必介入仲裁，也不能以公权力来监督仲裁和防治虚假仲裁，认为我国司法和其他公权力对仲裁监督不符合西方仲裁制度。后来该律师又多次发言，说仲裁是民间组织，是私力救济，更多的外部监督不利于仲裁的发展。更不能提什么虚假仲裁，仲裁就是一个民事合同而已。

对于这些似是而非的观点，我在第一轮发言中作出了辩驳。3 月 8 日，在返回长沙的高铁上，我又与该律师进行了微信论辩。后来对外经贸大学的王军教授也加入进来，对该律师的观点也进行了批驳，从而形成了一场很有意义的“隔空辩法”。

我和王军教授的观点比较一致。我们认为，虽然仲裁具有自治性、自主性、高效性和保密性，但我国仲裁具有鲜明的中国特色，以国家强制力作保障，即仲裁裁决具有直接向人民法院申请执行的法律效力，仲裁还可以申请人民法院采取保全措施。因而，我国仲裁裁决决不是简单的仲裁协议，更不是民事合同的延伸，而是具有准司法特质的生效法律文书。理所当然地，仲裁应该受到监督。尤其是虚假仲裁问题必须引起高度重视，完善法律制度，采取切实有效的措施防止和杜绝虚假仲裁的蔓延。中国仲裁制度的建立和完善，不能简单套用美国和其他西方国家的标尺。

我们有些法律人士总是把我们的法律制度与西方“对表”，把西方的理念、原则奉为圭臬，奉为标尺。其实也是一知半解。就拿西方法律制度来说，也并非一成不变。西方法律制度在公权与私权的保护上，都经历了多次变迁，从片面地强调私权变成对公权和私权的衡平保护。如纽约大学的施瓦茨教授在《美国法律史》一书中提到的，从十九世纪四十年代开始，开始以国家中心西移作为扩张的手段，联邦政府公布了庞大的规划，进行大规模的公共建设，这就标志着对私权至上的法律精神的挑战。随着后来美国法律思想的发展，将私人权利控制在公共利益范围的观念越来越被认同。对于私权的片面保护的观点越来越不为法律界及民众所接受。正如约翰·戴维所说：在经济领域中，过去的正义，致力于保证个人的财产权利和契约权利，而新的正义必须考虑怎样才能保障每个人的生活标准。①

西方优秀的法治理念、原则，固然要吸收，要借鉴，不必拒绝。但如果我们言必称西方，照搬套用，不把西方理念与中国国情社情融会贯通，就会忽视

---

① 〔美〕伯纳德·施瓦茨：《美国法律史》，王军、洪德、杨静辉译，法律出版社 2011 年版，第 187 页。

身边的真理，就会出现“灯下黑”或“口鼻耳盲区”。五官中谁离眼睛最近？口鼻耳最近，但眼睛就是看不到它们，甚至眼睛也看不到自己。这就是当前一种值得警惕的现象：舍近求远，目光向外，对眼前的现实视而不见，漠视人民群众的基本关切，忽视我国当下的正义诉求。如何走出“口鼻耳盲区”？值得法律人思考。

总之，包括仲裁制度在内的法律制度的构建，必须符合本国的国情，可以借鉴他国优秀的制度成果，但不能与之对表对标，不能照搬西方的话语体系和价值形式，约束我们的思维。何况全世界 200 多个国家，司法制度大相径庭。同是英美法系，英国、美国也有很大的不同。人权、法治、民主、公正等价值是人类的共同追求，但实现这些共同价值的形式和手段必然会因时因地而异，会因国度、民族、时代和社会治安状况的不同而呈现多样性。

六、基层探索为顶层设计提供参考

2013 年初，我主持天心区法院党组会议，提出开展防治虚假诉讼工作。当时有班子成员出于善意，提出虚假诉讼问题十分复杂，还涉及司法理念和立法、司法漏洞等一系列问题，需要最高人民法院启动。这意见固然没错，但我坚持应当有人先进行探索。记得当时我说了这样一句话：“最高人民法院需要基层提供现实问题和建议，为顶层设计和决策提供参考。”

我和大家分析道：我在宁乡市法院已经关注了虚假诉讼问题，并且再审纠正了几起案件。希望咱们天心区法院能率先推动这项工作。正如习近平总书记指出的那样：“改革开放在认识和实践上的每一次突破和发展，无不来自人民群众的实践和智慧。要鼓励地方、基层、群众解放思想、积极探索，推动顶层设计和基层探索良性互动、有机结合。”我们党组通过学习，深入领会习近平总书记这一讲话精神，统一思想，形成党组集体决策：从 2013 年开始，全面开展“弘扬诚信，防治虚假诉讼”专项活动。我们取得湖南省高级人民法院和长沙市中级人民法院的支持，并由区政法委牵头，联合公安、检察和司法行政共同推进反虚假诉讼工作。一年扎实有效的工作，强化了全体法官的虚假诉讼防范意识，在立案、审判和执行三个环节全面开展“诉讼打假”行动，切切实实再审纠正或撤销了一批涉嫌虚假诉讼的支付令、调解书、判决书，驳回了一批涉嫌虚假或恶意执行异议申请，并对少数恶意串通的当事人和参与策划虚假诉讼的律师、法律工作者予以制裁。通过一年的实践，我们掌握了虚假诉讼一些规律性的东西。为此，我撰写了“防治虚假诉讼的八项建议”，于2014年12月30日赴京专呈最高人民法院首席大法官周强院长。周强院长在2015年1月2日新年上班第一天第一件事就是将我的“八项建议”批示给相关领导和部门调研。十分欣慰的是，此后出台的《民事诉讼法司法解释》《民间借贷司法解释》有几处吸纳了我们的建议。特别是《民事诉讼法司法解释》第92条关于“自认规则”的限制，《民间借贷司法解释》第19条关于10种虚假诉讼的情形，与我们所提的建议十分契合。

我撰写的“防治虚假诉讼的八项建议”主要是：（1）最高人民法院尽快出台防治虚假诉讼专门规定，并在全国法院开展打击虚假诉讼专项活动；（2）会同政法各家建立联动防治打击虚假诉讼机制；（3）会同司法部严肃处理参与虚假诉讼的律师和法律工作者；（4）尽快修正《婚姻法司法解释二》第24条；（5）会同人民银行、财政部、国家税务总局制定严格限制单位和个人使用现金的强制性规定，尽快出台对现金交易形成的债权不予司法保护的意见；（6）对调解文书、支付令予以适当限制，防止恶意串通的当事人利用调解和支付令的漏洞制造虚假诉讼，取消调解率的考核指标；（7）对《最高人民法院关于民事诉讼证据的若干规定》第8条有关“自认规则”予以修正，限制“自认”的适用；（8）建议对《仲裁法》《民事诉讼法》《公证法》有关仲裁、公证条款予以修正，并对对虚假仲裁、虚假公证予以防范和惩治。

2016年4月28日下午，最高人民法院民一庭法官王丹打电话给我，说很快要发布一个《关于防范和制裁虚假诉讼的指导意见》（以下简称《指导意见》），最高人民法院审判委员会已经讨论通过，正要下发。此时，最高人民法院领导说还是征求一下长沙天心区法院马贤兴院长意见再发布，他对虚假诉讼问题研究已有多年。王丹法官便把这个《指导意见》通过密件发给我，总共有17条。我粗略一看，这个指导意见还是很不错，为各级法院防范和制裁虚假诉讼提供了重要依据和指导。当然，如果《指导意见》还能将一些情形予以考虑就更好。如支付令容易产生虚假诉讼的问题，仲裁和公证也存在虚假情形等，这些问题《指导意见》尚未涉及。我给最高人民法院民一庭王丹法官打电话反映了我们的想法，她要我尽快形成书面意见发她，他们再补充完善，呈报首席大法官周强院长签发公布。

我对《指导意见》逐条研习，提出了以下修改建议：一是要将虚假仲裁、虚假公证、虚假调解问题纳入。因为除了通过诉讼程序产生虚假法律文书外，还可以通过仲裁、债权公证、其他调解组织的调解等形式形成虚假的法律文书，损害国家、集体和他人合法权益或社会公共利益。具体修改文字是增加一条："在执行公证债权文书和仲裁裁决书、调解书等法律文书过程中，对可能存在双方恶意串通、虚构事实的，要加大实质审查力度，注重审查相关法律文书是否损害国家利益、社会公共利益或者案外人的合法权益。如果存在上述情形，应当裁定不予执行。必要时，可向仲裁机构或者公证机关发出司法建议。"二是要将支付令一并纳入。支付令与调解书一样，是最容易产生虚假诉讼的法律文书形式。虚假诉讼的本质特征就是恶意串通伪造法律事实和证据，希望通过最简便的方式由法院作出法律文书。被告或被申请人对原告或申请人的诉求一般都自认，故支付令申请和调解书最为虚假诉讼有机可乘。我将这些修改意见发给王丹法官，其表示呈报决策权威酌定。

两个月后，即6月27日最高人民法院正式发布《指导意见》。支付令问题虽然没有涉及，但增加了第8条，全文变成18条。也就是直接将我的建议变成第8条："在执行公证债权文书和仲裁裁决书、调解书等法律文书过程中，对可能存在双方恶意串通、虚构事实的，要加大实质审查力度，注重审查相关法律文书是否损害国家利益、社会公共利益或者案外人的合法权益。如果存在上述情形，应当裁定不予执行。必要时，可向仲裁机构或者公证机关发出司法建议。"

一个18条的《指导意见》，我贡献一条。我的修改建议完全被采纳。我对此感到很欣慰。

因为对通过诉讼程序骗取法律文书，相对来说，法院还有防范、纠错和制裁手段。哪怕是已经生效的虚假诉讼法律文书，法院还可以通过院长发现等形式予以复查再审。但对于仲裁和公证法院确实没有手段，法院无法依职权对其审查，只有当事人一方提出法院才可以裁定撤销或裁定不予执行。而如果是恶意串通的，当事人当然不会提出异议。虽然这样，但仲裁和公证机构没有强制执行力，还得向法院申请执行。此时法院就应该审查，不能眼睁睁看着那些虚假仲裁、虚假公证债权文书也去执行，那不是助纣为虐吗？所以，这个《指导意见》因为吸纳了我们的建议，涵括了虚假仲裁、虚假公证债权文书、虚假调解文书，这算是我们一个理论贡献和立法贡献吧。

基层意见被顶层设计吸纳。这正是最高人民法院彻落实习近平总书记关于“推动顶层设计与基层探索良性互动、有机结合”要求的最好例证!

七、虚假夫妻债务、虚假仲裁写入了《两高解释》

2018年初，最高人民法院和最高人民检察院的朋友均将“两高”有关《办理虚假诉讼刑事案件的解释草案》发给了我，看我有什么修改意见，他们可以转达。草案当时还未涉及虚假夫妻债务、虚假仲裁、虚假公证问题。我因此提出应将虚假夫妻债务、虚假破产债权申请、虚假仲裁、虚假债权公证文书等一并作为虚假诉讼罪的表现形式纳入刑法规制予以惩治。

十分令人欣喜的是，这次“两高解释”把“与夫妻一方恶意串通，捏造夫妻共同债务的”作为虚假诉讼犯罪行为，摆在第一，具有十分重要的现实针对性和指导性。这种情况在夫妻债务纠纷中较为多见。过去因为“《婚姻法司法解释二》第24条”的困扰，导致夫妻一方在外与他人恶意串通虚构债权债务关系，不少法官机械套用“24条”推定为夫妻共同债务；2020年1月最高人民法院重新颁布有关涉夫妻债务纠纷的解释，彻底否定了“24条”，在民事上解决了“24条”带来的问题。这次《两高解释》则把“与夫妻一方恶意串通，捏造夫妻共同债务的”确定为犯罪，运用刑事手段解决涉夫妻债务中的虚假债权债务问题，体现了最高司法决策层对夫妻债务问题的全面关注和重视。

《两高解释》还有一个亮点，就是巧妙地把“虚假仲裁”和“虚假公证债权文书”一并纳入虚假诉讼罪治理。根据《刑法》第307条之一规定，只有“以捏造的事实提起民事诉讼”，才可能构成“虚假诉讼罪”。显然，仲裁程序、债权文书公证不属于“民事诉讼”程序，因而，虚假仲裁和虚假公证债权文书并不能直接以“虚假诉讼罪”定罪处罚。但如果行为人“基于捏造的事实作出的仲裁裁决、公证债权文书”，向人民法院申请执行，即进入“民事诉讼”程序。民事执行程序属于虚假诉讼罪中的“民事诉讼”。以捏造的事实申请人民法院进行民事执行，同样可能妨害司法秩序和严重侵害他人合法权益，需要采取刑事手段予以规制。实践中存在的向人民法院申请执行基于捏造的事实作出的仲裁裁决、公证债权文书，或者在民事执行过程中以捏造的事实对执行标的提出异议、申请参与执行财产分配，均可以构成虚假诉讼罪。

故此，《两高解释》第 1 条第 3 款规定：“向人民法院申请执行基于捏造的事实作出的仲裁裁决、公证债权文书，或者在民事执行过程中以捏造的事实对执行标的提出异议、申请参与执行财产分配的，属于刑法第三百零七条之一第一款规定的‘以捏造的事实提起民事诉讼’。”

虚假仲裁也和虚假诉讼一样。民商事仲裁各方当事人恶意串通，采取虚构法律关系、捏造案件事实等方式，通过仲裁，侵害国家、集体和他人合法权益或社会公共利益，以获取非法利益的行为；或者滥用仲裁程序，恶意申请仲裁；或者利用仲裁保全、设置圈套造成送达不能和缺席仲裁等欺诈手段，将被申请人置于不利境地。与此同时，虚假仲裁严重损害仲裁公信，挑衅法律权威，助推社会失信和道德滑坡，仲裁公信和仲裁制度的科学性、合理性受到质疑。而我国对仲裁滥用、仲裁违法治理的研究却很不到位。我国的《民法》《民事诉讼法》《刑法》均没有对虚假仲裁行为进行规制。《刑法》没有把虚假仲裁行为直接规定于法定文字。因此虚假诉讼罪能否涵盖虚假仲裁还存在很大争议。

《两高解释》把“基于捏造的事实作出的仲裁裁决”向人民法院申请执行作为“以捏造的事实提起民事诉讼”的虚假诉讼犯罪行为予以规定，体现了“两高”的司法智慧。当然，这也只是当前《刑法》规定下的权宜之计。从长远来看，还是应该把虚假仲裁问题直接规定于刑法条文，并同时修正《仲裁法》和《民事诉讼法》有关仲裁条款，对虚假仲裁进行源头治理和综合治理。

八、来自上级检察院的勉励

我们对虚假诉讼、虚假仲裁防治的探索受到最高人民检察院的高度关注和鼓励。

2018 年 2 月下旬，最高人民检察院民事行政检察厅案件指导处处长邱景辉等一行到我们雨花区检察院检察工作。他们对我们开展虚假诉讼、虚假仲裁法律监督和理论研究给予了充分肯定。他认为，雨花区检察院深入贯彻实施修改后的《民事诉讼法》和《行政诉讼法》，完善了民行检察多元化监督格局，丰富了民行检察的内容。

6 月中旬，最高人民检察院民行厅执行监督处肖正磊处长等一行再次到雨花区检察院调研虚假诉讼和虚假仲裁防治问题，对我们的工作给予鼓励，提出具体要求。

6月21日，我作为特邀代表，参加了最高人民检察院在河南新乡市召开的全国检察机关虚假诉讼和审判人员违法监督现场会。休会时，作为大会主持人的最高人民检察院民行检察厅胡卫列厅长从主席台走到我的座位旁，更是对我们作出了热情鼓励，提出了殷切希望。他在下午主题讲话中，多次对我们虚假诉讼、虚假仲裁监督及其探索研究予以肯定。

特别值得提及的是，7月16日，在最高人民检察院党组会议室，首席大检察官张军检察长主持有关改革座谈会。我作为本次会议唯一的基层检察代表，在汇报了雨花区人民检察院内设机构重构、有关捕诉合一办案机制改革情况后，进一步汇报了加强虚假诉讼、虚假仲裁防治的建议，得到了张军检察长的肯定和鼓励。我向首席大检察官汇报说："我是法院过来的，我在基层法院当院长时，多年持续推进虚假诉讼的防治工作，取得实际成效，并形成了理论成果。现在虚假诉讼和虚假仲裁在某些地方还比较严重，这是需要民事检察监督予以充分关注。"张军检察长对此表示肯定，并说"两高"正在研究这个问题。会后我把自己出版的《虚假诉讼防治的理论与实践》《夫妻债务司法认定及实案评析》《政法职业心态建设漫谈》三本著作一一写上"敬请首席大检察官张军检察长教正"，面呈张军检察长审阅。他都收下了，并说："看不出你还有这么多作品，有主编的，还有自己著的。"会后张军检察长与外地代表一一握手送别。对我还特别说了一句："马检，你是来自基层的专家。"我知道，这是首席大检察官对基层检察官的勉励，自己离"专家"还有很大距离。

2020年初，最高人民检察院法律政策研究室把我申报的《防范和惩治虚假诉讼研究》课题予以立项。11月2日，我到最高人民检察院向第六厅厅长冯小光就《民法典》学习宣传贯彻运用工作和民事检察监督中的虚假诉讼、虚假仲裁防治作了汇报，得到充分肯定和热情鼓励。

湖南省人民检察院刘清生副检察长和民行处陈忠处长对虚假诉讼、虚假仲裁问题也是给予高度重视和关注，邀请我到全省民行检察培训班作防治虚假诉讼、虚假仲裁的专题讲座。

（本文为《虚假诉讼、虚假仲裁防治与实案精解》序言，有改动。2021年2月10日修改）

司法应避免充当黑钱洗白和虚假诉讼工具

——试论为什么对大额现金交易纠纷不得作出司法确认

《民法典》学习

《民法典》第7条："民事主体从事民事活动，应当遵循诚信原则，秉持诚实，恪守承诺。"

第146条："行为人与相对人以虚假的意思表示实施的民事法律行为无效。"

第154条："行为人与相对人恶意串通，损害他人合法权益的民事法律行为无效。"

第679条："自然人之间的借款合同，自贷款人提供借款时成立。"

【案引】2000万元"现金交易"的民间借贷案件该不该认定？

2016年6月份，笔者到某中级人民法院作"虚假诉讼防治"讲座，讲到对大额现金交易不应作司法认定时，该院民庭负责人提出不同意见，说其手中有一个"2000万元"的现金交易民间借贷案件。法官首先不相信有那么多现金。那个当事人把法官带到家里，打开保险柜，告诉其还有1000万元现金。法官就相信了，对那笔2000万元的现金交易案件作出了认定。我说，他家里1000万元现金，与案件有什么关系？1000万元也好，2000万元也好，有何奇怪？有人家里还有上亿元的现金呢！

一段时期以来，一些司法裁判在保护债权的价值理念主导下，对一些大额现金交易简单予以认定，虽然看起来好像保护了债权，但却没有想到它可能给高利贷，甚至某些黑钱和恶意串通形成的虚假债权披上了合法的外衣。司法裁判应力求避免为高利贷背书，充当黑钱洗白和虚假诉讼的工具。

国家没有出台限制公民使用现金的强制性规定，只是表明公民使用了现金不会受到处罚。但绝不意味着公民大量使用现金应当获得司法保护。大额使用现金交易或持有现金，与《现金管理条例》和有关财经纪律规定的精神是相违背的。由此产生的纠纷，除非当事人之间自行调解，如果诉诸法院，要求法院运用国家强制力介入现金交易纠纷，作出司法确认，那就得十分慎重了。当前，逃避监督、规避税收、逃避法院执行和财经监管的现金交易以及“现金交易”名义下的高利贷、借“现金交易”之名将黑钱洗白或虚设债权债务等损害国家、集体和他人合法权益的违法犯罪现象在某些地方成增多态势。在审判执行工作中，确立对大额现金交易不作司法确认的基本原则的必要性已日益凸显。当然，对当前民商事审判案件中较多出现的现金交易和由此衍生的白纸条据问题，在司法裁判中，能否予以司法确认，这无论在理论界还是实务界都是一个十分有争议的问题。这里面有很多价值需要考量。如果一概不予确认，当然有利于规范社会经济行为和市场秩序，但又不符合当前现实生活中还存在大量的使用现金交易的习惯；如果确认过多，又会导致迁就现实，对人们社会经济行为形成负面引领，与国家金融管理制度、财经管理制度、税政管理制度的执行形成冲突。

笔者的观点是：司法裁判首先要确立对大额现金交易不作司法确认的基本原则。在此基础上，研究一些可作司法确认的例外情形。

一、对大额现金交易作司法确认的负面影响

1. 与国家金融管理制度相违。2011 年 1 月 8 日《国务院关于废止和修改部分行政法规的决定》修订了《现金管理暂行条例》，其第 5 条规定：“开户单位可以在下列范围内使用现金：（一）职工工资、津贴；（二）个人劳务报酬；（三）根据国家规定颁发给个人的科学技术、文化艺术、体育等各种奖金；（四）各种劳保，福利费用以及国家规定的对个人的其他支出；（五）向个人收购农副产品和其他物资的价款；（六）出差人员必须随身携带的差旅

费；（七）结算起点以下的零星支出；（八）中国人民银行确定需要支付现金的其他支出。前款结算起点定为1000元。结算起点的调整，由中国人民银行确定，报国务院备案。”这条规定是对单位可以使用现金进行交易的情况进行的列举，换句话说，这之外的情况，单位就不能进行现金交易。另外，该规定虽然是对单位使用现金的限制性规定，但从中也能传达出对社会个人使用现金进行限制的精神。如果人民法院在处理民商事案件中，对单位大额使用现金予以确认，那是从根本上违反了国家《现金管理条例》的规定。如果对个人大额使用现金予以确认，也违背了国家现金管理的精神。

2. 与国家财经制度、单位财金纪律和税政管理秩序相违。如上所述，通过国家对单位现金使用的规制，我们也可以看到国家对个人使用大额现金的不提倡。单位一般也是通过支票或银行转账进行结算的。为什么要对现金交易进行限制呢？因为现金交易一方面是成本开支比较大（如为提取现金和面对面的现金交易等都需要人力等方面的付出），另一方面很难进行监控，而一旦监控不力，如果单位和个人又缺乏自觉性的话，偷税漏税和其他逃避监管就很有可能发生。可以说，无论是单位还是个人，大量使用现金，都是与国家财经制度、单位财经纪律和税政管理秩序相违背的。另外，现金交易还有可能是导致假币产生和泛滥的一个原因。这也从一定程度上解释了资料上所反映的一些情况：在美国每年个人支付的消费金额达8万亿美元，而其中的现金流通仅仅是3千亿美元。

3. 民事诉讼中“现金交易”主张真伪难辨，助长虚假诉讼。因为现金交易不像通过银行交易一样能自动留下“痕迹”，一般的交易主体，特别是作为个人的交易主体在现金交易中又时常不要求对方提供规范的交付凭证，进而导致相关的交易事实少有甚至没有“证据”证实，所以这很容易导致正当权利人的合法权益因为缺乏证据难以得到法律支持，也同时容易被人假借法律之名（通过诉讼）行非法牟利之实。现实中这两种情况都多有发生。

4. 助长腐败行为发生。由于现金往来不会自动留下“痕迹”，难以得到监督和监管，所以腐败中的行贿人就更可能会大胆行贿，受贿人也更容易接受，而如果通过银行（如使用支票和银行转账等），交易记录会自动留下“痕迹”，外加一些大额可疑交易报告、内部控制等制度举措，客户的身份能自动暴露，就更能使不法分子不敢过分胆大妄为。而由于在现金交易中往往缺乏这些有效的举措和监控，就很容易助长甚至导致贪污腐败行为的发生。因此，可以说限制现金交易特别是禁止大额现金交易是对贪污腐败的一个很大的威慑和防范。

5. 为“高利贷”背书。当前高利贷现象比较突出。一些民营企业家，因一时经营困难，陷入高利贷魔窟，而不能自拔。高利贷不仅严重冲击市场经济秩序、金融秩序，还破坏社会道德伦理。有的因高利贷破产，有的因为高利贷家破人亡。有的甚至衍生其他违法犯罪，如非法拘禁、故意伤害等。高利贷形成的债权债务关系，通常都是通过“现金交易”来支付本息。然后以利滚利的方式，逼迫债务人出具“借条”“欠条”“还款承诺书”等。然后向人民法院提起诉讼。如果司法裁判人员不按照《合同法》第210条（现为《民法典》第679条）的精神和有关法律规定、法律精神考察是否有实质款项交付，仅凭那些真伪难辨的“借条”“欠条”“还款承诺书”等就简单认定其所谓“债权债务”关系，认定其所谓“双方真实意思的表示”，支持高利贷者的诉讼请求，那司法裁判就正好为“高利贷”背书，高利贷因此披上了合法的外衣。

6. 为洗钱犯罪提供方便。在金融机构林立、金融服务无微不至的今天，囤积数以百万千万计的现金，说明什么问题？只能说明，现金持有者要么逃避监督，要么这些大额现金来历不明，可能为走私、受贿、涉赌涉毒等违法犯罪所得的黑钱，惮于存入银行。如果司法对大额现金交易予以确认，正好将这些来历不明、甚至带着原罪的黑钱洗得干干净净而披上合法化的外衣。

二、司法裁判应成为社会经济行为规范的风向标

细加分析现金交易可能带来的以上不良影响，我们可以发现，这与我国当前经济交往、国家现金管理的现状以及经济发展状况的实际密切相关。这突出表现在：一是现有的《现金管理暂行条例》规定的内容本身有局限性——仅对单位使用现金的情况进行了规范。二是金融机构自身有懒政、放纵之嫌。如现在很多银行允许公民提取大量的现金，自动柜员机允许公民每天取现2万元，公民如提前一天申报取现计划，在柜台可取现8万元、10万元都是常见之事。三是国民有现金交易心理与观念，即现金为王。但是一如上文所说，如果继续对现金交易进行放任和不加约束与规范，就很有可能助长或导致偷税漏税、制假售假（人民币）、行贿受贿、洗钱犯罪等不法行为的发生，进而对国

民经济的长久发展都会造成一种致命性的打击。

基于以上的分析，我们司法不能过于迁就现实，而应引领社会行为的规范。不能因为现实生活中“大量存在”就予以迁就而放弃规范与引领。现实生活中确实存在一些模糊地带，法律没有明确禁止，但也不保护。为什么现金交易就要保护呢？法律是社会最基本的社会行为规范，被称为社会正义最后一道防线的司法，因为其有着一种指导、评价和规范性的强制作用，对社会行为能起到一种很好的引导作用。也就是说，司法对社会行为的规范和社会问题的治理能起到一种“四两拨千斤”的功效。司法裁判当然也应该成为规范社会经济行为的风向标。如果大额现金交易在法律上得不到支持，这肯定会改变人们对现金交易的预期，进而会使人们放弃大额现金交易，选择非现金交易。

三、司法裁判对大额现金交易纠纷必须有正确的应对

矫正错误的债权保护理念。《民法通则》第 90 条规定：“合法的借贷关系受法律保护。”因此，法律和国家强制力介入和保护的债权应当是规范债权，即合法债权、正当债权。但是，一段时期以来，保护债权的价值理念出现了偏差，即把债权保护提高到了绝对化的程度，其他价值考量都几乎让位于债权保护。受这种绝对保护债权的价值理念影响，一些法律性文件和司法裁判以法律的名义和国家强制力介入和保护了一些实体上和形式上均不规范的债权，如不当债权、不慎债权、瑕疵债权、有争议债权，甚至非法债权、虚假债权。法学界和司法实务界一种根深蒂固的价值取向就是保护债权，而对规范债权重视不够。在一些司法裁判人员那里不问债权是否规范、是否合法，均予以大力保护。如民间借贷中，出现了大量的白纸借条，没有任何交付凭证，债权人往往辩称为“现金支付”。一些司法裁判人员不执行《合同法》第 210 条（现为《民法典第》679 条）关于民间借贷以款项交付为生效要件的规定，对大额现金借贷不辨真伪直接予以认定。一些连借款期限、利息等必备要素都缺失的借据也予以简单认定。总之，不规范债权就是没有依法依规设置而是随意设置的债权，包括形式上的不规范和实体内容上的不规范，甚至是违法债权。从形式上来看，不规范债权，有的没有正规合同，有的借款期限、利息等借据基本要素不齐全等。从内容上来看，主要是欠缺正规有效的交付凭证，有的是将款项交付给非合同（立据）当事人。有的是“现金交付”幌子掩盖下的虚假债权

债务，真伪难辨。还有的债权债务涉嫌违法犯罪，如涉赌涉毒、洗钱等。

债权保护必须以债权规范为前提。法治社会的一个重要指征就是社会行为标准的可预见性、可复制性和人们行为的规范性。同样，债权的发生作为市场经济一种常见的经济行为，其实体内容和表现形式都必须符合社会规范和法律要求。债权债务的规范性要求，有利于经济秩序的形成和维护。债权债务要获得法律保护，必须以其规范性为前提。如果法律和司法对不规范债权加以保护，一是必然造成保护成本的增加，二是对规范债权来说也是一种不公。法律不可能对怠于防范风险的债权周全保护：一是放债有风险；二是法律不是万能的。债权人发动债时掌握了主动权，可以也应该而且有条件尽注意义务。如出借大额款项当然应该通过银行转账这种最可靠的、最安全的证据保全方式来向债务人交付款项。小额借贷如果实在要支付现金，也得有其他证据证明已经完成实质交付。如果怠于行使这些注意义务，从一开始就是将自己债权置于一种不安全境地，要法律为其事后堵住漏洞，或把法律当作债权的“保险公司”，自然违背市场法则。

确立正确的认证规则。在诉讼程序中，对民间借贷一定要考察实质交付，要切实扭转“借条（含借款合同、协议等）就是债权”的不当认识。依据《合同法》第210条（现为《民法典》第679条）的精神，借款合意（合同、借据等）加有效支付，才构成完整的债权。款项的合法，形式的合法合规，这才是合法的借贷关系。这样的债权当然应该获得法律的保护。民间借贷中大额现金交易，缺失了作为债权最重要的要件：实质交付，那必然丧失法律保护的基础。诉讼程序认证上就是缺失款项交付的根本性证据。因此，司法裁判对大额现金交易应以未完成交付举证驳回诉讼请求。民事诉讼必须确立这个认证规则，才能引领民间借贷的规范，才能防止出现新的纠纷，才能防止为黑钱洗白、虚假诉讼背书。最重要的是，这才是保护债权、防范风险的根本之道。

四、国家应尽早出台限制公民使用大额现金的禁止性规定

（一）借鉴发达国家的科学做法

（1）意大利规定现金交易的上限为1000欧元。为打击偷税漏税、避免地下交易和资金外流，意大利政府再次颁布法令调整现金使用上限。从2012年

2 月 1 日起，政府规定现金交易上限为 1000 欧元。与此同时，政府还调高了对违规使用现金的处罚力度，对违反规定收取 1000 欧元以上现金的商户，将处以最低 3000 欧元的罚款。

（2）瑞典推行全民电子付账，或成首个无现金国家。据 2013 年 12 月 10 日《北京商报》报道，最早引入纸币的瑞典，在高科技经济体系的引领下，正迈向一个“无现金”社会。这广泛影响着民众的生活，从购买商品到缴纳税款，不少瑞典人都通过银行卡或者手机短信在线支付；不少公交车拒收现金。斯德哥尔摩最近开张的一家博物馆也只接受刷卡购票。瑞典中央银行瑞典银行认为，无论零售商还是银行“都没有义务接受现金”。根据世界央行的联盟组织国际结算银行统计，现金在瑞典经济中所占比例只有 3%，全民电子化交易成大趋势。

（二）我国应该采取的一些举措

（1）联合多部门，汇集体之力。因为对现金交易进行规范涉及了银行、财政、税务等多个单位，所以建议最高人民法院会同中国人民银行、财政部、国家税务总局集体研究应对现金交易应该采取的举措，进而联合下发规定，形成一股合力。再把对大额现金交易进行规制的成熟做法提交全国人大，以便制定出相应的法律法规。

（2）建议先由最高人民法院出台意见，对大额民间借贷只有借款协议、借据或收据，没有银行转账记录或其他能证明款项支付的有效证据而要求偿债的诉请，原则上不予支持。同时，法官应依职权审查或调查其是否有恶意串通虚构债权债务损害国家、集体和他人合法利益的情形。促使大额现金交易这种支付方式得不到司法裁判的认可和支持。

（3）借鉴瑞典和意大利的做法，由最高人民法院会同中国人民银行、财政部、国家税务总局，制定严格限制单位和个人大额使用现金的规定，5000 元以上的交易必须通过银行转账系统（电子货币）进行。违反这一规定的行为要受到处罚，由此形成的债权司法不予保护。同时在社会生活各领域中全面建立刷卡、转账等电子交易系统，以方便人们进行非现金交易。

（4）建议尽快对《现金管理暂行条例》进行进一步修改和完善。第一，重新确定现金管理的价值取向、目标定位和立法宗旨。强化现金管理的价值不仅仅在于促进商品生产和流通，加强对社会经济活动的监督，还是预防职务犯罪，推进货币电子化进程，防止利用现金进行偷税漏税、洗钱等违法犯罪和假借“现金交易”之名恶意串通虚设债权债务损害国家、集体和他人合法权益的重要防守工具。第二，进一步明确金融机构特别是各类银行对现金管理的职责。现行《现金管理暂行条例》规范的对象主要是开户单位，但一些商业银行为争拉客户，开展不正当竞争，放弃金融管理职责，迁就客户不当要求，甚至违规帮助客户套取现金。这些违法违规行为，严重影响到了国家对现金管理的有效性。因此，把金融机构纳入管理范围，加重金融机构对现金管理的职责不仅十分必要，且十分紧迫。第三，进一步明确现金管理的范围。应将单位的所有现金活动纳入管理的范畴；对法律许允可之外的现金交易一律禁止，否则现金的使用范围和额度要经现金管理主管部门审批。第四，加大对违反规定的处罚力度。如处罚形式，除经济处罚外，还可以给予警告、调离岗位、建议撤职等行政处分。

结论

基于一种普通老百姓都明白的常识常理，对金融服务技术和手段如此便捷的当下，作为法律人，我们不应当对大量持有或使用现金的正当性予以质疑吗？

鉴于大额现金交易的危害性，司法应该引起足够的警醒，对大额现金交易理所当然地不能简单予以认定。在国家没有出台现金使用的禁止性规定以前，司法裁判完全可以也应当依据《合同法》第 210 条规定的精神，对大额现金交易形成的民事纠纷，以没有款项交付证据驳回“债权人”的诉讼请求。这也符合《民法通则》第 90 条“合法的借贷关系受法律保护”的精神实质。

当然，国家应当尽快出台关于限制使用现金的禁止性规定。

（2017 年 3 月 6 日）

当心司法为“高利贷”背书

——再论为什么对大额现金交易不应作司法认定

《民法典》学习

《民法典》第680条：“禁止高利放贷，借款的利率不得违反国家有关规定。

借款合同对支付利息没有约定的，视为没有利息。借款合同对支付利息约定不明确，当事人不能达成补充协议的，按照当地或者当事人的交易方式、交易习惯、市场利率等因素确定利息；自然人之间借款的，视为没有利息。”

【案例】对1900万元巨额“借条”该不该作出司法认定?

2009年，康福公司总经理赵大伟因公司欠银行700万元贷款到期，需要临时拆借短期过桥资金，经人介绍，认识了典当行老板邹高丽，遂向其应急临时借款700万元归还贷款，期限为一个月，月息5%。银行收回贷款后，违背重新发放贷款的承诺，导致其临时拆借的高息资金无法及时归还。邹高丽便逼迫赵大伟出具了940万元的借条。其后三、四年里，赵大伟被迫总计向邹高丽支付本息高达1500余万元。

邹高丽在收回高达2倍多的本息后，仍不满足，再按月息5%和利滚利方式计算出赵大伟尚欠其1900万元巨大数额欠款。2013年春节前夕，邹高丽便使用黑社会性质的各种手段，逼迫赵大伟在同一天写下1000万元和900万元两张巨额虚假“借条”和“还款计划”。“借条”写明用“现金交付”，归还款项也需用“现金支付”。

2016年3月，邹高丽向市中级人民法院起诉赵大伟偿还1900万元本息。一审法官以邹高丽没有完成款项交付证明，驳回其诉讼请求。邹高丽不服上诉，省高级人民法院发回重审。市中级人民法院重审后，认为1900万元借条系被告赵大伟亲笔所写，其主张胁迫没有证据支持，故作出了与原一审截然相反的判决：由赵大伟偿还邹高丽1900万元本息。赵大伟不服上诉到省高级人民法院。省高级人民法院同样形成两种截然相反的意见。

一、民间借贷的实践性特征，决定了不能光看借条，而要考察款项是否实质交付

《合同法》第210条：“自然人之间的借贷合同，自贷款人提供借款时生效。”（《民法典》第679条规定：“自然人之间的借贷合同，自贷款人提供借款时成立。”）该规定的精神实质是民间借贷合同为实践性合同，其生效要件为款项的实际交付。这是它与金融借贷以合同签订为生效要件的诺成性合同的根本区别。前述案例，对债权人两张以“现金交易”为名的白纸借条，法官是否可以直接认定呢？一审法院的两次判决提供了截然相反的答案。原一审判决认为：债权人邹高丽应对借款交付的事实提供证据支持，而邹高丽仅以“现金交易”为名，不能提供交付证据，应承担举证不能的后果，故判决驳回其诉讼请求。而重审判决仅以“借条”为依据，简单地认定其“借条”系双方“真实意思的表示”，对被告提出的系高利贷者（“债权人”）以5%的月息且“利滚利”（年息高达71%）计算出的金额，并以胁迫手段逼迫债务人出具的巨额“借条”是虚假借条的抗辩不予采信，简单支持债权人的诉讼请求，把高利贷者使用黑社会手段胁迫债务人形成的巨额虚假“借条”直接认定为“双方真实意思表示”，“真实的债权债务关系”。

显然，市中级人民法院的原一审判决是正确的，而重审判决简单把“借条”等同于债权，显然违背了合同法的精神。

有人会问，中国自古有“纸写笔载，立字为据”之说，你写了借条，还不是债务？

答案其实也简单。在传统的自然经济和金融服务欠缺的条件下，“借条”当然就成为最基本的，甚至唯一的凭据。而且传统意义上的借贷往往是为了助困救急，其借贷数额也一般不会很大。合法正规的金融服务跟不上的情况下，“纸写笔载”的借条当然是证明债权债务关系的基本证据和充分凭据。“借条”“借据”完全能与真实借贷关系具有一致性。

但随着财富分化后，催生出“以钱生钱”的职业放贷人。特别是高利贷者以“利滚利”方式将高息计入本金，此时形成的“借条”就发生了变异，逐渐与真实借贷关系发生了分离。

随着社会经济发展和经济服务手段的不断进步，银行等国家正规金融机构应运而生。金融机构的借贷凭据和账务记载的配套十分完善，具有很强的公信力。现代法治经济条件下，为了防止“协议”“合同”等纸写笔载的文字凭据与真实民事行为发生分离、分化甚至变异，合同法理论便将合同区分为诺成性合同和实践性合同。以借贷关系为例，将具有较强公信力和完善账务体系的金融借贷合同划归为诺成性合同，以合同签订为生效要件，即“一诺即成”。而将没有完善账务体系、公信力较弱的民间借贷合同划归为实践性合同，即以款项实际交付为借贷生效要件。这种划分旨在促进民间借贷等民事行为的规范，防止“纸写笔载”与真实民事行为的异化。《合同法》第210条（现为《民法典》第679条）便是将这一精神具体化、法律化。

“纸写笔载”的“合同”“借据”等文字性凭据与真实民事行为的分离，其成因不外乎胁迫和串通。高利贷形成的“借条”往往是胁迫而成。而串通则是滋生损害国家、集体和他人合法权益的虚假债务、恶意债务的通常手段。串通手段形成的“借款合同”“借据”与胁迫形成的“协议”“借条”等同样与真实民事行为具有不一致性。此时，“纸写笔载”就不是“真实意思表示”了，“纸写笔载”掩藏着难以看见的恶意。

司法工作者处理民间借贷案件，坚持贯彻《合同法》第210条（现为《民法典》第679条）精神，考察借贷资金的实际交付，可以有效防止“胁迫”和“串通”形成的背离法治精神的民事行为的发生。

大额现金交易真伪难辨，不得作司法认定，应依据有关法律精神驳回诉讼请求。因为现金交易不像通过银行交易一样能自动留下“痕迹”，一般的交易主体，特别是作为个人的交易主体在现金交易中又时常不要求对方提供规范的交付凭证，进而导致相关的交易事实少有甚至没有“证据”证实，所以这很容易导致正当权利人的合法权益因为缺乏证据难以得到法律支持，也同时容易被人假借法律之名（通过诉讼）行非法牟利之实。现实中这两种情况都多有发生。

二、法律保护“合法的借贷关系”，而不能为“高利贷”背书，不能成为违法债务、虚假债务和虚假诉讼、黑钱洗白的工具

《民法通则》第90条规定：“合法的借贷关系受法律保护。”然而，在前述案例中，一审法院的重审判决，对明显违反常理、同一天开出两张巨额虚假“借条”且没有任何款项交付证据的虚假恶意诉讼予以支持，“保护”严重破坏金融经济秩序的高利贷和巨额虚假债务。这种判决实质上是为高利贷和虚假债务进行“背书”，沦为虚假诉讼、甚至黑钱洗白的工具。

高利贷是破坏社会主义市场经济健康发展的一颗毒瘤。一些民营企业家，因一时经营困难，陷入高利贷魔窟而不能自拔。有的因为高利贷而破产，有的甚至因为高利贷而家破人亡。

高利贷不仅严重破坏市场经济秩序、金融秩序，还冲击社会管理秩序和社会主流道德价值观。高利贷者通常采用违法的收债渠道，如雇佣讨债公司进行暴力催讨，有的使用各种“软暴力”手段，有的使用黑社会、恶势力才能使出的各种“下三烂”“流氓”手段等，这些都会冲击社会管理和社会稳定。

高利贷滋生的虚假债务和虚假诉讼，也同样是社会公平正义和司法公正的大敌。如果任由高利贷猖獗，任由虚假诉讼横行，社会正义和司法公信将受到损害。

高利贷形成的债权债务关系，通常都是通过“现金交易”来支付本息。然后以利滚利的方式，逼迫债务人出具“借条”“欠条”“还款承诺书”等。然后向人民法院提起诉讼。如果司法裁判人员不按照《合同法》第210条（现为《民法典》第679条）的精神和有关法律规定、法律精神考察是否有实质款项交付，仅凭那些真伪难辨的“借条”“欠条”“还款承诺书”等就简单认定其所谓“债权债务”关系，认定其所谓“双方真实意思的表示”，支持高利贷者的诉讼请求，那司法裁判就正好为“高利贷”背书，高利贷因此披上了合法的外衣。

有一个问题需要澄清。有人会问，国家没有出台禁止公民个人使用大额现金的强制性规定，为什么对大额现金交易不予保护？这里混淆了两个概念。国家不禁止公民使用大额现金交易，只是说明公民个人使用了，不会受到处罚和制裁。而不是说公民大额使用现金交易带来的风险要由国家法律和司法机关来保护。不受制裁和不予保护是两个概念。受法律保护，首先要以合法规范为前提，法律不是万能的，只能保护合法规范的行为。《民法通则》第 90 条“合法的借贷关系受法律保护”说的就是这个意思。

三、发挥司法裁判的正向引领作用，倒逼债权规范，促进市场经济健康发展

司法不能过于迁就现实，而应引领社会行为的规范。不能因为现实生活中“大量存在”就予以迁就而放弃规范与引领。法律是社会最基本的社会行为规范，被称为社会正义最后一道防线的司法，因为其有着一种指导、评价和规范性的强制作用，对社会行为能起到一种很好的引导作用。也就是说，司法对社会行为的规范和社会问题的治理能起到“四两拨千斤”的功效。司法裁判当然也应该成为规范社会经济行为的风向标。如果大额现金交易和各种没有合法有效交付凭据的大额“白纸借条”在法律上得不到支持，这肯定会改变人们对现金交易的预期，进而会使人们放弃大额现金交易，选择非现金交易。

债权保护必须以债权规范为前提。法治社会的一个重要指征就是社会行为标准的可预见性、可复制性和人们行为的规范性。同样，债权的发生作为市场经济一种常见的经济行为，其实体内容和表现形式都必须符合社会规范和法律要求。债权债务的规范性要求，有利于经济秩序的形成和维护。债权债务要获得法律保护，必须以其规范性为前提。如果法律和司法对不规范债权加以保护，一是必然造成保护成本的增加，二是对规范债权来说也是一种不公。如出借大额款项当然应该通过银行转账这种最可靠的、最安全的证据保全方式来向债务人交付款项。小额借贷如果实在要支付现金，也得有其他证据证明已经完成实质交付。如果怠于行使这些注意义务，从一开始就是将自己债权置于一种不安全境地，要法律为其事后堵住漏洞，或把法律当作债权的“保险公司”，自然违背市场法则。

在诉讼程序中，对民间借贷一定要考察实质交付，要切实扭转“借条

（含借款合同、协议等）就是债权”的不当认识。依据《合同法》第210条（现为《民法典》第679条）的精神，借款合意（合同、借据等）加有效支付，才构成完整的债权。款项的合法，形式的合法合规，这才是合法的借贷关系。这样的债权当然应该获得法律的保护。民间借贷中大额现金交易，缺失了作为债权最重要的要件——实质交付，那必然丧失法律保护的基础。诉讼程序认证上就是缺失款项交付的根本性证据。因此，司法裁判对大额现金交易应以未完成交付举证驳回诉讼请求。民事诉讼必须确立这个认证规则，才能引领民间借贷的规范，才能防止出现新的纠纷，才能防止为黑钱洗白、虚假诉讼背书。最重要的是，这才是保护债权、防范风险的根本之道。

司法裁判切实贯彻《民法通则》第90条和《合同法》第210条（现为《民法典》第679条）规定的精神，不支持大额现金交易和大额白纸借条，让这些不合规、不合法、真真假假的大额“白纸借条”在市场中交由风险法则调整，而不是以法律和司法手段调整。那“胁迫”形成的高利贷等违法“借条”和“串通”形成的大额虚假“借条”也就没有市场。司法也因此可以避免为高利贷等违法借贷背书了，避免充当违法债务、虚假债务、恶意债务的“保护伞”。

（2017年3月30日）

虚假调解、虚假仲裁“伪证据”不得采信

《民法典》学习

《民法典》第 7 条：“民事主体从事民事活动，应当遵循诚信原则，秉持诚实，恪守承诺。”

第 146 条：“行为人与相对人以虚假的意思表示实施的民事法律行为无效。”

第 154 条：“行为人与相对人恶意串通，损害他人合法权益的民事法律行为无效。”

虚假调解和虚假仲裁作证据使用，是当事人在诉讼过程中极不诚信的违法行为，需要引起高度重视。

一、奇葩“调解书”作证据使用

数年前，一名律师向笔者反映一个奇葩案例：以乙法院作出的虚假调解文书提交到甲法院作证据使用，请求法院认定该份“调解书”的效力：债务已经清偿完毕，以此对抗甲法院正在审理的债务纠纷案件。

大致案情是：债务人张某向债权人刘某借款 70 万元，借款期为一年，约定利息为年利率 15% 。担保人廖某为这笔借款担保。借款到期后债务人张某未归还款项。债权人刘某向甲法院起诉债务人张某和担保人廖某共同偿还借款

本息。

令人咂舌的是：此案正在甲法院审理过程中，担保人廖某到乙法院起诉债务人张某，诉称债务人张某已归还刘某全部借款和本息，请求法院认定担保责任解除。起诉后立即达成调解，并由乙法院出具调解书。调解书作如下认定：张某向刘某 70 万元借款及其约定利息已经全部付清，债务清偿履行完毕。故此，担保人廖某担保责任也自然解除。

随后，债务人张某将乙法院这份奇葩“调解书”提交给甲法院，并向法官说：“刘某起诉我的借贷案件，已经还了，有区法院的生效法律文书。提交过来作证据，是生效的法律文书。请你们采信并驳回原告诉讼请求。”

显然，张某是“依法”提交证据。因为代理律师告诉他，《民事诉讼法司法解释》第 93 条规定，人民法院发生效力的裁判所确认的事实、生效仲裁裁决所确认的事实、有效公证文书所证明的事实，均可作为“当事人无须举证证明”的事实。债务人张某在乙法院的“调解书”确认了“张某向刘某 70 万元借款及其约定利息已经全部付清，债务清偿履行完毕”这一事实，要甲法院采信，他就不必再还款了。因为乙法院的生效法律文书“调解书”在先，甲法院直接认可就行了。

这份“生效调解书”，给甲法院带来“两难”：不采信，它是乙法院已经生效的法律文书，认定了本院正在审理的借款纠纷“已经归还”的“事实”；如采信，这份调解书很蹊跷。撇开债权人，债务人直接和担保人到区法院先弄个“调解书”，确认“借款已归还”。

显然，这份调解很奇葩：债权人正在起诉债务人和担保人履行还款责任。债务人与担保人串通，“手拉手”到乙法院也打一个官司，并迅速达成调解，持这份“法院生效调解书”作为证据，对抗甲法院正在审理的案件。

为什么会产生这样不合常理的调解书呢？主要是当时法院特别重视调解，上级下达很高的“调解率”指标。加上年轻司法人员缺乏社会经验，认为既然当事人达成了调解，就按当事人达成的意见出具了盖上法院印章的“人民法院调解书”。一份“生效法律文书”就这样产生了。

二、对虚假调解这种“伪证据”不得采信

民事行为意思自治是一个基本原则，当事人可以处分自己的权利。但有个

前提，即这种处分不得违反法律规定，不得损害国家、集体和他人合法权益，不得损害社会公共利益。这份调解书显然是债务人与担保人串通损害债权人利益所为。但稍有常识的司法人员就会注意到：一笔债务有没有清偿，债权人才有发言权。债务人把债权人丢在一边，仅和担保人说此债务已经清偿完毕，可信吗？

调解本是一个解决纠纷的高效办法，尊重当事人意思自治也是要坚持的。但法院必须对调解的实际内容，即调解内容的合法性、合理性予以审查，而不能任凭当事人“胡来”。因为“调解书”是法官主导下作出的，一旦盖上“人民法院”的印章，就成为具有国家强制力作保障的法律文书。

显然，这样不合常理的“调解”，虽说已经产生法律效力，但由于它的荒谬性，对这样的“伪证据”法官不得采信。此时法官的责任是：向相关利益受损害人（如本案的债权人刘某）释明，建议他到乙法院反映。乙法院接到反映后可以通过院长发现的方式对不合常理的调解书予以再审撤销。或相关利益受害人也可向当地检察院反映，由检察院向法院发出复查再审的检察建议。

从该案来看，甲法院应当继续审理债权人刘某诉债务人张某和担保人廖某的债权债务纠纷案，对乙法院这份所谓“调解书”不予理会。道理十分简单，债权人没有认可的“债务已经清偿”的“调解”违反常理，是“伪证据”，当然不得采信。

三、对虚假仲裁“伪证据”不得采信

依《民事诉讼法司法解释》第93条规定，人民法院发生效力的裁判所确认的事实、生效仲裁裁决所确认的事实、有效公证文书所证明的事实，均可作为“当事人无须举证证明”的事实。该解释存在一个漏洞，即没有对虚假诉讼、虚假仲裁、虚假公证作出排除。该解释第二款虽然规定了“当事人有相反证据足以推翻的除外”，但没有考虑到当事人恶意串通提起的虚假诉讼、虚假仲裁、虚假公证这些异化情形。即恶意串通的当事人怎么会提出“足以推翻的相反证据”呢？

笔者在天心区法院任职时，就亲历了这样一个案例，一度使法官陷于两难：不采信，它是生效法律文书；若采信，它是双方当事人合谋串通的虚假仲裁裁决，是“伪证据”。

我们的做法是：对当事人合谋串通骗取的虚假法律文书这种“伪证据”不予采信。

案情是这样的：李某奇与他人有债务纠纷，债权人王某已经持生效法律文书向法院申请执行。李某奇为对抗法院执行，擅自将长沙市天心区人民法院冻结其在长达公司的0.73%股权转让给长达公司工会，以冲抵其在长达公司的200多万元债务。长达公司据此向法院提出执行异议，称法院冻结的股权已经转让，法院不得强制执行。法院经审查，认为李某奇将其持有长达公司的股权转让给长达公司工会违背《公司法》第142条“公司不得收购本公司股份”的规定，认定转让无效，继续执行。长达公司便于2015年8月向长沙市天心区人民法院提起执行异议之诉，法院受理立案，进入审理程序。2015年10月，长达公司与李某奇达成仲裁协议，向长沙市仲裁委员会申请仲裁。长沙市仲裁委员会随即下达作出李某奇将其持有股权转让给长达公司工会转让有效的裁决。随后，长达公司将此仲裁裁决提交给天心区人民法院，称仲裁裁决已经确认转让有效，依据《民事诉讼法司法解释》第93条规定，“生效的仲裁裁决确认的事实”可以作为无须举证的事实，请求法院直接确认李某奇将股权转让给长达公司工会的转让行为有效。

长沙市天心区人民法院收到这份“仲裁裁决”后认为，长达公司已经就李某奇股权转让是否有效的问题向法院提起了执行异议之诉，随后又就同一问题申请仲裁，是违法的，并向长沙市仲裁委发出调查函。长沙市仲裁委很负责任地派人来院说明情况，并作出书面回函：“在仲裁过程中双方当事人隐瞒了已经在法院提起执行异议之诉等事实”，即这份仲裁裁决是当事人隐瞒有关事实骗取仲裁委出具的“法律文书”。

笔者召集案件审判长罗荣、承办法官王利华进行了专门研究。一致认为，虽然该仲裁裁决已生效，基层法院不能依职权对它进行审查和撤销，也不能依职权裁定不予执行。但我们可以做到的是：对这份所谓“生效的仲裁裁决”不予采信，并在正在审理的执行异议之诉判决中驳回长达公司有关确认李某奇股权转让给长达公司工会有效的诉讼请求。长沙市中级人民法院二审维持了天心区法院的一审判决。

有观点认为，生效的法律文书未经法定程序撤销，应当具有执行效力和证据证明力，法院应予执行和采信，否则会损害司法公信。笔者对这种观点不敢苟同。

诚信是司法追求的极其重要的价值，对已经明知为虚假或不合常理的法律文书，法官可以依据有关法律精神、法治原则和日常生活经验法则，形成内心确认，作出自主裁量。法官不能眼睁睁看着当事人造假而不予处置，甚至予以采信或支持。司法程序是用来主持正义、维护公平的工具，法官是主持正义维护公平的使者，当然不能异化为非正义的工具。前述观点实为“法条主义”“机械司法”，应予摒弃。

当然这个案例也警示，对一些法律、司法解释的漏洞，也要予以修正和填补。譬如对《民事诉讼法司法解释》第 93 条有关证据规则予以修改和完善。该条解释将人民法院发生效力的裁判所确认的事实、生效仲裁裁决所确认的事实、有效公证文书所证明的事实一并作为“当事人无须举证证明”的事实。该解释存在漏洞，即没有对虚假诉讼、虚假仲裁、虚假公证作出排除。该解释第 2 款虽然规定了“当事人有相反证据足以推翻的除外”，但没有考虑到当事人恶意串通提起的虚假诉讼、虚假仲裁、虚假公证这些异化情形。对该司法解释应予以修正，引入利害关系人、案外人异议制度和国家机关依职权调查制度。这条解释的“但书”部分可以表述为：“上述生效法院裁判文书、仲裁裁决文书、公证文书，当事人有相反证据可以推翻的、或利害关系人、案外人提出异议的、或司法机关等国家机关依职权发现有问题的除外。”即对这些有案外人异议、存疑的生效法律文书不得纳入“当事人无须举证证明的事实”，而只能作为待证事实。

四、及时修正规则与法官填补漏洞并行

《民事诉讼法司法解释》第 93 条的本意是为了降低纠纷解决成本，节约诉讼资源，避免案件陷于冗长复杂程序，而导致案件久拖不决。

但该解释存在一个漏洞，即没有对虚假诉讼、虚假仲裁、虚假公证债权文书等虚假法律文书作出排除。该解释第 2 款虽然规定了“当事人有相反证据足以推翻的除外”，但没有考虑到当事人恶意串通提起的虚假诉讼、虚假仲裁、虚假公证这些异化情形。即恶意串通的当事人怎么会提出“足以推翻的相反证据”呢？

对于这个漏洞，应对该解释予以修正，或用新的解释予以替代。对法律存

在的大漏洞应尽可能及时修正完善。对较小或次要的漏洞，法官当自主填补。

在《民事诉讼法司法解释》第93条没有修正之前，处理纠纷的司法人员发现当事人提交的证据系不合常理的“虚假调解书”“虚假仲裁裁决”“虚假公证债权文书”等，应不予采信，不受该所谓“生效法律文书”影响，继续依法审理案件，作出合法合情合理的判决。同时，应将这些可疑“证据”线索移交有权机关处理。

这样处理的原理是什么？

有两个规则需要考量，即“法官不得拒绝裁判规则”和“法官填补漏洞规则”。这两个规则往往是连在一起的。因为法律具有滞后性和稳定性，总会有“漏洞”。此时不能因为法律规定不明晰、不完善而拒绝裁判。那就得由法官依据自由心证原则，即依据宪法精神、法律基本原则、法治精神，探究立法原意，综合运用国家政策、经济规律、社会普遍认知的常识常情常理，结合法官日常社会经验，形成价值判断和内心确认，再选择适合的法律规定和相关规则予以裁判。

（2018年2月14日）

处理民间借贷纠纷应破除“身份主义”和“公章崇拜论”

《民法典》学习

《民法典》第7条：“民事主体从事民事活动，应当遵循诚信原则，秉持诚实，恪守承诺。”

第679条：“自然人之间的借款合同，自贷款人提供借款时成立。”

根据《合同法》第210条（现为《民法典》第679条）规定，自然人之间的借款合同，即指民间借贷合同，自贷款人提供借款时生效。这一规定的精神实质就是民间借贷是实践性合同，必须以款项的实质交付为成立必要件，而金融机构的借款合同是一经签订即成立并生效，属诺成性合同。这是两者的根本区别。

当前，在处理民间借贷纠纷案件时，一些司法裁判人员基于“法人代表即代表法人”“公章即证明法人”这种简单的逻辑定式，把法人代表或单位负责人在外个人举债（有的加盖公章）等民事行为一律视为职务行为，而对债权的合法与否、正当与否不加考察，更不考察其举债资金是否进入正规财务账户、是否实际用于法人或单位事项，进而把那些本该由个人承担的债务或者是否实际发生的债务认定为法人和单位债务。

这种现象就是不考察借款资金是否实质交付，即只看形式上的合同或借据，而不考察是否实际支付或实际支付到了合同当事人的账户。即不考察合同确立的借款当事人与实际接受款项的当事人是否一致。

“身份主义”和“公章崇拜论”保护的不当债权不外乎这些表现形式：企事业单位负责人以个人名义借款，一些法官仅仅因为借款人是单位负责人就将偿债义务判定“转嫁”于单位；借据虽有公司公章和法人代表签字，但借款没有任何入账证明，借款是否实际发生或进入他人账户都没有查清，法官即简单认定为单位债务；项目部经理不当举债甚至虚假举债，法官仅凭“项目部公章”判决由公司为其买单，而免除项目经理个人偿债义务；借款虽然进入项目部账户，但随后即转出至个人账户，并未实际用于项目，而法官仍然判定借款本息由公司偿还；项目部负责人采取虚列的材料款和民工工资的形式套取公司款项，法官仅凭清单上加盖的公章而判定由公司支付。

一、反思：债权保护为何异化

债权受保护，当然是一种十分重要的司法理念和价值取向。但法律和国家强制力介入和保护的债权应当是合法债权、正当债权。一段时期以来，受片面保护债权的价值理念影响，一些司法裁判者奉行“身份主义”或“公章崇拜论”，导致一些个人债务、虚设债务轻易“转嫁”于法人和单位，以法律的名义和国家强制力介入并保护了一些不当债权、不慎债权、瑕疵债权、有争议债权，甚至非法债权、虚假债权，从而损害了国家、集体和他人以及真正的债权人的合法权益，在某些领域对国家经济秩序、社会管理秩序、家庭伦理秩序、公序良俗和单位财经制度、金融管理制度产生了一定冲击，甚至为一些人稀释财产、侵占财产、逃废债务、非法集资、诈骗、洗钱、黑幕交易等违法犯罪提供了方便，从某种程度上说，法律正当程序在这里异化为不法利益甚至违法犯罪的工具和“帮凶”。为什么会出现这种异化？

（一）价值取向偏差：债权保护过于优于其他权益保护

当前无论是理论界还是司法实务界，一种根植于内心深处的、极其强烈的价值理念就是保护债权。不可否认，保护债权，当然应该成为一种十分重要的价值，这主要基于市场交易安全的考虑。但是，取向一种价值的同时，切不可忽视其他价值的考量与平衡。任何一种优先保护权益都是有前提和基本准则的。就保护债权而言，不能简单为了市场交易秩序的安全而冲击社会整体秩序的安定和诚信根基，不能侵害无辜第三人的合法权益，不能为了保护债权而将履债义务任意转嫁于当初没有参与债的订立的其他不知情人，包括不知情或没有实际得到借款的法人或单位。相反，债权安全、交易安全与秩序要让位于社会整体秩序的安定和诚信价值取向。因为债权安全还受市场制约，风险规则是任何经济行为的普适性规则。

（一）逻辑误区：“身份主义”“公章崇拜论”成就虚假、不当债权的法律保护

在一些法官眼里，只要查明了借款人的法人代表或项目经理身份的真实性，或者只要看见了“公章”，就如同发现了“铁证”，就可以放心地认定某笔债务为单位债务。一些法官处理这类纠纷，往往把审查重点放在借款人“身份真伪”和“公章真伪”的甄别上，而不去实际考察债务资金的来龙去脉和实际用途。公章的真或假，就能证明债务的真或假吗？即使加盖的公章真实无疑，如果资金没有进入单位正规账户，没有实际用于单位事项，这样的债务能证明是单位债务吗？

因此，无论是建筑施工领域的项目经理，还是法人代表或单位负责人，判定他们的行为是否为职务行为，判定他们的举债是个人债务还是单位债务，重要的不是看其身份和公章，关键是要看其行为是否真正为了单位事项、资金是否真正进入单位监管的正规账户、是否实际用于单位事项。决不能理所当然地认为法定代表人的行为就是法人行为，不能仅因为条据上盖有公章或者法定代表人有签字就简单地认定为职务行为或法人债务。

二、正本归源：债权保护的正当路径

（一）法律保护的债权仅限于合法债权、正当债权

获得法律保护的债权应当为合法债权、正当债权。对于夫妻一方串通他人虚列债务的，夫妻一方名义举债不是用于夫妻共同生活的，项目经理与人串通虚列债务或者恶意举债企图利用表见代理权损害公司利益的，法人代表并非基于法人的意志且利益指向亦非法人而举的债等，都不是正当债务，自然不属于法律优先保护的范畴。

有人会提出质疑：那些有争议的债权为什么不应受到法律保护呢？因为举

债是一种市场行为。市场有风险，举债同样有风险。风险规则适用一切市场行为，举债亦不能例外。其次，法律和国家强制力只能介入和保护正当债权、合法债权。但这种介入和保护也是有限的，法律和法院不能充当任何债权的"保险公司"。在市场风险规则和有限保护前提下，法律必须区分正当债权和非正当债权，将正当债权纳入司法保护范畴，而非正当债权、有争议债权、瑕疵债权主要靠市场调节，法律不必强制介入。

（二）坚持合同相对性原则："谁立据谁还钱"与"谁使用谁还钱"

合同相对性原则要求合同的权利享受者和义务的履行者必须是合同订立和履行的当事人。具体到借贷合同，则应坚持"谁立据谁还钱"这一最为简单也是最为根本、最为可靠、最合常理的原则。强调合同的相对性原则，或者"谁立据谁还钱"原则，既可保证交易安全与便利，也可防止签字双方为他人设置不当负担。因此，法人代表、单位负责人以及项目经理如果不是严格的代理行为，也不符合严格意义的表见代理，同样只能由个人承担债务。但如何确定合同相对人，不能唯公章是举，要综合实际签字人、资金的实际掌控者和使用者、资金的实际流向和使用情况、有理由相信的代理权或表见代理权等因素，确定合同当事人是个人还是法人或单位，是项目经理还是建筑公司。

合同相对性原则，不仅仅是指形式上的相对，还必须考察实质上的"相对"，即"谁使用谁还钱"。也就是说，即使借款协议、借据都是由公司、单位签署，但如果借款没有进入公司、单位正规账户，没有实际用于公司、单位事项，那就不能认定为公司或单位债务，只能认定为个人债务，即由借款的实际使用人承担偿还义务。对公司或单位有过错的，可判定个人和单位共同承担偿债义务，但也决不能轻易免除个人责任。

（原载于 2013 年 9 月 25 日《人民法院报》，2021 年 2 月 10 日修改）

第四单元　民生为本

经视说法：《加装电梯，到底难在哪？》

《民法典》学习

《民法典》第 288 条："不动产的相邻权利人应当按照有利生产、方便生活、团结互助、公平合理的原则，正确处理相邻关系。"

《民法典》第 292 条："不动产权利人因建造、修缮建筑物以及铺设电线、电缆、水管、暖气和燃气管线等必须利用相邻土地、建筑物的，该土地、建筑物的权利人应当提供必要的便利。"

2020 年 9 月 25 日，湖南经视"经视说法"播出《加装电梯，到底难在哪?》。该期节目由我和长沙市委党校伍贤华教授共同出镜担任嘉宾，对既有住宅加装电梯问题予以说法论析。

下面是我在节目中，针对主持人提出问题作出的回应。

主持人：（遇到业主有不同意见甚至反对，需要）继续沟通协调。可是到底怎么来沟通协调呢？对于这种老旧小区加装电梯的问题，在政策上有没有强制性的要求和规定？

马贤兴：对既有住宅加装电梯的问题，在政策上倒是没有强制性规定，但是在政策上是倡导的。国家在倡导，各级政府都在倡导。这是一项民生工程，应该加以推进。

主持人：那如何来有效地沟通和协调？你看是个好事，但是目前的沟通协调，并不是说那么容易的。如果协调不成的话，是不是要走司法程序来解决？

马贤兴：协商不成的话，也可以走司法程序。这里有两种主体：

一是多数意愿住户。因为少数住户持消极态度，甚至反对意见，多数意愿住户（在多次协商不成情况下）也可以通过向人民法院起诉来请求排除妨碍，予以支持，甚至包括费用的分担。二是反对一方，他觉得加装电梯对他的权利带来影响，他也可以作为民事权利主体，向人民法院提起诉讼，来维护他的权益，（他的请求到底有没有道理）最终由人民法院来裁定。

伍教授说得好，我们还是要力争和谐处理好（这一问题）。这是一项惠民工程，就要把它做成和谐工程。我们邻里关系、相邻关系，还是要和谐处理好。所以各方都要把这个工作做好做到位，用《民法典》第 288 条规定的“有利生产，便利生活，团结互助，公平合理”的民法精神指导，把这项工程做好。

主持人：小电梯大民生，要让这项惠民工程实实在在落地，确实还有很多工作要做。那么为了解决加装电梯的资金问题，住建部倡导多渠道来筹集资金。在这就要讨论，这个多渠道出资比例，有没有这方面的明确规定。还有除了这种方式之外，政府还有哪些解决办法吗？

马贤兴：现在安装一部电梯，在长沙大概需要 40 多万元，政府可以补贴 10 万元。筹资比例目前没有统一的规定，主要由既有住宅需要安装电梯的业主协商来达成出资比例。主要以自筹为主。比如说，我们了解到的一些小区，或者一些单元楼，他们的出资一般是高层的要出多一点，一般是往下一层递减。比如说 6 楼 6 万，5 楼 5 万。也有一种出资比例是按照楼梯的踏步来计算。这个都可以，只要协商成了就可以，都没问题。现在还有一种办法，完全是市场化运作。比如说电梯公司，他来安装；安装以后，你使用电梯，分次计费，按次刷卡。你使用一次电梯（多少钱），当然楼层高可能费用更高，越往下走费用低。你不使用就不出钱。

主持人：那像短片里最后提到如何让电梯可持续运营下去？现在碰到这个问题，该怎么来解决呢？

马贤兴：电梯安装以后，要它可持续运行下去，主要是维护。维护一个是需要技术，技术一般采取的市场化运作，由电梯公司来负责售后服务；然后运行的成本，每年每个月一般（需要多少费用），还是要由业主来承担。这个时候业主一般会达成承担的比例。

主持人：这项民生工程在我省的开展情况，目前到底怎么样？遇到的困难有哪些？

马贤兴：电梯的安装，它不是个单一的工程，它是个系统工程，涉及很多问题，特别要注重安全保障。那肯定需要安监部门、质量保障部门来进行监管和服务。同时施工会涉及比如水、电、气、电视宽带、网络等网线的移位，都很复杂。这时候就需要我们政府有一个部门来牵头，来指导引导，甚至是主导。一般来说住建部门来牵头推进这项工作，相关的职能部门和（水电气网）公司他们来做好技术工作、保障工作和服务工作。

对未来的展望，第一是我们要有更高的政治站位，人民对幸福生活的向往，就是我们共同的奋斗目标，要上升到这个高度来认识。所以我们各级党委政府，要齐心协力推动这项工作。第二是我们的广大人民群众，特别是业主要真正弘扬“有利生产，便利生活，团结互助，公平合理”的民法精神，都要互谅互帮，各个方面齐心协力来推动。我想（既有住宅加装电梯）这项工作一定能够得到顺利推进。

（2020 年 9 月 26 日）

加装电梯有住户不同意怎么办？用民法典来办！

《民法典》学习

《民法典》第 6 条："民事主体从事民事活动，应当遵循公平原则，合理确定各方的权利和义务。"

《民法典》第 278 条："下列事项由业主共同决定：（一）制定和修改业主大会议事规则；（二）制定和修改管理规约；（三）选举业主委员会或者更换业主委员会成员；（四）选聘和解聘物业服务企业或者其他管理人；（五）使用建筑物及其附属设施的维修资金；（六）筹集建筑物及其附属设施的维修资金；（七）改建、重建建筑物及其附属设施；（八）改变共有部分的用途或者利用共有部分从事经营活动；（九）有关共有和共同管理权利的其他重大事项。业主共同决定事项，应当由专有部分面积占比三分之二以上的业主且人数占比三分之二以上的业主参与表决。决定前款第六项至第八项规定的事项，应当经参与表决专有部分面积四分之三以上的业主且参与表决人数四分之三以上的业主同意。决定前款其他事项，应当经参与表决专有部分面积过半数的业主且参与表决人数过半数的业主同意。"

《民法典》第 281 条："建筑物及其附属设施的维修资金，属于业主共有。经业主共同决定，可以用于电梯、屋顶、外墙、无障碍设施等共有部分的维修、更新和改造。建筑物及其附属设施的维修资金的筹集、使用情况应当定期公布。紧急情况下需要维修建筑物及其附属设施的，业主大会或者业主委员会可以依法申请使用建筑物及其附属设施的维修资金。”

《民法典》第 288 条：“不动产的相邻权利人应当按照有利生产、方便生活、团结互助、公平合理的原则，正确处理相邻关系。”

《民法典》第 289 条：“法律、法规对处理相邻关系有规定的，依照其规定；法律、法规没有规定的，可以按照当地习惯。”

《民法典》第 292 条：“不动产权利人因建造、修缮建筑物以及铺设电线、电缆、水管、暖气和燃气管线等必须利用相邻土地、建筑物的，该土地、建筑物的权利人应当提供必要的便利。”

一、加装电梯，圆了“上上下下”的幸福梦

老旧小区加装电梯，确实是一项惠及百姓、广受欢迎的“民生工程”，大多数居民从大局出发，按照“有利生产、方便生活、团结协作、公平合理”的民法精神，给予支持配合，使很多老旧小区单元安装了电梯，告别“爬楼难”，极大方便了出行，让人民群众获得了“上上下下”的幸福。

2020 年 8 月 4 日，《湖南日报》刊发《长沙市老旧小区改造让小区居民告别“爬楼难”》的报道，对长沙市加快老旧小区改造加装电梯的做法予以推介，“数百栋居民圆了‘上上下下’的幸福梦”。

报道介绍：长沙市住建局、财政局、自然资源和规划局、市场监督管理局就联合印发《长沙市既有多层住宅增设电梯办理细则》，不仅简化了既有住宅增设电梯的办理流程，而且对验收合格的项目一次性给予每部电梯 10 万元的补贴；申报过程中也不收取报建等行政性相关费用；增设电梯涉及电力、通信、水业、燃气、数字电视等管线移位及其他配套设施项目改造的，相关单位应开辟绿色通道，免费或收取成本费用，予以优先办理。

二、居民意见不一成为最大障碍

然而，报道也指出，居民意见不一成为最大障碍。“不同楼层居民对加装电梯的需求和意见不同，是目前老旧小区加装电梯工作的最大阻力。高层住户

受益最多，要求强烈，是加装电梯的主要拥护者；中层住户家庭情况不同，想法也不一样，有的拥护，有的犹豫，有的觉得没必要；低层住户，尤其是一楼的住户，因极少受益，还担心电梯有噪音、遮挡阳光、破坏房屋质量等，对此态度相对消极。邻里关系较好、为人随和的为方便楼上邻居同意安装，也有一些不同意甚至强烈反对，致使一些老旧楼房无法加装电梯。费用如何分摊？是老旧小区加装电梯的核心问题。加装电梯，既有安装费用，还有运行费用，甚至包括以后的维修费用以及因此而可能涨价的物业费用等。这是一笔不小的开销，谁家该出多少，居民们难以达成一致，许多老旧小区就卡在这里无法装上电梯。”

三、用民法典规定解决“居民意见不一”不支持配合的障碍

面对“居民意见不一”怎么办？很多地方感到无可奈何、无计可施，加装电梯这样惠及民生的好事就被迫停下来了。

“居民意见不一”怎么办？山虎的回答是：用民法典来办！

各级政府、有关组织和人民法院都要按照《民法典》总则和物权编有关规定积极作为，不能任由少数居民“任性”而阻碍加装电梯这一民心工程的顺利推进，更不能因为少数住户“不同意”就让人民群众“上上下下”的幸福梦成为空想。依据民法典的精神，少数住户所谓“不同意”，其实是违反民法精神的。

有人对此感到无可奈何，毫无办法，那是对民法典（原《物权法》）有关规定和法律精神实质学习不够、理解不够，因而他们没有很好地掌握和应用民法典（原《物权法》）处理日常工作和日常生活矛盾纠纷的能力。

首先，各级人民政府、社区组织或小区业主委员会，要加大推进老旧小区加装电梯工程所涉及的民法典有关规定的宣传力度和工作推进力度。设区的市一级人民政府可出台相关规定，并统一制定各楼层费用分摊的比例，以利改造安装电梯时相关住户计算费用分担，也可供基层调解组织或人民法院调解或裁判纠纷时参考。各级政府应加强对小区改造、电梯加装这项工作的统筹和指导。虽然最终应由业主委员会或楼栋单元住户自主协商决定，但政府必须注重引导而不能让这项民生工程成为“无政府”状态。尤其街道和社区要在这项工作中发挥作用。

其次，对成立了业主委员会的小区，对加装电梯及电梯维护这一重大事项可按照《民法典》第 278 条“业主共同决定事项，应当由专有部分面积占比三分之二以上的业主且人数占比三分之二以上的业主参与表决。决定前款第六项至第八项规定的事项，应当经参与表决专有部分面积四分之三以上的业主且参与表决人数四分之三以上的业主同意。决定前款其他事项，应当经参与表决专有部分面积过半数的业主且参与表决人数过半数的业主同意”来决定。

第三，对未成立业主委员会的小区，可以楼栋单元为单位，召集本单元全体住户会商，经 2/3 或 3/4 以上住户同意形成加装电梯及费用分担比例与数额的协议。对不支持配合的少数住户，多数意愿住户可向所在社区或政府职能部门反映，由社区或政府职能部门调解或申请有关组织调解。调解不成，可由同意加装电梯的多数意愿住户诉请人民法院判决支持加装电梯，并按照楼层比例判决相关住户承担费用。对不自动履行判决的，可申请人民法院强制执行。

四、人民法院裁判的法律依据是什么?

第一，判决支持加装电梯，人民法院可援引《民法典》第 288 条：“不动产的相邻权利人应当按照有利生产、方便生活、团结互助、公平合理的原则，正确处理相邻关系。”第 292 条：“不动产权利人因建造、修缮建筑物以及铺设电线、电缆、水管、暖气和燃气管线等必须利用相邻土地、建筑物的，该土地、建筑物的权利人应当提供必要的便利。”

亦可依据《民法典》第 289 条规定：“法律、法规对处理相邻关系有规定的，依照其规定；法律、法规没有规定的，可以按照当地习惯。”

第二，判决相关住户分担费用，人民法院可援引《民法典》第 6 条：“民事主体从事民事活动，应当遵循公平原则，合理确定各方的权利和义务。”

当然，《民法典》2021 年 1 月 1 日生效，此前可依照《物权法》有关规定处理。

（2020 年 8 月 6 日）

既有住宅加装电梯：一部电梯几行泪？

《民法典》学习

《民法典》第288条："不动产的相邻权利人应当按照有利生产、方便生活、团结互助、公平合理的原则，正确处理相邻关系。"

《民法典》第292条："不动产权利人因建造、修缮建筑物以及铺设电线、电缆、水管、暖气和燃气管线等必须利用相邻土地、建筑物的，该土地、建筑物的权利人应当提供必要的便利。"

既有住宅加装电梯是一项惠及千家万户的民生工程，也是一项需要政府各部门和广大业主综合施策、共同发力的特殊工程。

政府各职能部门和广大业主要按照《民法典》第288条"有利生产，方便生活，团结互助，公平合理"原则和第292条"不动产权利人因建造、修缮建筑物以及铺设电线、电缆、水管、暖气和燃气管线等必须利用相邻土地、建筑物的，该土地、建筑物的权利人应当提供必要的便利"的规定加以推进，对需要通过业主表决同意的事项应执行《民法典》第278条规定。

当然，在2021年1月1日《民法典》生效之前，涉及上述条文，应分别适用《物权法》第84条、第88条和第76条规定。

近段时间，笔者对既有住宅加装电梯这项工作予以较多关注，并到长沙市黎托强戒所、中南林科大、省水利勘察设计院、省电力勘察设计院、省林业勘察设计院和浏阳市教师新村等多个职工宿舍小区调研走访，深切感受到：一方面广大业主对加装电梯有着热切的期盼和呼唤；另一方面这项工程进展缓慢，相关牵头人员作了很多牺牲和贡献，不知付出了多少心血、汗水和泪水，可谓“心力交瘁”“一部电梯数行泪”。

尽管国家积极倡导，政府出台利好政策，但各地在政策落地、牵头组织、报建备案、施工许可、安全保障、综合协调、对少数异议反对住户的引导调解等方面，工作力度不一，进展不均衡，成效差异较大。

今年长沙市计划对既有住宅加装电梯 1000 台，但据了解目前完成不到 1/5，其原因既有受疫情防控影响，更有工程复杂推进艰难等多重因素，导致加装电梯这项民生工程进展不理想。

一、意愿业主牵头组织难：政府对成效突出的牵头人员要表彰奖励

调研走访每一个小区，对牵头组织者来说，都有着一段一段说不完的故事。

中南林科大几位老教授听说我们去调研，迅速赶来参加座谈，发表意见，提出建议，表现出了极高的热情，他们只希望政府主管部门和街道社区加大推进力度，尽快完成项目工程，让他们尽快乘上电梯，实现“上上下下”的幸福梦。他们说已经有多位老教师没有等到乘坐电梯就去世了。有的老人因为腿脚不便 10 年没有下过楼。有的老人下一次楼，要花 100 元请人抬下来。

省电力勘察设计院的曹昭寿老先生，这位 79 岁的高级设计工程师，自担任所住楼栋 3 个单元加装电梯的牵头组织者以来，没有睡过安稳觉，说起来滔滔不绝，如数家珍。从关注政府的文件，到调查住户意愿，到走访咨询政策，到申报资料，到对少数异议反对住户的引导规劝，到施工的安全保障，以及如何形成牵头负责、实行钱账分离制约机制，如何考察电梯公司货比三家等，他有太多的故事、太多的艰辛、太多的曲折，说到动情处老人几次都要落泪了，以致哽咽难语。

既有住宅加装电梯工作都要靠业主自愿发动、自治组织，政府只作指导和监管。从项目启动，到完成施工电梯使用，工期长达一年两年，顺利的也要一年半载。整个过程都需要牵头组织者的自愿、自助，完全是在做义务工作，没有为大家服务的公益情怀是难以坚持的。因此，政府对这些加装电梯成效突出

的牵头组织者应该给予表彰和奖励。

可以说，没有这些牵头组织者卓有成效的工作，既有住宅加装电梯这项惠民工程是难以推进的。除非全由政府包下来，以行政手段，统一指挥，统一实施推进。

既有住宅增设电梯作为业主自筹资金项目，或许原则上只能由业主自愿、自助、自治，政府大包大揽依靠行政手段统一实施和推进，恐怕不切实际。

二、流程复杂协调推动难：政府要进一步加强领导、指导和督导

鉴于电梯是一种特种设备。既有住宅加装电梯应符合《中华人民共和国特种设备安全法》，同时还必须满足规划、建筑结构、消防安全等相关标准和安全技术规范，由具备相应资质的单位制造和安装，符合电梯救援相关要求。

2019 年 9 月，长沙市住建、财政、自然资源规划、市场监管等四部门印发了《长沙市既有多层住宅增设电梯办理细则》（以下简称《增设电梯细则》），其规定的办理流程为：具备增设电梯业主统一意见与签订协议、增设电梯设计图审与公示公告、增设电梯一窗受理与并联备案、工程施工与竣工验收、使用管理与建档移交、政府补贴与费用减免等。

《增设电梯细则》规定增设电梯涉及电力、通信、水业、燃气、数字电视等管线移位及其他配套设施项目改造的，相关单位应开辟绿色通道，免收或收取成本费用，优先办理；各区人民政府在区政务中心等显著位置公布增设电梯工作各相关职能部门与管线迁改部门的联系电话、咨询地点、办理时限。

《增设电梯细则》还规定各区人民政府是既有多层住宅增设电梯工作的责任主体，领导本行政区内的电梯增设工作，在区政务中心设立一站式审批窗口；区住建部门是牵头单位，负责一站式受理及施工备案工作，负责构筑物工程质量安全监督相关工作；区自然资源和规划部门负责增设电梯规划备案；区市场监督管理部门负责电梯安装安装告知受理、电梯使用登记、电梯安装使用的监督检验和定期检验；各街道、社区负责增设电梯备案、公示公告、政策解释与宣传、矛盾纠纷协调和调解工作。

《增设电梯细则》虽然对既有住宅加装电梯的原则、办理流程、主体责任等作了系统规定和要求，要求各区人民政府应当确保增设电梯工作专人、专章、专窗、专办。但具体到各区县的落实落地见效情况不一，成效差异明显，

进展不理想。其原因主要为各地政府及其职能部门对此项工作重视程度不一、步调不一，领导指导督导力度差别较大所致。从调研走访情况来看，一些地方主要靠楼栋业主自发自愿自治推动这项工作，致使这项系统工程在实施中遇到困难较多，协调难度加大。

如何把《增设电梯细则》规定的“区人民政府是既有多层住宅增设电梯工作的责任主体，领导本行政区内的电梯增设工作”落实到位，恐怕是当前基层政府一项重要而紧迫的工作。地方政府和政府职能部门加强领导、加大指导和督导力度、加快推进才是题中应有之义，因此，完全依赖业主自发自愿自治，是难以完成目标任务的。

为加快推进既有住宅加装电梯工程建设，让人民群众尽快实现“上上下下的幸福梦想”，笔者建议，各地政府在切实改进服务的同时，是否可以转变观念，创新工作思路和方法。单位职工宿舍可由单位作为牵头申请主体，对加装电梯工作实施领导和统一组织协调推进。非单位宿舍可考虑实行专业律师代理制。即在小区楼栋单元意愿业主提出申请后，其他一切报建、协调、协商、洽谈、调解、工程推进等全流程工作交由政府委派的专职律师进行。政府统一购买法律服务，委派律师既代表业主意愿维护业主利益诉求，又代表政府实行专门指导、协调推进和提供配套服务。

有代理律师统一办理加装电梯的相关事项，其优点是流程熟悉，业务精通，效率高，可以避免楼栋业主业务流程不熟、“上蹿下跳”无章法等问题，有效加快电梯加装进度。

当然，申请加装电梯的业主仍应选出业主代表予以配合政府和代理律师进行相关工作。特别是做好意见征求、资金筹集、业主资料收集、异议业主的协调转化等代理律师难以完成或其他不便进行的工作。

三、少数住户态度转变难：政府对此不能放任

对既有住宅加装电梯一些地方过于谨慎，首先实行“一票否决制”，即要求加装电梯的楼栋单元业主100%同意，一旦遇到低层一位业主不同意、不签字，该单元其他业主无论愿望多么迫切，都无法启动。有的地方在公示期间只要收到业主异议就不予审批，致使增设电梯这项民生工程一筹莫展。

直至后来才摒弃“一票否决制”，而按照《物权法》第76条规定，把

"增设电梯"作为业主共同决定的重大事项"经专有部分占建筑物总面积三分之二以上的业主且占总人数三分之二以上的业主同意"即可审批。但一些地方仍然要求"其余业主不提反对意见"，即有"反对意见"就不予审批。

一些楼栋也本着构建和谐邻里、不因为增设电梯导致邻里关系受损的善良愿望，极尽努力做好低层反对住户的思想引导说服工作。

应该说，很多小区，尤其是单位管理的职工宿舍，加装电梯工作得到单位领导和全体职工的支持，进展比较顺利，有的实现了"零反对、100% 支持"。

然而，也有的小区或楼栋单元却出现了个别或少数业主不支持甚至反对的情况。这些业主采取不见面、不协商、不签字的办法，有的甚至坚决反对、设阻和阻工。

如某电力勘察设计院一楼某住户以加装电梯"违反消防规定"为借口，不断向有关部门投诉，政府有关部门因为有投诉不予审批。本楼栋牵头组织者和社区书记至少与其面谈 20 次以上，其反对态度未曾改变，导致该楼栋电梯加装延迟了一年多，以致 2 位邻居老人没有等到电梯安装即离世。直至该业主引起公愤，其他业主扬言要痛揍她一顿才不再反对和设阻。

有一小区 3 楼住户坚决反对，其理由就是他当初买房时 3 楼价位最高，而加装电梯后，3 楼以上的房价可能会超过他的房价。这是典型的心态不平衡的表现。应该说，反对加装电梯的业主中持此种心态的不在少数。当然，他们一般不这样明说，而是把所谓影响"通风、采光、有噪音"等作为好说出口的理由。

从笔者调研走访的已经完成电梯加装并使用的几个小区或楼栋单元来看，加装的电梯都是采用玻璃电梯车厢、安装在楼梯外面一定距离，对通风、采光几乎没有明显影响；电梯运行平稳，在屋内也基本上听不到电梯运行的声音。退一步说，安装电梯即使对通风、采光和噪音方面的影响，也不构成根本性影响，更不构成民法上的侵权。至于反对者提出的影响安全等问题，更不成为其理由，因为加装电梯必须经过专业设计、图审、特别设备登记，必须通过一系列的安全设计、检验和监管。有的业主之所以反对，其实要的是补偿。

应该说，从一些已经加装电梯单元的约定俗成来看，加装电梯不需要一楼住户分摊电梯安装费用，是合理的。有的还适当给予一楼住户一定的补偿。笔者认为，不让一楼住户分担费用合理可行，但不主张给一楼住户另行补偿。一是加装电梯对一楼住户没有构成根本性的影响和损失；二是补偿没有标准，很难操作；三是会助长某些住户以此为要挟，阻滞延迟电梯加装工作。

对少数不支持、不配合的业主，政府有关部门要旗帜鲜明地予以批评和法律教育，对设阻甚至阻工的应当由公安机关予以治安处理，触犯刑法的，依法追究刑事责任。

当然，其他业主共同做好思想工作，构建和谐邻里关系是必要的，因为每天出入一栋楼、一个小区，“低头不见抬头见”。但也不能任由少数住户“任性”反对、阻挠，滥用权利，损害多少人利益和公共利益。这一点，我们必须有明确的态度。

有些地方规定加装电梯“公示期间如有异议或反对意见就不予审批”这是错误的。《物权法》第 76 条规定，加装电梯属于业主共同决定的重大事项，由 2/3 以上业主同意即可。《民法典》生效以后，业主表决同意的法定比例还将降低，在经过两步计算后，表决同意人数实际上可能只要达到业主总人数的 1/2 即符合法定比例要求。

对少数“不参加、不出资、不使用”的业主，可允许其暂不使用电梯，如日后补交款项可补发电梯试用卡。当然，如遇单元有多户暂不参与的情况，可能会涉及加装电梯资金总额不足的问题。此时可由其他业主代为垫付其份额，如日后须申请使用电梯，须补交款项并支付一定的滞纳金。这是一些小区遇到的现实问题和现实解决办法。

（2020 年 9 月 13 日）

应将加装电梯提升为市长工程加快推进

《民法典》学习

《民法典》第 288 条：“不动产的相邻权利人应当按照有利生产、方便生活、团结互助、公平合理的原则，正确处理相邻关系。”

《民法典》第 292 条：“不动产权利人因建造、修缮建筑物以及铺设电线、电缆、水管、暖气和燃气管线等必须利用相邻土地、建筑物的，该土地、建筑物的权利人应当提供必要的便利。”

既有住宅加装电梯是一项惠及千家万户的民生工程，也是一项需要政府主导、各部门和广大业主综合施策、共同发力的特殊工程。一方面老龄社会有提前到来的趋势，广大业主对加装电梯有着热切的期盼和呼唤；另一方面从目前情况来看，这项工程进展缓慢，因为加装电梯需要业主自费自治，面对如此系统复杂的工程，相关意愿业主牵头组织人员作了很多牺牲和贡献，付出了诸多心血、汗水和泪水，有的用“心力交瘁”“一部电梯数行泪”来形容一点也不为过。

尽管国家积极倡导，政府出台利好政策，但仍然存在工作力度不一，进展不均衡，成效差异较大的状况，总体上来说推进缓慢。其原因主要有意愿业主牵头组织难、少数住户态度转变难、流程复杂协调推动难、管线移位配套改造难等多重困难。

为此，笔者建议：

一、应由设区的市人民政府下发专文组织推动，而不能仅仅是几个部门的联合发文

既有住宅增设电梯涉及政策落地、牵头组织、报建备案、施工许可、安全保障、综合协调、对少数异议反对住户的引导调解等诸多方面的问题。且电梯是一种特种设备，既有住宅加装电梯应符合《中华人民共和国特种设备安全法》，同时还必须满足规划、建筑结构、消防安全等相关标准和安全技术规范，由具备相应资质的单位制造和安装，符合电梯救援相关要求。

这样一项系统复杂的民生工程，显然应有设区的市一级人民政府下发专文加以推进为宜。

比如长沙市在 2019 年 9 月由市住建、财政、自然资源规划、市场监管等四部门印发了《长沙市既有多层住宅增设电梯办理细则》（以下简称《四部门增设电梯细则》），并规定各区人民政府是既有多层住宅增设电梯工作的责任主体，领导本行政区内的电梯增设工作。

显然长沙市《四部门增设电梯规则》位阶、级别和权威性都是不够的。也就是说，既然规定“各区人民政府”是其责任主体，就应该由市人民政府下发规定，才与之对称相适应。“四部门”是难以统领各区县人民政府的。

二、应作为各级“政府一把手工程”，大力推进

再以长沙市为例，《四部门增设电梯规则》规定仅由住建部门牵头，之上没有一个领导机构，住建部门要统领其他部门和各区县人民政府，也勉为其难，其权威性当然有限。建议成立设区市既有住宅增设电梯领导小组，由市人民政府市长担任组长，常务副市长和相关主管副市长担任副组长。领导小组办公室可设在政府办公厅或住建部门。在各区县政务中心设立一站式审批窗口；区、县政府办公室负责总协调，住建部门是主要业务牵头单位，负责一站式受理及施工备案工作，负责构筑物工程质量安全监督相关工作；自然资源和规划部门负责增设电梯规划备案；市场监督管理部门负责电梯安装告知受理、电梯使用登记、电梯安装使用的监督检验和定期检验；各街道、社区负责增设电梯备案、公示公告、政策解释与宣传、矛盾纠纷协调和调解工作。

与之相应的是，各区县也应由政府一把手或者政府常务副职担任领导小组组长，方能统一调度各部门、各行业和街道办事处，加大力度、加快进度，加快完成增设电梯业主意见与签订协议、增设电梯设计图审与公示公告、增设电梯一窗受理与并联备案、工程施工与竣工验收、使用管理与建档移交、政府补贴与费用减免等增设电梯的办理流程。

长沙市对内五区还出台了对验收合格的项目一次性给予每部电梯 10 万元的补贴、申报过程中不收取报建等行政性相关费用的鼓励优惠政策，可资各地参照，或研究形成进一步加大支持力度的政策。

三、各种管线移位和相关配套设施改造应由各大单位（公司）免费实施

在完成增设电梯的办理流程后，各种管线移位和配套设施的改造就是一项更为复杂的工程。目前长沙市《四部门增设电梯规则》规定的“增设电梯涉及电力、通信、水业、燃气、数字电视等管线移位及其他配套设施项目改造的，相关单位应开辟绿色通道，免费或收取成本费用，予以优先办理”的力度显然是不够的。

因为作了“免费或收取成本费用”的两可规定，但在实际实施过程中，哪一家都没有“免费”。

而“收取成本费用”，成本是多少？恐怕就没有标准了。对于不同小区、不同单元涉及的电力、通信、水业、燃气、数字电视等管线移位，其难易程度又是不一的，改造成本就更有区别了。如果由各个加装电梯的单元小区业主自行承担，一是必然加重业主的负担，二是由于各个小区和单元管线移位难易程度不一所致的成本差别也将带来难以平衡的问题。故此，还是由各大单位（公司）免费提供管线移位服务为宜。

笔者建议，应由设区的市人民政府尽快召集电力、通信、水业、燃气、数字电视等各大单位（公司）共商，促进形成“增进人民福祉、让利于民”的政治站位和社会责任担当，达成共识并最终明确规定“增设电梯涉及电力、通信、水业、燃气、数字电视等管线移位及其他配套设施项目改造的，相关单位（公司）应开辟绿色通道，免费提供服务，予以优先办理”。

四、政府主导、社会支持、协同推进

第一，设区的市和区县各级人民政府、街道办事处、社区组织或小区业主委员会，要加大推进老旧小区加装电梯工程所涉及的民法典有关规定的宣传力度和工作推进力度。政府可出台实施细则或由设区的市人大常委会制定地方性法规。政府应加强对小区改造、电梯加装这项工作的统筹和指导。虽然最终应由业主委员会或楼栋单元住户自主协商决定，但政府必须主导和引导而不能让这项民生工程成为“无政府”状态，各级政府必须把它作为“一把手工程”，切实担当主责。区县政府办公室和住建部门是加装电梯的具体执行和协调推动者。同时要注重发挥街道和社区在这项工作中的积极助推作用。

第二，对单位职工宿舍电梯加装工程，各单位要切实担负起领导、统筹、协调、监管和服务职责，可成立加装电梯专门办公室，加快推动实施加装电梯工程。单位职工宿舍加装电梯应为社会作出示范。

第三，有条件统一实施加装电梯的小区，应发挥业主委员会和物业服务公司的组织、协调和推动作用。2021 年 1 月 1 日《民法典》生效后，则按《民法典》第 278 条规定“2/3 以上的业主参与表决”和“经参与表决的 3/4 以上的业主同意”的精神来决定大力推进，降低业主表决同意门槛，而不应要求全体业主同意，搞“一票否决”。对少数反对住户努力做好法律宣传、思想引导、利益协调和矛盾化解工作，实现和谐共赢。

第四，对规模较大或不具备统一实施加装电梯的小区，可以以楼栋单元为单位，召集本单元全体住户会商，经到达三分之二以上业主参与表决和参与表决四分之三以上业主同意形成加装电梯相关问题协议，申请报建取得电梯加装许可。街道、乡镇和社区、村支两委要鼓励、引导各小区楼栋单元推选一批热心公益、公道无私、乐于奉献、善于协调的业主代表，担负起宣传沟通、组织推动、内外联络、民主监管等职责，发挥主导作用，以使电梯加装这项民生工程得到顺利推进。

（2020 年 12 月 28 日）

既有住宅加装电梯问题需要系统解决

《民法典》学习

《民法典》第 6 条："民事主体从事民事活动，应当遵循公平原则，合理确定各方的权利和义务。"

《民法典》第 179 条："承担民事责任的方式主要有：（一）停止侵害；（二）排除妨碍；（三）消除危险；（四）返还财产；（五）恢复原状；（六）修理、重作、更换；（七）继续履行；（八）赔偿损失；（九）支付违约金；（十）消除影响、恢复名誉；（十一）赔礼道歉。"法律规定惩罚性赔偿的，依照其规定。本条规定的承担民事责任的方式，可以单独适用，也可以合并适用。

《民法典》第 278 条："下列事项由业主共同决定：（一）制定和修改业主大会议事规则；（二）制定和修改管理规约；（三）选举业主委员会或者更换业主委员会成员；（四）选聘和解聘物业服务企业或者其他管理人；（五）使用建筑物及其附属设施的维修资金；（六）筹集建筑物及其附属设施的维修资金；（七）改建、重建建筑物及其附属设施；（八）改变共有部分的用途或者利用共有部分从事经营活动；（九）有关共有和共同管理权利的其他重大事项。业主共同决定事项，应当由专有部分面积占比三分之二以上的业主且人数占比三分之二以上的业主参与表决。决定前款第六项至第八项规定的事项，应当经参与表决专有部分面积四分之三以上的业主且参与表决人数四分之三以上的业主同意。决定前款其他事项，应当经参与表决专有部分面积过半数的业主且参与表决人数过半数的业主同意。”

《民法典》第 286 条：“业主应当遵守法律、法规以及管理规约，相关行为应当符合节约资源、保护生态环境的要求。对于物业服务企业或者其他管理人执行政府依法实施的应急处置措施和其他管理措施，业主应当依法予以配合。业主大会或者业主委员会，对任意弃置垃圾、排放污染物或者噪声、违反规定饲养动物、违章搭建、侵占通道、拒付物业费等损害他人合法权益的行为，有权依照法律、法规以及管理规约，请求行为人停止侵害、排除妨碍、消除危险、恢复原状、赔偿损失。业主或者其他行为人拒不履行相关义务的，有关当事人可以向有关行政主管部门报告或者投诉，有关行政主管部门应当依法处理。”

《民法典》第 287 条：“业主对建设单位、物业服务企业或者其他管理人以及其他业主侵害自己合法权益的行为，有权请求其承担民事责任。”

《民法典》第 288 条：“不动产的相邻权利人应当按照有利生产、方便生活、团结互助、公平合理的原则，正确处理相邻关系。”

《民法典》第 289 条：“法律、法规对处理相邻关系有规定的，依照其规定；法律、法规没有规定的，可以按照当地习惯。”

《民法典》第 292 条：“不动产权利人因建造、修缮建筑物以及铺设电线、电缆、水管、暖气和燃气管线等必须利用相邻土地、建筑物的，该土地、建筑物的权利人应当提供必要的便利。”

《民法典》第 281 条：“建筑物及其附属设施的维修资金，属于业主共有。经业主共同决定，可以用于电梯、屋顶、外墙、无障碍设施等共有部分的维修、更新和改造。建筑物及其附属设施的维修资金的筹集、使用情况应当定期公布。紧急情况下需要维修建筑物及其附属设施的，业主大会或者业主委员会可以依法申请使用建筑物及其附属设施的维修资金。”

既有住宅加装电梯，确实是一项惠及百姓、广受欢迎的“民生工程”，一些小区、楼栋和居民从大局出发，按照“有利生产、方便生活、团结协作、公平合理”的民法精神，给予支持配合，使很多既有住宅楼包括老旧小区单元安装了电梯，告别“爬楼难”，极大方便了出行，让人民群众获得了“上上下下”的幸福。

然而，全国各地既有住宅加装电梯工程呈现进展不一、效果差异等不同状态，究其原因在于对加装电梯涉及的政策支持、法律适用、入户技术、安全保障和协同推进等问题是否得到系统地考量和解决。

一、政策支持

国家对既有住宅加装电梯总的方针和宗旨是“服务老龄社会，鼓励加装电梯”。2018 年，国务院将既有住宅加装电梯写入政府工作报告。2019 年 7 月，住房和城乡建设部有关负责人在国务院新闻办举行的政策吹风会上鼓励有条件的地方加装电梯。各省、自治区、直辖市和部分市县分别制定了有关既有住宅加装电梯的指导意见或具体实施办法，明确了政策和相关要求，规范了审批流程和配套监管服务。湖南省住建、规划、发改、财局、国土资源、消防、质监等部门联合下发了《湖南省城市既有住宅增设电梯指导意见》，明确了对既有住宅加装电梯应坚持“政府引导、有序推进，业主自愿、保障安全，简化手续、便民利民，属地管理、依法监管”的原则。长沙市住建、财政、自然资源和规划、市场监督管理就联合印发《长沙市既有多层住宅增设电梯办理细则》，不仅简化了既有住宅增设电梯的办理流程，而且对验收合格的项目一次性给予每部电梯 10 万元的补贴；申报过程中也不收取报建等行政性相关费用；增设电梯涉及电力、通信、水业、燃气、数字电视等管线移位及其他配套设施项目改造的，相关单位应开辟绿色通道，免费或收取成本费用，予以优先办理。

然而，在实际推进过程中，也有少数地方政府扶持力度不够、牵头力度不足、审批程序多，造成居民加装电梯诉求协调难，成功加装电梯数量少。究其原因，主要还是少数地方党委政府担当不足，不敢越雷池半步，雷声大雨点小，表面文章做得多，实际作为少。对于多层住宅加装电梯遇到的新情况、新问题缺乏有效的解决办法，出台的具体实施细则不具体，一知半解，不切实际，可操作性差。

二、法律适用

过去一些地方对既有住宅加装电梯实行“一票否决制”，居民意见不一成为既有住宅加装电梯的最大障碍。尤其是一楼住户以担心电梯有噪音、影响通风采光、存在安全隐患、房价贬值等不同理由，对加装电梯持消极态度，有的甚至强烈反对或设阻，致使一些既有多层楼房加装电梯工程停滞不前。

加装电梯，涉及相邻关系的处理，应尽可能让全体业主达成共识，协调利益，和谐推进，把加装电梯这种惠及民生、增进居民幸福的民生大事做成惠民工程、和谐工程、共赢工程。

当然，少数住户持消极态度甚至反对意见，从法律上讲并不必然影响对既有住宅加装电梯工程的推进。

在《民法典》生效实施之前，只要满足《物权法》第76条规定的“双2/3”即可对加装电梯工程予以报建和推进实施。《物权法》第76条第1款第6项规定“改建、重建建筑物及其附属设施”“应当经专有部分占建筑物总面积三分之二以上的业主且占总人数三分之二以上的业主同意”。既有住宅加装电梯显然属于“改建、重建建筑物及其附属设施”，需要“双2/3”同意。

以六层住宅一个单元12户专有部分建筑物总面积1200平方米为例，只要达到专有部分建筑物面积800平方米业主和8户业主同意即可。

2021年1月1日生效实施的《民法典》，降低了对既有住宅加装电梯这项“改建、重建建筑物及其附属设施”业主表决同意的门槛。

《民法典》第278条对“改建、重建建筑物及其附属设施”等重大事项的，规定在“应当由专有部分面积占比三分之二以上的业主且人数占比三分之二以上的业主参与表决”的基础上，“经参与表决专有部分面积四分之三以上的业主且参与表决人数四分之三以上的业主同意”。简单地说就是“由三分之二以上业主参与表决、经参与表决的四分之三以上业主同意”即符合法定比例要求。

同样以六层既有住宅一个单元12户专有部分建筑物总面积1200平方米为例，在获得专有部分建筑物面积800平方米业主和8户业主参与表决的基础上，只要达到参与表决的“专有部分建筑物面积800平方米业主的四分之三

(600 平方米）和参与表决的 8 户业主的四分之三（6 户）的同意”，即满足了法定比例。

通过对《民法典》第 278 条和《物权法》第 76 条的比较，在前述 12 户专有部分建筑物总面积 1200 平方米的事例中，我们不难看出，《民法典》生效实施后，参与表决的专有部分建筑物面积和参与表决的业主与依照《物权法》第 76 条规定要求的 800 平方米和 8 户业主（“双 2/3”）比较降低到了 600 平方米和 6 户业主（双“1/2”）。

各级政府、有关组织和人民法院都要按照《民法典》“总则编”和“物权编”有关规定积极作为，不能任由少数居民“任性”而阻碍加装电梯这一民心工程的顺利推进，更不能因为少数住户“不同意”就让人民群众“上上下下”的幸福梦成为空想。

对不支持配合的少数住户，多数意愿住户应当尽最大努力做好说服劝导工作，实在无法协调的，可向所在社区或政府职能部门反映，由社区或政府职能部门调解或申请有关组织调解，力争促成全体业主同意。对加装电梯反对并设阻的业主，可由同意加装电梯的多数意愿住户诉请人民法院判决支持加装电梯，排除妨碍，并按照楼层比例分担费用。对不自动履行判决的，可申请人民法院强制执行。

对少数业主设阻如果妨害社会秩序、损毁公私财物、危害公共安全的，可由公安机关查处，处之以警告、罚款或拘留等治安处罚，直至追究刑事责任。

当然，参照一些顺利加装电梯小区单元的习惯做法，对一楼住户可不要求分担任何费用，对其他楼层暂时不参与的住户，可采取暂不发放电梯乘坐卡的办法，允许其今后补缴费用后再使用电梯。

对少数业主以所谓影响通风、采光、噪音、安全隐患、房价贬值等不同理由诉请法院阻止加装电梯的，人民法院应做好调解工作，或驳回其诉讼请求。

加装电梯，对一楼住户采光、房价等方面可能会带来少许影响，但不构成根本性影响，无需承担侵权法上的民事责任。

当然，加装电梯，必须尽最大努力做好底层住户的思想沟通和法律宣传引导，尽可能避免发生冲突激化矛盾，实现和谐安装，和谐共处，构建团结协作、互谅互助的和谐邻里关系。

三、入户技术

既有住宅加装电梯是一项技术性很强的项目工程，尤以电梯入户方式为技术难点。

加装电梯入户方式过去一般有平层入户和错层入户两种。

平层入户方式加装电梯对房屋户型有严格要求，只有楼道两边是住户客厅或阳台才可在相应位置重新开门实现平层入户，同时对原有装修产生一定破坏，工程量和施工难度较大，很多楼栋无法选择此种入户方式。

鉴于户型条件限制和直接开门入户工程偏大等原因，加装电梯大多数无法选用平层入户而不得不选用错层入户方式。即加装电梯后电梯停在楼道休息平台，住户需上半层或下半层才能入户。

错层入户方式最大的缺陷就是无法解决老、弱、病、残、孕、幼的等急需电梯人群的自由出行问题，不符合国家倡议的“服务老龄社会，鼓励加装电梯”的核心宗旨要求。

亚平层入户方式作为一项专利技术应运而生，就成为加装电梯在不具备平层入户条件下的最佳选择。

用亚平层入户方式加装电梯后，电梯停靠层站在原楼层平层位置以下20cm至80cm亚平层位置处，使住户所处的楼层平面和电梯停靠平面形成一个小的高度差，在电梯出口平台与住户门入口之间做一个斜坡结构入户，通道覆盖在原来上行楼梯上方，乘坐电梯到达相应楼层后，住户可通过无障碍小斜坡直接入户。

亚平层入户方式的优点突出：（1）无需对住户屋内结构进行重新开门改造；（2）无需再上下半层楼梯才可入户；（3）加装电梯后实现了亚平层小斜坡出行，解决了老弱病残孕幼等急需人群的出行问题；（4）无须设置应急救援公共通道。

四、安全保障

加装电梯通过报建审批，获得施工许可后，安全保障就是一个十分凸显的问题。湖南省住建、规划、发改、财局、国土资源、消防、质监等部门联合下发的《湖南省城市既有住宅增设电梯指导意见》提出“既有住宅增设电梯应满足城市规划、建筑结构安全、抗震安全、消防安全、日照及应急疏散等要求”。电梯施工必须确保建筑结构、抗震、消防和应急疏散等各项安全，做到万无一失。

与此同时，增设电梯施工还会涉及电力、通信、水业、燃气、数字电视等管线移位及其他配套设施项目改造的，相关单位或企业应协调推进，做到监管服务并重，开辟绿色通道，对水电通讯燃气等管线移位或重新铺设免费或收取成本费用，予以优先办理。

安全保障既需要申请主体、建设单位、施工单位等作为重中之重予以确保，更需要政府相关部门提供高效优质的监管与协调服务。

五、协同推进

第一，各级人民政府、社区组织或小区业主委员会，要加大推进老旧小区加装电梯工程所涉及的民法典有关规定的宣传力度和工作推进力度。设区的市一级人民政府可出台实施细则，并统一制定各楼层费用分摊的比例，以利改造安装电梯时相关住户计算费用分担，也可供基层调解组织或人民法院调解或裁判纠纷时参考。各级政府应加强对小区改造、电梯加装这项工作的统筹和指导。虽然最终应由业主委员会或楼栋单元住户自主协商决定，但政府必须注重引导而不能让这项民生工程成为“无政府”状态。尤其街道和社区要在这项工作中发挥作用。区县住建部门作为主管部门是加装电梯的具体执行和协调推动者。

第二，对单位职工宿舍电梯加装工程，各单位要切实担负起领导、统筹、协调、监管和服务职责，有力推动加装电梯工程的顺利实施。

第三，有条件统一协调加装的小区，应发挥业主委员会和物业服务公司的组织、协调和推动作用。从法律上可按照《物权法》第76条规定，达到“三分之二以上业主同意”即可启动推进，而不必拘泥于全体业主同意，搞“一票否决”。2021年1月1日《民法典》生效后，则按《民法典》第278条规定“三分之二以上的业主参与表决”和“经参与表决的四分之三以上的业主同意”的精神来决定大力推进。对少数反对住户努力做好法律宣传、思想引导、利益协调和矛盾化解工作，实现和谐共赢。

第四，对规模较大或不具备统一加装的小区，可以楼栋单元为单位，召集本单元全体住户会商，经到达三分之二以上业主参与表决和参与表决四分之三以上业主同意形成加装电梯相关问题协议，申请报建取得电梯加装许可。街道、乡镇和社区、村支两委要鼓励、引导各小区楼栋单元推选一批热心公益、公道无私、乐于奉献、善于协调的业主代表，担负起宣传沟通、组织推动、内外联络、民主监管等职责，发挥主导作用，以使电梯加装这项民生工程得到顺利推进。

（2020 年 9 月 6 日）

第五单元　家和之福

《民法典》倡导优良家风、家庭美德和家庭文明建设

《民法典》学习

《民法典》第1043条："家庭应当树立优良家风，弘扬家庭美德，重视家庭文明建设。

夫妻应当互相忠实，互相尊重，互相关爱；家庭成员应当敬老爱幼，互相帮助，维护平等、和睦、文明的婚姻家庭关系。"

一、"互相关爱"，让夫妻关系充满着温馨

《民法典》第1043条第2款保留了原《婚姻法》第4条的内容，但增加了夫妻应当"互相关爱"的表述，夫妻除了"应当互相忠实，互相尊重"，还应做到"互相关爱"。

原《婚姻法》第4条："夫妻应当互相忠实，互相尊重；家庭成员间应当敬老爱幼，互相帮助，维护平等、和睦、文明的婚姻家庭关系。"

"互相关爱"，虽然只增加了简单的四个字，但使夫妻关系充满着温馨，夫妻关系的内容更加丰富饱满。"互相忠实"表明的是夫妻义务，"互相尊重"体现的是夫妻人格平等，而"互相关爱"则使夫妻关系、夫妻生活注入了全新的含义和生动鲜活的内容。"互相关爱"也是"互相忠实""互相尊重"的保障和依托。缺少"互相关爱""互相忠实""互相尊重"则显得空洞、抽象

和教条。

故此，《民法典·婚姻家庭编》更体现了人性关怀。只有“互相关爱”，夫妻关系才有生动、丰富、鲜活、多彩多姿的呈现。

二、《民法典》特别注重家风和家庭文明建设

《民法典》第1043条将“优良家风、家庭美德和家庭文明建设”内容写入《民法典·婚姻家庭编》，并作为第一款，这是《民法典》的一大亮点，对弘扬社会主义核心价值观和传承中华传统美德与精神文明有着十分重要的价值引领，显然这是一大立法贡献。

在《习近平谈治国理政》第二卷中，关于怎样看待家庭、家教和家风及其相互关系的问题，习近平总书记有着专门的论述。他指出：“我们都要重视家庭建设，注重家庭、注重家教、注重家风”。“无论时代如何变化，无论经济社会如何发展，对一个社会来说，家庭的生活依托都不可替代，家庭的社会功能都不可替代，家庭的文明作用都不可替代。”

“家风是社会风气的重要组成部分。家庭不只是人们身体的住处，更是人们心灵的归宿。”古今中外的历史都证明了这样一个道理，即“家风好，就能家道兴盛、和顺美满；家风差，难免殃及子孙、贻害社会，正所谓‘积善之家，必有余庆；积不善之家，必有余殃’。”

家庭是社会最基本的单元，“家风”与“民风”“社会风气”的关系，犹如树木与森林的关系。每一棵树都健康成长，整片森林才会绿意盎然，鸟欢雀跃，清风荡漾。

同理，家庭美德和家庭文明建设好了，整个社会公德和社会文明才有了坚实的基础。

《民法典》写入“优良家风、家庭美德和家庭文明建设”内容，必将成为社会主义核心价值观和社会主义精神文明建设的十分重要的法治倡导和价值引领，具有非凡的法治意义和丰富的社会价值。

（2020年5月30日）

《民法典》设立“离婚冷静期”是必要而科学的

《民法典》学习

《民法典》第 1079 条：“自婚姻登记机关收到离婚登记申请之日起三十日内，任何一方不愿意离婚的，可以向婚姻登记机关撤回离婚登记申请。前款规定期限届满后三十日内，双方应当亲自到婚姻登记机关申请发给离婚证；未申请的，视为撤回离婚登记申请。”

2019 年，我多次参加过《民法典》“婚姻家庭编”草案的学术研讨。法律界对“离婚冷静期”的设立争议较多。持反对意见者，往往搬出邓颖超同志当年说过的一段话，作为立论依据。说当年邓颖超都认为不要给离婚设置条件，我们现在还设“离婚冷静期”是“开历史倒车”。这话乍听起来觉得有道理，但考察一下解放初期的婚姻状况，就可以得出另一番结论。

一、邓颖超同志对离婚不设条件的主张是针对解放初期很多地方包办、买卖婚姻仍然大量存在的社会婚姻状况而提出的

邓颖超同志在解放初期确实说过“对离婚不要设置条件”的话。1950 年 1 月初，邓颖超在中央妇委进一步讨论《婚姻法》草案的条文时说：“大家对婚姻自由的原则无争论，对离婚自由原则基本上无争论。但对‘一方坚持离婚可以离婚’这一条有不同意见。在政法、青年、妇女联合座谈会上，只有

我和组织部一位同志同意一方坚持离婚可离，其余同志都主张离婚应有条件。”邓颖超说：“我为什么主张不加条件，一方要离就可离呢？理由是中国长期停滞在封建社会，最受压迫的是妇女，婚姻问题上妇女所受的痛苦最深。早婚、老少婚、买卖婚姻、包办婚姻是普遍现象，所以，一方坚持要离就让离，主要根据广大妇女的利益提出。如加上很多条件，恰恰给有封建思想的干部一个控制和限制离婚自由的借口。过去没有这一条，发生了很多悲剧。”（参见《基层干部曲解“婚姻自由”》，邓颖超出面调停复婚，载2010年8月9日《南京日报》。）

故此，我们不能仅仅只看邓颖超同志怎么说的，还要考察当时社会整体婚姻状况这个社会背景。其实邓颖超已经给出了“不设置离婚条件”的理由。她说：“理由是中国长期停滞在封建社会，最受压迫的是妇女，婚姻问题上妇女所受的痛苦最深……如加上很多条件，恰恰给有封建思想的干部一个控制和限制离婚自由的借口。”

解放初期，当时很多婚姻还是解放前的“包办婚姻”“买卖婚姻”。而“包办婚姻”“买卖婚姻”受害的都是妇女同志。各种封建婚姻陋俗中，买卖、包办等干涉妇女婚姻自由的现象大量存在。“包办婚姻”和“买卖婚姻”不仅使妇女不能实现婚姻自主，连人身自由都失去了。尤其在落后的农村，男方认为女方是花了钱买来的，所以就把女人当成牛马一样。一些地方甚至有“娶妻如买马，骑时用鞭打”“鬼神不是神，女人不是人”的说法。据有关资料介绍，山西省50多个县的不完全统计，1949年1—10月，封建婚姻家庭制度，导致发生妇女人命案464起。其中，直接迫害致死的占25%，因要求离婚不成而自杀的占40%，因在家庭中受虐待而自杀的占20%，因其他家庭纠纷而自杀的占12%。河津、万泉两县半年中就有29个妇女被逼上吊、跳井。（参见巫昌祯、王德意、杨大文主编《当代中国婚姻家庭问题》，人民出版社，1950年版。）

为了从法律上保障广大妇女在婚姻家庭中的合法权益，我国于1950年5月1日颁布了新中国的第一部《婚姻法》。该法共8章27条，其基本精神就是“废除包办强迫、男尊女卑、漠视子女利益的封建主义婚姻。实行男女婚姻自由、一夫一妻、男女权利平等，保护妇女和子女的合法利益的新民主主义婚姻制度”，并规定“结婚须男女双方本人完全自愿，不许任何一方对他方加以强迫或任何第三者加以干涉”。

邓颖超同志正是在1950年1月为讨论《婚姻法》草案而提出的“不设离婚条件”的主张。她认为，新中国成立了，就要让妇女从封建婚姻中解放出来，妇女同志提出离婚，当然不要设置条件。

随后几个月颁布并施行《婚姻法》，对于改革旧的婚姻家庭制度、促进妇女解放具有极其重要的意义。正如邓颖超同志所言：“《中华人民共和国婚姻法》是中国几千年来没有过的一个婚姻大法。”“它是广大劳动人民特别是广大劳动妇女在婚姻问题方面的要求的集中体现。”（参见中华全国妇女联合会编《蔡畅、邓颖超、康克清妇女解放问题文选（1938—1987）》，人民出版社，1988年版。）

而现在是什么时代呢？新中国成立70多年了，宪法和婚姻法规定的男女平等已经得到全面贯彻执行。“包办婚姻”和“买卖婚姻”的土壤已经从根本上被铲除。

而现在出现的另一种状况就是离婚率居高不下，且呈上升态势，给家庭和社会带来新的不稳定，适当控制离婚率是很有必要的。

邓颖超同志所处的时代和我们当下的时代是完全不同的，婚姻状况也大为不同。解放初期，妇女还未从封建社会的桎梏中走出来。邓颖超同志不主张对妇女同志提出离婚设置条件，是为了能让妇女从“包办婚姻”和“买卖婚姻”中解放出来，这一观点显然是符合当时社会实际状况的。

然而，在当今社会婚姻实际状况发生根本性变化、离婚率居高不下的情况下，对离婚率适当予以控制，是很有必要的。设置为期30天的“离婚冷静期”也是科学的，并未从根本上限制离婚自由。

二、世易时移，变法宜矣

战国时期就有《吕氏春秋·察今》。“察今”就是要明察当前的社会实际情况。“故治国无法则乱，守法而弗变则悖，悖乱不可以持国。世易时移，变法宜矣。譬之若良医，病万变，药亦万变。病变而药不变，向之寿民，今为殇子矣。”这段话的意思是：治理国家没有法治是不行的，那会造成社会动乱，但如果死守住法而不知道变通，也是悖逆事理的。悖逆和动乱不可以保持国家稳定。世道不同，社会变了，变法才是适宜的。有如高明的医生，病万变，用药也应有万千变化。

《吕氏春秋·察今篇》还说了一个故事："楚人有涉江者，其剑自舟中坠于水，遽契其舟曰：'是吾剑之所从坠。'舟止，从其所契者入水求之。""刻舟求剑"是一个妇孺皆知的寓言故事，说的是人要知变化之理，要懂得根据社会实际情况处理问题，而不能办事刻板拘泥，不知变通。

战国时期政治家、思想家、改革家商鞅也力主变法图强，主张"当时而立法，因事而制礼"（语出《商君书·更法篇》），意即"立法"和"制礼"都得"当时"和"因事"，制定法律和规则要因事因地因时制宜。

立法和司法是不是也这样呢？答案是肯定的。新的社会条件下，各种新问题层出不穷，司法原则、理念、政策和具体的法律治理规则，都应该有所调整和变化。虽然说法律讲究稳定性，但也不可一成不变，僵化呆板而难以顺应社会实际状况。

时代不同了，立法必须立足于时代。如果脱离时代，把过去的某些论述用来作为当代的立法依据，显然会犯机械主义的错误。

（2021 年 1 月 28 日）

附：

基层干部曲解"婚姻自由"邓颖超出面调停复婚

（原载 2010 年 8 月 9 日《南京日报》）

为将广大妇女从封建婚姻制度下解放出来，1950 年 4 月 13 日，中央人民政府第七次会议通过了《中华人民共和国婚姻法》，并于同年 5 月 1 日正式颁布实施。这是新中国成立后出台的第一部基本法。

今年是《婚姻法》颁布实施 60 周年。不久前，文史专家著文，讲述了《婚姻法》诞生的前前后后。

基层干部曲解"婚姻自由"

1947 年 7 月 17 日到 9 月 13 日，邓颖超在河北省午山县西柏坡村参加了全国土地会议。同年11月17日，她改名肖超（小超谐音）带领工作组，奔赴阜平县二区细沟村参加土地改革的复查工作。工作组同志称她“肖大姐”，老乡们亲热地喊她“老肖”。

当时，邓颖超就住在区公所的隔壁，一连几天都看到一对男女青年在区公所门前徘徊，眼里满含泪水。走过去询问，邓颖超才知道，这是大沙地村的一位男青年和水泉村的一位女青年自由恋爱想要结婚，可家长不同意，村里人也看不惯，阻挠他们结婚。区公所同志听了村里一面之词，也不给他们登记结婚。

“男女青年自己搞对象，反对家长包办婚姻，这是进步行动，政府应当支持。”邓颖超说完陪这对青年走进区公所，说明情况，区公所马上给他们办了结婚手续。随后，邓颖超把这一对青年争取婚姻自由的事作为生动的教材，在细沟村群众中进行了婚姻自主、婚姻自由的教育。

当时，也有人曲解婚姻自由的含义，反而造成了婚姻不自由的情况。边界口村一对青年夫妇因为一点小事打架，一时生气，便要离婚，跑到区公所来要求办离婚手续。区公所干部刚听了邓颖超关于婚姻自由的讲话，没有慎重分析具体情况，马上给这对夫妇办了离婚手续。小两口刚走出不远又后悔了，回到区公所要求复婚。区公所干部把他们训了一顿，说不能复婚，小两口无奈，走到细沟村边一棵大树下，抱头痛哭起来。邓颖超正好散步来到村边，见状便上前询问他们，小两口把事情经过说了一遍。邓颖超听后笑着说：“你们这个情况，可以复婚嘛。你们去吧，去对区公所同志说，就讲是老肖说的，请他们重新考虑，根据你们的具体情况，可以复婚。只是你们小两口以后再也不要打架了，更不要有一点矛盾，就随便提出离婚。”小两口向她保证：再也不会打架闹离婚了。最后，他们高高兴兴地复婚了。

根据掌握的情况，1948年3月，邓颖超在阜平县二区召开婚姻问题座谈会。她指出，婚姻问题不仅是男女双方的问题，而且是一个社会问题。婚姻自由是个新事物，要善于把它引导到正确的方向上来，决不能草率从事。

中央妇委牵头起草《婚姻法》

1948年9月20日至10月6日，中央在河北省平山县西柏坡村召开解放区妇女工作会议。中央妇委代理书记邓颖超主持会议，中共中央领导人朱德、刘少奇、周恩来出席会议并作了重要讲话。

会议期间，刘少奇专门召见了邓颖超等中央妇委成员，把起草新中国《婚姻法》草案的任务交给了中央妇委，还把《中华苏维埃共和国婚姻条例》交给邓颖超作为参考。这本小册子是1931年由中华苏维埃共和国临时中央主席毛泽东签发实施的，体现了男女平等、婚姻自由的基本原则。

刘少奇说："你们要深入调查研究解放区的婚姻状况，总结解放区这些年来执行婚姻条例的经验教训，反复讨论，再动手起草。"邓颖超兴奋地说："这些日子，大家通过在农村蹲点搞土改，更加深切地了解贫苦农民，特别是妇女们深受封建婚姻统治的痛苦，他们迫切要求婚姻自由。"

10月5日，在解放区妇女工作会议闭幕的前一天，刘少奇到会作重要报告。他在报告的最后部分专门讲到婚姻法问题，他说："婚姻问题是妇女工作的重要组成部分。新中国即将成立，我们这么大的一个国家，要有一部统一的《婚姻法》，现在时机已经成熟了，你们现在就要组织力量起草新《婚姻法》，建立新民主主义的婚姻制度。先准备一个草案，新中国成立后，由党中央送交中央人民政府，广泛征求意见，修改审定后公布施行。"

毛泽东签字颁布《婚姻法》

1948年10月解放区妇女工作会议结束后，中央妇委立即成立了《婚姻法》起草小组，由邓颖超主持。《婚姻法》起草小组办公地点设在河北平山县东柏坡。东柏坡是个群山环抱、只有十几户人家的小山村，中央妇委借用了老乡前后两个小院。

起草《婚姻法》前，邓颖超和中央妇委成员做了大量的调查研究。据时任中央妇委委员、参与起草《婚姻法》的罗琼回忆："那时候的风气非常好，讨论问题时，大家开诚布公，畅所欲言。因为这是为新中国和五万万同胞起草的婚姻法，大家都意识到它的分量。光是框架就推倒过好几次，每章每条都是字斟句酌。每次讨论都是大家先发表意见，由王汝琪做记录；然后由她拿出整理后的稿子，再供大家讨论……"

当时，争议最大的问题是婚姻自由，包括结婚自由、离婚自由两个方面，如何体现离婚自由是争论的焦点。

1931年颁布的《中华苏维埃共和国婚姻条例》第九条规定：确定离婚自

由，凡男女双方同意离婚的，即行离婚。男女一方坚决要求离婚的，亦即行离婚。这一条，新的婚姻法要不要写进去呢？反对者认为，在农村，离婚自由了，必定要触动到一部分农民的切身利益，他们必然将成为反对派。另外一种顾虑是，当时形势发展很快，马上就要进城了，怕进城以后，一些干部以“离婚自由”为借口，把农村的原配抛弃了。

1950 年 1 月初，邓颖超在中央妇委进一步讨论《婚姻法》草稿的条文时说：“大家对婚姻自由的原则无争论，对离婚自由原则基本上无争论。但对‘一方坚持离婚可以离婚’这一条有不同意见。在政法、青年、妇女联合座谈会上，只有我和组织部一位同志同意一方坚持离婚可离，其余同志都主张离婚应有条件。”邓颖超说：“我为什么主张不加条件，一方要离就可离呢？理由是中国长期停滞在封建社会，最受压迫的是妇女，婚姻问题上妇女所受的痛苦最深。早婚、老少婚、买卖婚姻、包办婚姻是普遍现象，所以，一方坚持要离就让离，主要根据广大妇女的利益提出。如加上很多条件，恰恰给有封建思想的干部一个控制和限制离婚自由的借口。过去没有这一条，发生了很多悲剧。”

邓颖超认为，现在各地各级政府法院积压的婚姻案件及发生自杀惨剧的，多因一方坚持离婚又不能离婚造成的。这证明有些解放区现行的婚姻条例，没有规定一方坚持要求离婚者可以离婚这一条，已不能适应妇女群众的需要。邓颖超说：“总之，我坚持不附加条件，一方坚持要离即离。至于必须经过一些必要的步骤，可在说明书上加以解释。”邓颖超强调指出，中央妇委考虑婚姻条例的每条内容，必须从最大多数妇女的利益出发，不能从一部分妇女的利益出发，更不能为了限制少数男干部喜新厌旧，而放弃原则，对多数妇女不利。

邓颖超讲的话是有针对性的。因为随着革命的胜利，特别是夺取大中城市后，很多城市女学生参加了革命工作，她们一般文化较高，年纪又轻。一些男干部看不起战争时期结婚的比较土气的妻子和家在农村的妻子，因此提出离婚。他们的妻子不同意，纷纷向妇联申诉。因此，很多人对《婚姻法》上有一方坚持离婚就可以离这一条持反对意见，认为如果《婚姻法》中包括了一方坚持要离就可以离的条款，便将给那些“当代陈世美”随意抛弃妻子、另结新欢大开方便之门。

邓颖超认为，干部队伍只有几百万，在几亿人口中只占很小比例。几百万干部中，有意抛弃妻子的男干部只占极少数，在几亿人口中所占比例就更小了。她看到的是几亿农村和城市妇女群众，她们大多数饱受封建婚姻的束缚。如果在婚姻条例中不写上一方坚持要离就可以离的条款，这就堵塞了广大农村和城市的妇女群众真正实现婚姻自由的道路。另外，男女婚姻的基础是爱情，如果爱情熄灭，那种婚姻保持了也没有意义。

1950 年 1 月 21 日，邓颖超将中央妇委起草的《婚姻法》的最后草稿送交中央书记处审阅，并写了一封信。信中说："几经争论，几度修改，有些问题，已经得到解决，但争论的主要问题，即一方坚持离婚，即可离婚，不附任何条件一则，至今仍意见分歧，尚未能取得一致。对于此点反对者是较多数人，赞成者包括我及少数人。现为了应各地的急需，且有关广大群众切身迫切的利益，不能再拖延不决。故大家商定，一致同意先以现在的草案（虽然我仍不完全同意），经妇委多数同意了最后稿，并将我们不同的意见一并附上，请中央参阅作最后决定。"

党中央同意了邓颖超的建议，最后采用了"男女双方自愿离婚的，准予离婚。男女一方坚决要求离婚的，经区人民政府和司法机关调解无效时，亦准予离婚"的条款。初稿拟定后，又广泛征求了各有关方面的意见，召开了多次座谈会，做了多处修改，于 1950 年 4 月 13 日提交中央人民政府委员会第七次会议通过，经毛泽东主席明令公布，于 1950 年 5 月 1 日起实行。

（摘编自《党史纵览》）

《民法典》“夫妻共同债务”规定解读与释疑

《民法典》学习

《民法典》第 1064 条：“夫妻双方共同签字或者夫妻一方事后追认等共同意思表示所负的债务，以及夫妻一方在婚姻关系存续期间以个人名义为家庭日常生活需要所负的债务，属于夫妻共同债务。夫妻一方在婚姻关系存续期间以个人名义超出家庭日常生活需要所负的债务，不属于夫妻共同债务；但是，债权人能够证明该债务用于夫妻共同生活、共同生产经营或者基于夫妻双方共同意思表示的除外。”

《民法典》第 1064 条构建的涉夫妻共同债务的认定规则，充分吸纳了 2018 年 1 月最高人民法院重新颁布的有关处理夫妻债务纠纷的司法解释，从源头上对夫妻债权债务秩序予以规范，既有利于防止夫妻之间恶意串通转移财产逃避债务，又能防止夫妻一方在外与他人恶意串通虚设债务或恶意举债，损害配偶利益。

一、解读

解读一：确立了“夫妻共同债务”的基本形态和补充形态

《民法典》第 1064 条第 1 款规定确立了“夫妻共同债务”的两种形态。一是基于共同意思表示形成的共同债务，“夫妻双方共同签字或者夫妻一方事后追认等共同意思表示所负的债务"，即基于合意的"共债共签"。这是夫妻共同债务基本形态。二是由家事代理行为形成的共同债务。鉴于夫妻关系具有一定的身份属性和夫妻一方在外对家庭具有一定的整体象征性，为了提高民事行为的效率，降低交易成本，故历史上形成了基于推定的家事代理规则，即依家事代理规则形成的个人名义债务可推定为夫妻共同债务。夫妻一方在婚姻关系存续期间以个人名义为家庭日常生活需要所负的债务，属于夫妻共同债务"，显然这是对"共债共签"原则的一种补充，可称之为补充形态。

认定和处理"夫妻共同债务纠纷"，应当以"共债共签"为基本原则、常设性规则，以"家事代理"作为补充规则。这两种形态在形成机制上有着本质的区别，"共债共签"乃基于合意，而家事代理则是基于推定。

为什么"共债共签"可作为基本规则、常设性规则，而家事代理只宜作为补充规则？是因为"共债共签"就是对合同相对性原则的遵循。合同相对性是民法上一个最基本的原则，也是诚信原则在合同法上的根本贯彻。而家事代理基于推定，这种推定必须慎用，因为它毕竟绕过了双方合意，没有形成合意，要另一方承担责任，只能是一种特殊形态。

夫妻债务纠纷多为合同之债。既然是合同之债，首先就得遵循"合同相对性"这一最基本的原则。而不能因为有婚姻关系，就否定合同相对性，而实行身份连带和株连捆绑。夫妻虽然是一个家庭的成员，具有一定的身份关系，但夫妻也是具有独立人格的个体。尤其是现代文明社会，男女平等，人格独立，对外从事民事行为通常只能代表自己。特别是对外举债，夫妻任何一方都不会擅自而为，除非是个人负责。既然要确定为共同债务，那夫妻双方必须有共同意思表示。

家事代理是一个古老的民法规则。传统社会交通不便利、通讯不发达，"家事代理规则"的价值就异常凸显，确实有利于解决家庭应急举债，也是为了鼓励扶困救急、降低交易成本。

然而，在当今信息化、网络化社会条件下，家事代理的紧迫性和必要性大为降低，法律规则和司法对策应与时俱进，作出变化调适。事实上，家庭日常生活举债的情况已经越来越少了。因此家事代理的适用也应持谨慎态度，不可扩大适用，以作为补充规则为宜，后文再论析。

解读二：确立了除外情形证明责任分配的基本规则

《民法典》第1064条第2款规定：“夫妻一方在婚姻关系存续期间以个人名义超出家庭日常生活需要所负的债务，不属于夫妻共同债务；但是，债权人能够证明该债务用于夫妻共同生活、共同生产经营或者基于夫妻双方共同意思表示的除外。”

这款规定有两层意思：一是“以个人名义超出家庭日常生活需要所负债务”，不能适用“家事代理规则”认定为夫妻共同债务，而只能认定为夫妻一方个人债务；二是债权人能够证明该债务用于夫妻共同生活、共同生产经营或者基于共同意思表示的，可以认定为夫妻共同债务。

这里隐含着一条重要的规则，即“除外情形”的证明责任分配规则。依据这个规则，《民法典》“除外情形”的证明责任分配给了债权人。

这一证明规则的重新分配，是对《最高人民法院关于适用〈中华人民共和国婚姻法〉若干问题的解释（二）》第24条（以下简称“24条”）制定的例外情形证明责任的根本性修正。“24条”规定：“债权人就婚姻关系存续期间夫妻一方以个人名义所负债务主张权利的，应当按夫妻共同债务处理。但夫妻一方能够证明债权人与债务人明确约定为个人债务，或者能够证明属于婚姻法第十九条第三款规定情形的除外。”

从这一规定可以看出，夫妻共同债务完全按照“存续期间”这个唯一的时间要素实行“推定”，而将除外情形的证明责任则分配给了债务人配偶。这是极不合理、极不公平的，因而带来了很多问题和困境。债务人配偶，未参与债务的订立，如果债务人未将债务情况告知配偶，该债务也未用于夫妻共同生活，即其配偶未享受该债务利益，要债务人配偶证明该债务未用于“夫妻共同生活”，这种“证无”实在是既违背法理，也违背常识和常理。从大量的案例来看，很多夫妻一方在外以个人名义举债，既没有征得配偶同意，也没有在事后告知配偶，更没有用于夫妻共同生活，债务人配偶对债务完全处于“不知情、未受益”状态。而按“24条”的证明责任分配规则，债务人配偶要证明存在两种“除外”情形，否则就一律推定为共同债务。而这两种“除外”情形对不知情的配偶来说几乎是无法证明的。“24条”的证明分配规则是有违法理和常理的。

《民法典》将“除外情形”的证明责任分配给了债权人，这是法理、事理和情理的回归。

债权人主张某一笔夫妻个人名义举债用于夫妻共同生活或者有其他共同意思表示，根据“谁主张谁举证”原则，债权人当然要对自己的主张提供证据予以证明。因而，由债权人承担证明责任是符合法理的。

在债权债务法律关系中，债权人始终拥有债的发动与否的主动权、决定权和固定相关证据的优势地位。他完全可以在放债之前作相关风险调查评估，也可以要求债务人配偶或其他家庭重要成员签字或提供有效抵押或担保的便利。如果债务人不能满足这些条件，债权人可以不发动这宗债权。通俗地说，就是可以不借钱给他人。因此，由债权人对其主张承担证明责任是公平的，也是符合事理和情理的。

当然，如果具名债务人也主张某一笔借款为“夫妻共同债务”，他也理所当然地负有举证责任。其法理还是基于“谁主张谁举证”这一基本原则。这一点，在司法实践中，可由司法人员依据案情和“法官自由裁量规则”作出判定。在《民法典》第1064条规定中，虽然没有“债务人”承担证明责任的表述，但在具体案件中，如果债务人提出他个人名义举债为共同债务，依据民事诉讼证据基本规则，他当然有证明自己主张的义务。

二、释疑

《民法典》草案在审议过程中，社会各界对夫妻共同债务认定条款的评议最为激烈。很多人士甚至提出疑虑和担忧。笔者现对其疑虑和担忧作出解答，旨在为正确理解和积极贯彻《民法典》第1064条清理认知误区。

（一）实行“共债共签”是否弱化债权保护？

实行“共债共签”，就是从源头更好地落实债权保护，因为规范就是最好的保护。比如，现在很多银行向已婚个人发放贷款，就要求夫妻双方到银行柜台面签，且拍照留存，以此作为夫妻共同债务最有力的证据，不管举债人夫妻是否离异，或“转移财产”，这笔债总是“跑不了”，因为当初夫妻两人共同签了字，永远属于夫妻二人的。

合法正规的借贷，当然更愿意实行“共债共签”，有夫妻“共签”当然比夫妻一方具名立据更能落实风险防范和债权保护。

为什么有人不愿意“共债共签”呢？那只有一种解释：高利贷和其他不合法借贷才不愿意“共债共签”。比如，我国东部某省高级人民法院2018年曾出台一个指导意见，规定20万元以下的夫妻一方个人名义举债，就一律按夫妻共同债务处理。这一规定一颁发，那些非法的借贷广告立马打出“贷款20万元，不需配偶签字”。这不是很能说明问题吗？不愿意实行或反对“共债共签”，其意图其动机也就很明白了：他们担心实行“共债共签”，怕夫妻另一方不同意借款，这单生意就做不成了。

“共债共签”实在是一个再好不过的债权规范和债权保护之举，既可以防范举债人夫妻双方恶意串通转移财产逃废债务，又可以有效防止夫妻一方与债权人串通恶意举债，损害配偶利益。

（二）实行“共债共签”是否增加交易成本、阻碍经济发展？

有人说，实行“共债共签”会增加交易成本，不利于发展经济、活跃市场。事实上，现代社会，决非传统社会，现代化的交通和信息手段已经给人民的生活生产带来了极大的便利。就以夫妻一方需要举债为例，如果一方不在同城，无法现场共签，但可以随时随地通过信息、视频、微信等手段让配偶知情确认，获得“共同意思表示”。这种事前规范不会导致成本的大量增加，而事前草率而为，到事后发生争议，这才是实实在在地“增加了交易成本”，“妨害了经济发展”。

如前文所述，说到底也就是一个规范债权的民事法律行为问题。在处理夫妻债务纠纷问题上，过去我们犯的错误太多，就是只讲保护债权，不讲规范债权。其实乡下有两句俗话，都是讲要规范民事行为。一句说“亲兄弟明算账”，一句说“莫打死了狗再来讲狗价”。都是说在事前要先讲得清清楚楚明明白白，避免事后发生不必要的争执。即“先讲好狗价，再来打狗”。

（三）“共债共签”必须以“夫妻分别财产制”为前提吗？

有少数学者和人士提出夫妻债务“共债共签”是以“夫妻分别财产制”为前提，而我国目前实行的是“夫妻共同财产制”，因此不宜采用“共债共签”原则，而要实行与共同财产制相匹配的“共同债务制”。

笔者认为这种观点既没有法律依据，也缺乏法理基础，实为一种误导。夫妻债务是个人债务还是共同债务，与共同财产制或分别财产制没有必然关系。

可以肯定地说，夫妻“共同财产制”必须以夫妻“共同债务制”相匹配，这在我国找不到法律依据。即使其他国家有过此类规定，也不得照搬，而要看这种规定是什么年代的，是否具有世界普遍适用性？

在信息化、网络化的现代社会，男女平等、人格独立、夫妻对家庭重大事项有平等的决定权，已经成为基本常识，任何简单的推定、连带、捆绑都与现代文明社会的基本价值观相悖逆。《民法典》第1055条规定：“夫妻在婚姻家庭中地位平等。”“地位平等”，就包括对举债等家庭重大事项夫妻双方有着平等的决定权和处分权。

（四）债务人配偶就是不签字，夫妻联手对抗债权人，或者举债后将财产转移至未签字的配偶一方怎么办？

夫妻之间的对外举债一般为合同之债。既然是合同，就要遵守合同相对性原则。

订立借款合同，债权人自始至终拥有主动权、决定权和优势地位。配偶就是不签字，债权人可以不启动这种债权债务关系，通俗地说，也就是不借钱给他。现在很多银行就是这样做的。

举债后将财产转移至未签字的配偶一方，怎么办？这可以通过债权人行使民法上的撤销权来解决。《民法典·合同编》对债务人无偿处分和不合理价格交易处分财产债权人撤销权行使作出了规定。《民法典》第538条规定：“债务人以放弃其债权、放弃债权担保、无偿转让财产等方式无偿处分财产权益，或者恶意延长其到期债权的履行期限，影响债权人的债权实现的，债权人可以请求人民法院撤销债务人的行为。”第539条规定：“债务人以明显不合理的低价转让财产、以明显不合理的高价受让他人财产或者为他人的债务提供担保，影响债权人的债权实现，债务人的相对人知道或者应当知道该情形的，债权人可以请求人民法院撤销债务人的行为。”

《民法典》这两条规定的精神，也可从原《合同法》第74条见到。该条规定：“因债务人放弃其到期债权或者无偿转让财产，对债权人造成损害的，债权人可以请求人民法院撤销债务人的行为。债务人以明显不合理的低价转让财产，对债权人造成损害，并且受让人知道该情形的，债权人也可以请求人民法院撤销债务人的行为。”

当然，这是事后救济，叫亡羊补牢，成本当然就高了。所以还是要事前预防，而“共债共签”就是最好的预防。

当然，有人又提出了另一种担忧，即为了落实“共债共签”，有的举债人强迫配偶签字，或者夫妻一方成为另一方的“印章”，此种情形应如何防范？

笔者认为，强迫配偶签字的情况毕竟是少数。现代文明社会，男女平等意识早已深入人心，夫妻双方各自人格独立意识更加觉醒，有几个女性（男性）会接受强迫？如果采用暴力强迫，还有反家暴法、刑法和治安处罚法管着。至于夫妻一方在外经商，开公司经营需要以夫妻名义举债，配偶乐于做“印章”当然是好事。既然充当了“印章”，在借款合同上或借据上盖了章签了字，当然是夫妻共同债务了。

立法对这种少数情况，不必关注。法律也不可能周全到万事万物的方方面面和所有细支末节。

（五）有的夫妻一方当初享受债务带来的利益或获得财产，现在出现亏损就不承担债务清偿责任，是否违反权利义务相一致原则？

如果就夫妻一方个人名义举债的某一笔借款产生了收益，配偶也享受到了，这笔借款当然就属于“共同债务”了。但配偶不能因为享受了某一笔个人名义举债带来的收益，以后就要无穷无尽地承担其他一切债务。

笔者设想一种情况：夫妻一方前一笔50万元个人名义借款，所带来的利益用于夫妻共同生活，当然这是“夫妻共同债务”了，其配偶当然需要共同清偿。如果下一笔500万元的个人名义借款带来的利益，根本没有用于夫妻共同生活，或者该债务完全亏损，那是否需要配偶偿还呢？如果需要配偶偿还这笔未签字、不知情、无受益的500万元借款，其逻辑是因为其配偶已经享受了前一笔50万元借款的利益。用这样一种机械逻辑来指导立法和处理纠纷，哪有公平可言？

（六）如何防止家事代理规则的滥用，将家事代理规则设置在合理的限度之内？

《民法典》已经明确了“家事代理规则”作为“夫妻共同债务”的形式之一，应该说是对“共债共签”基本形态的补充。

但有人担忧，如果家事代理规则被扩大适用，可能会导致司法的懒政，《婚姻法司法解释》第24条“有可能死灰复燃”。

因此，如前文所述，为了解决这个问题，在司法实践中，我们仍应把

“共债共签”作为最基本的“夫妻共同债务”认定规则，而对“家事代理规则”应谨慎，决不能任意扩大解释和适用。在《民法典》草案审议过程中，有学者建议把“家事代理”作为处理夫妻债务纠纷的最基本规则，或者第一规则，笔者对此观点进行了批判性商榷。笔者的基本观点是，必须坚持把“共债共签”原则作为认定夫妻共同债务的基本规则，家事代理只能作为补充规则。如果把家事代理作为认定夫妻共同债务的基本规则，就又可能回到“24条”老路上去。“24 条”就是以“家事代理”为法理基础和基本规则而无限扩大适用，不惜采取强制推定办法。

《民法典》确立了“家事代理规则”。第 1060 条规定：“夫妻一方因家庭日常生活需要而实施的民事法律行为，对夫妻双方发生效力，但是夫妻一方与相对人另有约定的除外。”第 1064 条规定：“夫妻一方在婚姻关系存续期间以个人名义为家庭日常生活需要所负的债务，属于夫妻共同债务。”

家庭生活涵盖了“衣、食、学、医、住、行”等方方面面。除少数特别贫困的家庭，一般情况下，人们不会再为“衣食”等基本家庭生活举债，一般也不会轻易举债。需要举债的情况更多的可能是在“学、医”两个方面。如小孩就学、家庭成员就医这些紧急情况急需支出，而夫妻另一方又不在同城，此时如需举债，夫妻任何一方均可代理配偶共同从事举债等民事行为。而“住、行”往往关涉家庭重大事项，如购房买车确需举债，须由夫妻双方共同决定。因为购房买车不是购买日用小商品，而属于家庭重大事项，当然也是为了“家庭生活”，可以不必经过夫妻双方同意，擅自在外举债而为吗？

有学者认为，只要是为了家庭生活，夫妻一方可以随时随地举债，均视为有代理权，“夫妻另一方必须接受”。如果是这样的话，就违背了“夫妻对家庭重大事项具有平等的处理权”婚姻法这个最基本的原则。

故此，我们必须明确，购房买车等特殊或大宗商品、高档高价商品所负债务，不能适用家事代理规则。因为购房买车等重大买卖事项是家庭重大事项，理应夫妻共同决定。

房产、车辆等这类重大商品的购置，决不会起意即购，一般有一个起意、商议、咨询、察看、比较、权衡、决定、实施的完整过程，夫妻双方应该取得共识，也完全有时间形成合意。如需要举债，当然有时间条件实行“共签”。即使一方因故不在同城，也应该通过其他资讯手段形成授权。债权人更应本着对自己资金安全和他人负责的态度，让举债人配偶知情确认，以此获得"共同意思表示"。

由此，可以肯定地得出结论，现代社会资讯条件下家事代理的紧迫性和必要性大为降低，必须将家事代理之债范围予以严格限制。"家事代理规则"更不能作为当今社会处理夫妻债务的基本规则。

当然，在目前根本取消家事代理规则条件尚不成熟的情况下，把"家事代理"作为一个补充规则，《民法典》第 1064 条第 1 款将其写入了夫妻债务"共债共签"规则之后。

最高人民法院可以通过司法解释进一步明确家事代理之债的内涵：为家庭紧急情况下必要支出所负债务。

何谓家庭紧急情况下必要开支？有一个日常生活经验法则，即根据当时当地的生活水准、物价水平来判断。以笔者所在的长沙地区为例，比如夫妻一方出差，小孩上学需要学费，或者家庭成员中有人生病需要医药费，须找他人借钱，此类情况下必要的紧急开支，不需要夫妻双方共同签字。但如果是以买一套房子、买一辆车为由找他人借钱，虽然用于共同生活，但不属于日常生活必要开支，而且动辄需要数十上百万元，这种情况举债需要夫妻双方共同签字的。法律不应鼓励夫妻单方面决定家庭重大事项。

因此，购买房屋、汽车和其他高档电器等大宗商品所需举债不能适用家事代理规则，仍需坚持"共债共签"原则。

除购置必住房屋以外，汽车和其他高档商品，并非日常生活必需品，不会也不得随意举债购买。确需举债购置，当然应取得夫妻共识，否则男女平等、夫妻平等决定处理家庭重大事项的宪法原则和婚姻家庭原则就会落空。

所以，社会发展进步到如今，如果还把古老的罗马法某些规则作为现在处理纠纷的基本规则，显然是不合时宜的。立法、司法政策与法律教育一方面要与时俱进，体现时代要求；另一方面要切合当下社会实际，符合国情社情与民情。

（七）"共同生产经营"会不会成为一个"筐"，一切债务往里装？共同生产经营的范围和标准要不要作出限定？

《民法典》第 1064 条第 2 款规定："夫妻一方在婚姻关系存续期间以个人名义超出家庭日常生活需要所负的债务，不属于夫妻共同债务，但是债权人能够证明该债务用于夫妻共同生活、共同生产经营或者基于夫妻双方共同意思表示的除外。”

这里所说的债权人有证据证明夫妻一方个人名义举债是为了夫妻“共同生产经营”，可以认定为夫妻共同债务。

那么，什么是“共同生产经营”呢？“共同生产经营”会不会成为一个“筐”，一切债务都往里装？

因此，“共同生产经营”也得有范围和标准。这就需要法官秉持日常生活经验法则和司法良知加以科学认定和裁判。

当然，最高人民法院如能及时作出司法解释当为积极之举。

也就是说要夫妻两人实实在在地“共同”从事生产经营活动。比如农村土地承包经营、城镇夫妻一起经营管理的小商店、小作坊，或者夫妻两人都在公司企业承担了具体职务的。故此，“共同生产经营”必须给予较为明确的限定，尤其是在信息化、网络化生产生活条件下的现代社会，知晓、确认极为便利，不能对“共同”作泛化和扩大解释。比如，有的仅仅是夫妻一方设立公司时，其配偶仅仅是在公司有关书面文件中出现了的名字，或者仅仅为名义上的“股东”，而没有实际参与任何生产经营活动，不能判定为“共同生产经营”。如果简单裁判，亦会导致冤错案发生。

当然，这样确实对规模化生产所需举债带来一定的不便。因为有的夫妻一方会对举债持十分谨慎的态度。但是，既然要确定为“共同债务”，那就得实行“共签”，即夫妻形成合意，债权人应取得债务人夫妻双方的“共同意思表示”，除非不需要举债人配偶负责。

（八）夫妻一方“侵权之债”如何处理？

《民法典》这次未能对夫妻一方的“侵权之债”作出规定，可由最高人民法院通过司法解释的办法加以明确。笔者曾建议设置夫妻一方侵权之债的特别清偿程序。因为夫妻一方侵权之债与合同之债还是有较大的区别的“特别之债”。其“特别”在哪里？就因为“债权人”是夫妻一方侵权行为的受害人或者受害人亲属，作为“受害人”或“受害人亲属”的权益完全是因为夫妻一方侵权行为而招致损失，且完全居于被动地位。而夫妻合同之债的债权人是合同一方当事人，且在债权债务法律关系中处于主动地位和优势地位，拥有债权发动与否的主动权和决定权。

从法理上说，夫妻一方侵权之债是法定之债，而夫妻合同之债乃约定之债，或者说是意定之债。所谓“意定”，可依字面作出直接解释，即由债权人和债务人的意志所决定。

为了保障夫妻一方侵权行为招致受害人或受害人亲属损失得到及时、有效的救济，法律应设置特别清偿程序。

有观点认为，夫妻一方侵权之债无条件推定为“夫妻共同债务”，其目的就是为了保护受害人的利益。笔者不同意这种简单推定，也就是法律的设置尽量避免“株连”。

首先，夫妻一方侵权之债仍然只能定义为侵权人的“个人债务”。也就是“谁招致，谁负责”，有利于明晰责任，及时解决纠纷，既合法理，更合事理，也与侵权行为构成刑事犯罪的担责方式一致。如未造成他人死亡或者多人重伤或者重大财产损失的交通肇事，由肇事的夫妻一方（侵权人）承担民事赔偿责任；当交通肇事造成多人伤亡和财产的重大损失可能构成刑事犯罪时，其刑事责任和民事责任的承担者仍然是肇事者本人，而不能“法定为”或“推定为”肇事者配偶或其他人。

依此理，不构成刑事犯罪的夫妻一方侵权损害形成的债务也只能定义为夫妻一方个人债务，而不能推定为共同债务。但为了保障受害人尽快获得赔偿补偿，最高人民法院可以通过司法解释设置特别清偿程序。即先由夫妻一方侵权致害人个人财产清偿，不足部分由其配偶或其他同住成年家庭成员代为清偿，然后由代偿人向侵权致害人行使追偿权。

而夫妻之间一方在外发生的合同之债，鉴于债权人拥有发动债权的主动权、决定权和优势地位，债权人应该尽风险防范注意义务，除非符合债务人家庭紧急情况的特别开支可适用家事代理规则外，必须坚持“共债共签”原则。

（2020年6月12日）

处理夫妻一方"侵权之债"的基本法理和特别清偿程序

《民法典》学习

《民法典》第1064条："夫妻双方共同签字或者夫妻一方事后追认等共同意思表示所负的债务，以及夫妻一方在婚姻关系存续期间以个人名义为家庭日常生活需要所负的债务，属于夫妻共同债务。夫妻一方在婚姻关系存续期间以个人名义超出家庭日常生活需要所负的债务，不属于夫妻共同债务；但是，债权人能够证明该债务用于夫妻共同生活、共同生产经营或者基于夫妻双方共同意思表示的除外。"

《民法典》第1064条确立了"共同意思表示""家庭日常生活代理""债权人证明债务用途"这三方面的夫妻共同债务认定规则和证明分配规则。然而这些"夫妻共同债务"所关联的一般为"合同之债"，不包含"侵权之债"。《民法典》对"侵权之债"未能作出规定。

夫妻一方个人违法侵权行为形成的债务，即"侵权之债"。它的基本法理何在？"侵权之债"与"合同之债"的根本区别何在？为什么要建立"侵权之债"的特别清偿程序？

《民法典》第1064条确立了"具有共同意思表示"的夫妻共同债务认定的基本规则，而债权债务一般为合同之债。因夫妻一方或其他家庭成员侵权行为形成的赔偿之债如何认定，未作规定。故此，处理夫妻一方的"侵权之债”，还是要依据《民法典》确立的夫妻共同债务必须具有“共同意思表示”这一基本原则的精神来认定和处理。也就是说，夫妻一方侵权之债，是单方违法侵权行为形成的债务，显然不具有“共同意思表示”，也不符合“为家庭日常生活需要所负债务”的特质，无法适用家事代理规则。故此，夫妻一方侵权之债仍然只能认定为夫妻一方个人债务。正如其他家庭成员个人违法侵权之债也只能认定为侵权行为人个人之债一样。

当然，夫妻共同侵权或家庭成员共同侵权形成的侵权之债毫无疑义地应认定为共同侵权行为人的共同债务，其法律关系和归责认定相对简单明晰，本文不予论析。

一、《民法典》夫妻共同债务认定规则的基本要义

《民法典》第1064条确立的夫妻共同债务的规定基本要义是要求具备以下三种情形之一，方可认定为夫妻共同债务。一是看是否具有“共同意思表示”；二是看是否“为家庭日常生活需要所负债务”；三是债权人能否证明其债务用于夫妻共同生活、共同生产经营或具有共同意思表示。

具有夫妻双方共同签名、或夫妻一方事后追认等“共同意思表示”的债务，当然是夫妻共同债务。这就是《民法典》第1064条立法的基本立足点，这是夫妻共同债务认定的基本规则。

《民法典》第1064条确立了“夫妻共同债务”的两种形态。一是基于共同意思表示形成的共同债务，“夫妻双方共同签字或者夫妻一方事后追认等共同意思表示所负的债务”，即基于合意或“共同意思表示”形成的债务，即通常说的“共债共签”。这是夫妻共同债务基本形态；二是由家事代理行为形成的共同债务。鉴于夫妻关系具有一定的身份属性和夫妻一方在外对家庭具有一定的整体象征性，为了提高民事行为的效率，降低交易成本，故历史上形成了基于推定的家事代理规则，即“依家事代理规则形成的个人名义债务可推定为夫妻共同债务”。夫妻一方在婚姻关系存续期间以个人名义为家庭日常生活需要所负的债务，属于夫妻共同债务”，显然这是对“共债共签”原则的一种补充，可称之为补充形态。

认定和处理“夫妻共同债务纠纷”，应当以“共债共签”为基本原则、常设性规则，以“家事代理”作为补充规则。这两种形态在形成机制上有着本

质的区别，“共债共签”乃基于合意，而家事代理则是基于推定。

为什么“共债共签”可作为基本规则、常设性规则，而家事代理只宜作为补充规则？是因为“共债共签”就是对合同相对性原则的遵循。合同相对性是民法上一个最基本的原则，也是诚信原则在合同法上的根本贯彻。而家事代理基于推定，这种推定必须慎用，因为它毕竟绕过了双方合意，没有形成合意，没有“共同意思表示”，要另一方承担责任，只能是一种特殊形态。

夫妻债务纠纷多为合同之债。既然是合同之债，首先就得遵循“合同相对性”这一最基本的原则。而不能因为有婚姻关系，就否定合同相对性，而实行身份连带和株连捆绑。夫妻虽为同一家庭成员，具有一定的身份关系，但夫妻也是具有独立人格的个体。尤其是现代文明社会，男女平等，人格独立，对外从事民事行为通常只能代表自己。特别是对外举债，夫妻任何一方都不会擅自而为，除非是个人负责。既然要确定为共同债务，那夫妻双方必须有共同意思表示。

家事代理是一个古老的民法规则。传统社会交通不便利、通讯不发达，“家事代理规则”的价值就异常凸显，确实有利于解决家庭应急举债，也是为了鼓励扶困救急、降低交易和社会生活成本。

然而，在当今信息化、网络化社会条件下，家事代理的紧迫性和必要性大为降低，法律规则和司法对策应与时俱进，作出变化调适。事实上，家庭日常生活举债的情况已经越来越少了。因此家事代理的适用也应持谨慎态度，不可扩大适用，以作为补充规则为宜。特别是夫妻一方个人名义购房买车、购买奢侈品和其他高档高价商品所形成的债务，不能适用家事代理规则而推定为夫妻共同债务。因为家事代理的扩大适用，不仅产生难以解决的经济纠纷，更容易带来社会诚信危机、婚姻家庭秩序破坏和家庭成员道德风险。

二、夫妻一方侵权之债与合同之债的同异

“侵权之债”与“合同之债”的相同点在于：两者都是债务，具有清偿性。凡是合法债务，就应依法予以清偿，确保债权人的合法债权得到实现。

然而，“侵权之债”是一种“特别之债”，它与“合同之债”的区别也是显而易见的。主要有如下几点：

第一，“侵权之债”的“债务人”具有违法性。侵权之债一般均为违法行

为所致，故债务人行为具有违法性，而“债权人”则具有受害性。因为“侵权之债”债权债务关系中的“债权人”是侵权行为的受害人或者受害人亲属，作为“受害人”或“受害人亲属”的权益完全是因为违法侵权行为而招致损失。而夫妻合同之债的债权人是合同一方当事人，不具有违法性。除非其合同本身是非法的。

第二，“侵权之债”的“债权人”具有被动性。在侵权之债的债权债务关系中，“债权人”作为受害人，完全处于被动性，其损失何时发生、损失大小,均不以“受害人”意志为转移。而在“合同之债”的债权债务法律关系中,债权人处于主动地位和优势地位，拥有债权发动与否的主动权和决定权。

第三，“侵权之债”具有法定性。从法理上来说，夫妻一方侵权之债是法定之债，而夫妻合同之债乃约定之债，或者说是意定之债。所谓“意定”，可依字面作出直接解释，即由债权人和债务人的意志所决定。而“侵权之债”是“侵权人”一方违法侵权行为所致。违法侵权行为所形成的债务是指行为人给受害人造成的损失，故此法律规定，这种损失应由行为人予以清偿。

三、必须以“谁侵权谁负责”为处理侵权之债的基本法理

有观点认为，夫妻一方侵权之债无条件推定为“夫妻共同债务”，其目的就是为了最大限度保护受害人的利益。笔者不同意这种简单推定，也就是法律规则的设置尽量避免推定，因为推定就意味着“株连”。推定只能作为特定和补充规则，决不能作为常态规则普遍适用。

夫妻一方侵权之债仍然只能定义为侵权人的“个人债务”。也就是“谁侵权，谁负责”，通俗地说就是“谁惹祸，谁负责”。这样有利于明晰责任，及时解决纠纷，既合法理，更合情理与事理。这也与侵权行为构成刑事犯罪的担责方式一致。如未造成他人死亡或者多人重伤或者重大财产损失的交通肇事，由肇事的夫妻一方（侵权人）承担民事赔偿责任；当交通肇事造成多人伤亡和财产的重大损失可能构成刑事犯罪时，其刑事责任和民事责任的承担者仍然是肇事者本人，而不能“法定为”或“推定为”肇事者配偶或其他人。

依此理，不构成刑事犯罪的夫妻一方侵权损害形成的债务也只能定义为夫妻一方个人债务，而不能推定为共同债务。

四、应建立“侵权之债”的特别清偿程序，以确保受害人得到及时充分的救济

保障夫妻一方侵权行为招致受害人或受害人亲属的损失得到及时、有效的救济，这是法律应昭示的正义所在。笔者建议制定司法解释设置特别清偿程序。

因为侵权人的违法行为致使受害人承受身体和精神痛苦，并遭受经济损失。法律必须建立让受害人获得救济最大化的规则，才会有社会正义。

为了保障受害人尽快获得赔偿补偿，在《民法典·侵权责任编》没有对此作出具体规定的情况下，建议可由最高人民法院通过司法解释的方式设置特别清偿程序。即先由夫妻一方侵权致害人个人财产清偿，不足部分由其配偶或其他同住成年家庭成员代为清偿，然后由代偿人向侵权致害人行使追偿权。

而夫妻之间一方在外发生的合同之债，鉴于债权人拥有发动债权的主动权、决定权和优势地位，债权人应该尽风险防范注意义务，除非符合债务人家庭紧急情况的特别开支可适用家事代理规则外，必须坚持“共同意思表示”原则，实行“共债共签”。

而对“侵权之债”的清偿，应当明确以下几点：

第一，个人违法侵权行为形成的“侵权之债”必须明确为“个人债务”，而不能推定为夫妻共同债务或家庭成员共同债务。这样才有利于明晰责任和解决纠纷。同时，也符合“谁侵权谁负责”“谁惹祸谁负责”这一人民群众普遍认同的事理和情理。

第二，“侵权之债”先由“侵权人”个人财产清偿。这是基本原则。这一原则是对“谁侵权谁负责”的根本落实。

第三，只有在侵权人个人财产不足以清偿其“侵权之债”的情况下，才可以适用由配偶或其他同住成年家庭成员代为清偿不足部分。之所以要建立“不足代偿制”，其法理在于：一是必须尽快让受害人得到救济；二是配偶或其他同住成年家庭成员肩负有教育、管理和补充赔偿之责；三是配偶和其他同

住成年家庭成员具有追偿的便利。

第四，配偶或其他同住成年家庭成员对侵权人个人财产清偿不足部分代为清偿后，可保留对侵权人的追偿权。即日后可就代偿部分向侵权人行使追偿权。

（2020 年 8 月 6 日）

“家事代理”规则基本过时了

——兼与孙宪忠教授商榷

《民法典》学习

《民法典》第1060条：“夫妻一方因家庭日常生活需要而实施的民事法律行为，对夫妻双方发生效力，但是夫妻一方与相对人另有约定的除外。

夫妻之间对一方可以实施的民事法律行为范围的限制，不得对抗善意相对人。”

第1064条：“夫妻双方共同签字或者夫妻一方事后追认等共同意思表示所负的债务，以及夫妻一方在婚姻关系存续期间以个人名义为家庭日常生活需要所负的债务，属于夫妻共同债务。夫妻一方在婚姻关系存续期间以个人名义超出家庭日常生活需要所负的债务，不属于夫妻共同债务；但是，债权人能够证明该债务用于夫妻共同生活、共同生产经营或者基于夫妻双方共同意思表示的除外。”

“知屋漏者在宇下，知政失者在草野。”语出东汉著名哲学家王充《论衡·书解》篇，至今仍然散发着至理真知之光。

笔者曾担任10年基层法院院长，处理夫妻债务纠纷案件不下百起，受理此类当事人来信、来访和投诉已逾千件，对“夫妻债务”问题有着自己清晰的认知。

最高人民法院之所以在2018年1月重新颁布《最高人民法院关于审理涉及夫妻债务纠纷案件适用法律有关问题的解释》（以下简称《夫妻债务新解释》），把"共同意思表示"（俗称"共债共签"，下同）作为"夫妻共同债务"认定的首要原则，把家庭日常生活需要负债适用"家事代理推定为共同债务"作为补充规则，将"家事代理"之外夫妻一方个人名义举债主张为夫妻共同债务的证明责任分配给债权人，这是对《婚姻法司法解释二》第24条（以下简称"24条"）确立的强制推定原则、不合理证明责任分配的根本性修正。

这种根本性修正既是最高人民法院倾听百姓呼声、重视民情民意、落实司法民主和司法公正之举，也是成千上万夫妻一方举债而配偶一方未签字、不知情、无受益，却无端"被负债"、无辜被连带、无由背巨债，导致这一领域"冤假错案"不断发生、受害者群体不断上访、严重损害司法公信的沉痛代价使然，更是部分人大代表、政协委员和一大批有识之士、正义之士仗义执言、多年呼吁和全国人大常委会对"24条"启动备案审查推动的结果。

正因为如此，《民法典·婚姻家庭编草案》二审稿、三审稿均引入最高人民法院"夫妻债务新解释"内容，明确"夫妻共债共签"原则，这本是一大立法贡献，受到人大代表、政协委员和人民群众的推崇肯定，更是全国人大常委会在立法中广泛吸纳民意民智、听取人大代表、政协委员、专家学者和基层司法实务工作者建议、回应群众呼声与诉求的典范之作。当然，"夫妻债务新解释"内容被"民法典婚姻家庭编"作为条文还需进一步完善，但其确立的"共债共签"作为夫妻合同之债的基本规则既符合法理，又顺应民意，更利于规范债权债务行为与纠纷处理。

然而，最近一段时期，在我国享有广泛知名度的民法学者、全国人大宪法和法律委员会委员、中国社会科学院学部委员孙宪忠教授在多种场合、权威杂志和公共媒体报道中，提出"共债共签""作为夫妻共同债务的首要裁判规则，并不妥当。它最多只能是一种补充性的、例外的规则，而不能作为处理夫妻债务的常设性规则"。"夫妻共同债务的基本原则是日常家事代理权制度"。"自罗马法以来，民法建立'家事代理'规则，其含义是，以夫妻任何一方的名义所发生的债务，凡是为了家庭生活的，均认为是夫妻一方法定代理另一方的行为，另一方必须接受。即权利也罢义务也罢，只要是家事，夫妻任何一方的作为，其结果对双方都有效。”①

孙宪忠委员的核心观点就是要把“家事代理规则”作为处理夫妻债务的基本原则，而否定《民法典·婚姻家庭编草案》确立的“共债共签”原则。

“凡是为了家庭生活的，均认为是夫妻一方法定代理另一方的行为，另一方必须接受。”孙宪忠委员用2000多年前“罗马法”这种古老的“黄历”来言说现代社会的“家事代理”，既违逆民意也无法切合现代信息化网络化社会情势下的事理、情理和法理，因而是不合时宜、落伍于时代的。

孙宪忠委员提出“只要为了家庭生活，一方的行为，另一方必须接受”。如果这个观点成立，那宪法、婚姻法确立的“男女平等”“夫妻双方对家庭重大事项有平等的决定权和处理权”这些基本原则要不要坚持呢？

家事代理当然是一个古老的民法规则。传统社会由于交通不便利、通讯不发达，“家事代理规则”的价值就异常凸显，确实有利于解决家庭应急举债，也是为了鼓励扶困救急、降低交易成本。

然而，在当今信息化、网络化社会条件下，家事代理的紧迫性和必要性大为降低，法律规则和司法对策应与时俱进，作出变化调适。

故当今社会家事代理之债应当有所限制，应限定为家庭紧急情况下的必要开支所负债务，而不是日常生活需要。事实上，家庭日常生活举债的情况已经越来越少了。

故此，“家事代理规则”显然不能作为处理夫妻债务的基本规则，而只能作为例外情形的补充规则。

如果把“家事代理”作为处理夫妻债务纠纷的基本规则，就又会回到“24条”老路上去。“24条”就是以“家事代理”为基本规则而无限扩大适用，不惜采取强制推定办法。虽然设置了例外情形，却把证明责任分配给了“未参与、不知情、无受益”的举债人配偶一方，使众多离异人士或虽未离异而感情破裂婚姻名存实亡的夫妻相关方深陷不明债务泥潭，既损害了人民群众的切身利益，更损害了公平正义和司法公信，其教训不可谓不深刻。

家庭生活涵盖了“衣、食、学、医、住、行”等方方面面。除少数特别

① 参见孙宪忠《民法典·婚姻家庭编草案应该解决的四个现实问题》，该文先后在“西交民巷23号”“法学在线”和《中国人大》2019年第13期等多种媒体、平台推送和权威杂志发表。

贫困的家庭，一般情况下，人们不会再为“衣食”等基本家庭生活举债，一般也不会轻易举债。需要举债的更多的可能是在“学、医”两个方面。如小孩就学、家庭成员就医这些紧急情况急需支出，而夫妻另一方又不在同城，此时如需举债，夫妻任何一方均可代理配偶共同从事举债等民事行为。

而“住、行”往往关涉到家庭重大事项，如购房买车确需举债，须由夫妻双方共同决定。因为购房买车不是购买日用小商品，而属于家庭重大事项，当然也是为了“家庭生活”，可以不必经过夫妻双方同意，擅自在外举债而为吗？

按照孙宪忠委员的观点，只要是为了家庭生活，夫妻一方可以随时随地举债，均视为有代理权，“夫妻另一方必须接受”。如果是这样的话，那“夫妻对家庭重大事项具有平等的处理权”这个婚姻法的基本原则还要不要坚持？

故此，我们必须明确，购房买车等特殊或大宗商品、高档高价商品所负债务，不能适用家事代理规则。因为购房买车等重大买卖事项是家庭重大事项，理应夫妻共同决定。

房产、车辆等这类重大商品的购置，决不会起意即购，一般有一个起意、商议、咨询、察看、比较、权衡、决定、实施的完整过程，夫妻双方应该取得共识，也完全有时间形成合意。如需要举债，当然有时间条件实行“共签”。即使一方因故不在同城，也应该通过其他通信手段形成授权。债权人更应本着对自己资金安全和他人负责的态度，让举债人配偶知情确认，以此获得“共同意思表示”。这样还可避免心术不正的人举债购房买车给婚外情人等道德风险的发生。此种情况亦非个案。

由此，可以肯定地得出结论，现代社会资讯条件下家事代理的紧迫性和必要性大为降低，必须将家事代理之债范围予以严格限制。“家事代理规则”更不能作为当今社会处理夫妻债务的基本规则。

当然，在目前根本取消家事代理规则条件尚不成熟的情况下，可以考虑把“家事代理”作为一个补充规则，写入《民法典婚姻家庭编》的夫妻债务“共债共签”规则之后。

同时，应重新明确家事代理之债的内涵：为家庭紧急情况下必要支出所负债务。

何谓家庭紧急情况下必要开支？有一个日常生活经验法则，即根据当时当地的生活水准、物价水平来判断。“以长沙地区为例，比如夫妻一方出差，小孩上学需要学费，或者家庭成员中有人生病需要医药费，须找他人借钱，此类情况下必要的紧急开支，不需要夫妻双方共同签字。但如果是以买一套房子、买一辆车为由找他人借钱，虽然用于共同生活，但不属于日常生活必要开支，而且动辄需要数十上百万元，甚至更大数额，这种情况举债需要夫妻双方共同签字的。法律不应鼓励夫妻单方面决定家庭重大事项。

因此，购买房屋、汽车和其他高档电器等大宗商品所需举债不能适用家事代理规则，仍需坚持“共债共签”原则。

除购置必住房屋以外，汽车和高档商品，并非日常生活必需品，不会也不得随意举债购买。确需举债购置，当然应取得夫妻共识，否则男女平等、夫妻平等决定处理家庭重大事项的宪法原则和婚姻家庭原则就会落空。

所以，社会发展进步到如今，如果还把古老的罗马法某些规则作为现在处理纠纷的基本规则，显然是不合时宜的。

立法、司法政策与法律教育一方面要与时俱进，体现时代要求；另一方面要切合当下社会实际，符合国情社情与民情。

在当今现实社会与网络社会并行交错的社会新情势下，很多法律原则、理念、规则、方法和思维模式都应当有所调整和变革。所谓“世易时移，变法宜矣”，如果我们还抱着某一个古老的原则、规则来言说当下之事，只能落下刻舟求剑的笑柄。

我们法律人，尤其要关注时代的变迁，关注现实的变化，特别是夫妻债务问题已经产生了这么多纠纷，“24 条”带来这么多纠纷和社会矛盾。最高人民法院好不容易对“24 条”作出根本修正，《民法典·婚姻家庭编》在二审稿才引入最高人民法院“夫妻债务新解释”，我们少数法律人不了解这些情况，也没有深入群众和基层对此类纠纷调研分析，就简单地搬出古老的“罗马法则”，来否定“共债共签”这个符合法理、切合民意、利于规范债权、便于解决纠纷的基本规则，恐非慎当之策。

当然，“共债共签”也非十全十美，但目前确实没有比“共债共签”更好的规则。不少委员、代表担忧债权保护会受到冲击。事实上，实行“共债共签”，就是从源头更好地落实债权保护，因为规范就是最好的保护。有夫妻“共签”，或要求具有“夫妻共同意思表示”，难道不比夫妻一方个人名义立据更能落实风险防范吗？

实践出真知，实践是检验真理的唯一标准。“法律的生命在于经验，而不在于逻辑”，美国大法官霍姆斯的经典之语。悟透这个简单的道理，才称得上“学贯东西”“理通古今”。

我们法律人走出书斋和衙门，走出故纸堆和洋纸堆，走向基层，走进群众，参与案件的处理、纠纷的调解、矛盾的化解，方可求得正解和真知，方可走入正道、引领社会与未来。

（2019 年 10 月 30 日，修改于 2021 年 2 月 16 日）

唯有“共债共签”，才能堵住“假离婚真逃债”

——与舒圣祥先生商榷

《民法典》学习

《民法典》第1064条：“夫妻双方共同签字或者夫妻一方事后追认等共同意思表示所负的债务，以及夫妻一方在婚姻关系存续期间以个人名义为家庭日常生活需要所负的债务，属于夫妻共同债务。夫妻一方在婚姻关系存续期间以个人名义超出家庭日常生活需要所负的债务，不属于夫妻共同债务；但是，债权人能够证明该债务用于夫妻共同生活、共同生产经营或者基于夫妻双方共同意思表示的除外。”

一位叫舒圣祥的时评写手，在2019年6月26日《检察日报》5版发了一篇《夫妻共债共签，也要防假离婚躲债》（以下简称《躲债》，附后）。细读《躲债》，发现该文存在逻辑和常识错误。

一、标题“夫妻共债共签，也要防假离婚躲债”，存在逻辑错误

“夫妻共债共签”，本身就是最好的债权保护和风险防范之策。双方都签字了，或者有其他“共同意思表示”，任凭他们是真离婚还是假离婚，他们都是债务人，他（她）怎么跑得了？

过去之所以出现“假离婚真逃债”现象，就是因为没有夫妻双方签字，才给心术不正的债务人与配偶商计搞个“假离婚”，将财产转移给未签字的配

偶那一方，等到债权人起诉时，发现债务人变成“光人一个命一条”。

为了防止这种“假离婚真逃债”，2003 年最高人民法院便出台了《婚姻法司法解释二》第 24 条（以下简称“24 条”）。“24 条”的制定者就是犯下了一个基本的逻辑错误。为了防止“转移财产假离婚”这种现象，他们就搞个“夫妻关系存续期间”夫妻一方个人名义举债一律推定为“夫妻共同债务”的“24 条”。结果，“假离婚真逃债”看起来似乎“堵住”了，却导致了一种更为严重的恶果：让千千万万未参与债的订立、不知情、未享受债务利益的原债务人配偶一方无端被背负巨债，其中很多是虚假债务和违法债务。即使不是虚假或违法之债，但让未参与、不知情、无受益的配偶莫名“被负债”，也极不公平和合理。

一个“共债共签”，既可防止“假离婚真逃债”，也可避免夫妻一方在外与他人恶意串通恶意举债或违法举债。这样简单的道理，那些躲在书斋里、衙门里的法学者就是搞不明白。多少人还一直在质疑“共债共签”，还在怀念那个被称之为“恶法”的“24 条”，包括《躲债》一文的作者。

二、《躲债》一文存在多处常识错误

第一，“受骗的妻子之前至少还有追偿权，受骗的债权人却可能将一无所有。”坚持了“共债共签”，债权人就会“受骗”，这是什么逻辑？《躲债》文中写道“相比夫妻一方串通外人来骗配偶，夫妻双方合起伙来骗债权人，概率与可能性仍要大得多。把举证责任完全甩给债权人，不能举证就必须承担不利后果，其实难言公平”。夫妻双方都签字了，“夫妻双方合起来骗债权人”，如何能去骗债权人？此话亦是匪夷所思。

第二，“债权人需要证明的是别人的‘家庭日常生活’，只要人家夫妻默契一口咬定，几乎无法举证。”这种担忧其实同样多余。还是一条，你债权人坚持“共债共签”，你只要拿出他们夫妻双方共同签字的借款协议或借据，任凭债务人怎样“默契”，都无济于事。《躲债》文中又说“新规将夫妻共同债务限定于家庭日常生活需要，可这是个不好量化界定的概念”。“家庭日常生活需要”当然不能量化，因为每个地方的经济发展水平和生活水准都不一样。这个得由法官依据日常经验法则自主裁量。债权人你觉得这个数额有点大，不放心，你就叫他配偶来签个字不就得了？他说他配偶不在同城，你要他们夫妻双方来段视频或微信确认，获取其“共同意思表示”，你把这个证据固定下来，不是很简单的事吗？

第三，“这对降低交易成本，促进交易发生，提高交易安全，都不会是好事。”坚持“共债共签”，也就是多了让债务人配偶确认签字或知情并作其他“共同意思表示”这道手续，麻是麻烦一点，但为了债权的安全，必要的“麻烦”也是不可少的。当今社会资讯如此发达，交通和信息如此便利，让债务人配偶来签个字，或通过其他信息手段，获得债务人配偶“共同意思表示”，不是轻而易举吗？这又会增加多少“交易成本”呢？与其事前不讲明白不搞清楚，糊里糊涂就把钱借出去，事后发生争议，那才是真正地增加了“交易成本”。正如乡间俚语“莫打死了狗再来讲狗价”。

第四，“普通债权人如何判定对方是否已婚？要求债务人开具未婚证明，算不算奇葩证明？”如何判定对方是否已婚？听起来似乎有道理。其实这也是个伪命题。首先，你借钱给他人，他已婚未婚，你都不清楚，你敢借钱给他？其次，你确实有很多钱，需要借出去，需要借给“陌生人”，你就让他搞个有效抵押。银行贷款都有个风险评估，需要全面掌握贷款人的资讯、资金实力、信用程度等情况。个人借款也得做一些必要的风险评判。我料想，你也不会把钱借给一个不知他已婚未婚的“陌生人”的。

“共债共签”实在是一个没有比它更好的制度了，它的价值就是坚持了合同相对性这个最基本的民事法律原则，就是规范债权和民事法律行为。

一规范，什么都变得很好了。债权不规范，争议就不断，风险就发生；行事不规范，事情不顺畅；做人不规范，麻烦就不断。这个道理，妇孺皆知。法律人、学者们，你为何不知？

《躲债》一文作者，“夫妻共债共签”，这样的债权规范之举，为何不欢迎它，而去质疑它、担忧它呢？“共债共签”有什么可质疑、可担忧的呢？

（2019 年 6 月 29 日，修改于 2021 年 2 月 16 日）

附：

夫妻共债共签，也要防假离婚躲债

（原载《检察日报》2019 年 6 月 26 日第 5 版，作者舒圣祥）

6 月 25 日，提交审议的民法典婚姻家庭编草案，对夫妻共同债务增加规定：夫妻双方共同签字或者夫妻一方事后追认等共同意思表示所负的债务，以及夫妻一方在婚姻关系存续期间以个人名义为家庭日常生活需要所负的债务，属于夫妻共同债务；夫妻一方在婚姻关系存续期间以个人名义超出家庭日常生活需要所负的债务，不属于夫妻共同债务，债权人能够证明该债务用于夫妻共同生活、共同生产经营或者基于夫妻双方共同意思表示的除外。

根据之前的婚姻法司法解释，债权人就婚姻关系存续期间夫妻一方以个人名义所负债务主张权利的，应当按夫妻共同债务处理。这样的规定，显然是出于对善意第三人合理信赖利益和交易安全的保护。

无奈的是，现代社会的婚姻关系，显然超出了立法者当初的想象，一些奇葩案例不断出现。比如，丈夫婚后疯狂举债并跑路，短短两个月的婚姻，妻子需为约 500 万元的债务承担连带责任。在正常的婚姻关系里，这种事情不可想象，但它毕竟发生了，又关系到妇女权益保护，社会关注度很高。虽然女方有权向恶意举债方事后追偿，但人们普遍认为，这个力度很不够。

在这种情况下，2018 年 1 月，最高法颁布新的司法解释，对夫妻债务进行了重新限定，夫妻一方以个人名义超出家庭日常生活需要所负的债务，不再是夫妻共同债务，除非债权人能证明该债务用于夫妻共同生活、共同生产经营或者基于夫妻双方共同意思表示。此番民法典草案，吸收了该司法解释的规定，由此也赢得了社会好评。那些因为遇人不淑而莫名背债的婚姻不幸者，将成为受益者。

只不过，我们不仅要关心那些看得见的，也要关心那些暂时还看不见的。不可否认的是，日常生活中，相比夫妻一方串通外人来骗配偶，夫妻双方合起伙来骗债权人，概率与可能性仍要大得多。把举证责任完全甩给债权人，不能举证就必须承担不利后果，其实难言公平。受骗的妻子之前至少还有追偿权，受骗的债权人却可能将一无所有。

欠债还钱，本属天经地义，可一旦触及家庭，规则就有所不同；只要有这种“特权”在，就必须防止被滥用。新规将夫妻共同债务限定于家庭日常生活需要，可这是个不好量化界定的概念。更何况，债权人需要证明的是别人的“家庭日常生活”，只要人家夫妻默契一口咬定，几乎无法举证。

今后要想确保借贷安全，恐怕只能要求夫妻双方共同签字。问题是，普通债权人如何判定对方是否已婚？要求债务人开具未婚证明，算不算奇葩证明？婚姻信息并未全国联网，若是证明未婚却实际已婚，责任又该谁负？凡此种种，都是要解决的问题。可以肯定的是，借钱给自然人的风险将因此增大，这对降低交易成本，促进交易发生，提高交易安全，都不会是好事。因此，既要防止婚内坑配偶的恶意举债，也要堵上通过假离婚当老赖的通道。

依《民法典》精神和原《婚姻法》第41条规定，坚决再审纠正“24条”错判案件

《民法典》学习

《民法典》第1064条：“夫妻双方共同签字或者夫妻一方事后追认等共同意思表示所负的债务，以及夫妻一方在婚姻关系存续期间以个人名义为家庭日常生活需要所负的债务，属于夫妻共同债务。

夫妻一方在婚姻关系存续期间以个人名义超出家庭日常生活需要所负的债务，不属于夫妻共同债务；但是，债权人能够证明该债务用于夫妻共同生活、共同生产经营或者基于夫妻双方共同意思表示的除外。”

一、不用纠结，坚决再审

有的法院院长和法官很纠结，他们或当面或电话向我咨询。

就是对原适用“《婚姻法司法解释二》第24条”（以下简称“24条”）裁判的案件怎么办？

不再审纠正，那些“被负债”的离异人士（多为女士），无端背负着一辈子甚至几辈子都还不清的冤屈之债，而且她们长期申诉不止，她们何日可以解放见青天？

如果进行再审，《民法典》和《最高人民法院关于审理涉及夫妻债务纠纷案件适用法律有关问题的解释》（以下简称《夫妻债务2018新解释》）都没有

溯及力。那再审又有什么法律依据呢？

我的回答其实很简单：不用纠结，坚决再审。

《民法典》和《夫妻债务 2018 新解释》当然没有溯及力，也不需要它们溯及。

那进行再审如何适用法律？答案也十分明确：适用原《婚姻法》第 41 条就可以了。因为当时有《婚姻法》第 41 条摆在这里，《婚姻法》是上位法。而我们很多案件，却抛开这个上位法，去简单套用“24 条”。“24 条”已经从实践、从理论、从立法上证明了它的错误性。

有上位法《婚姻法》第 41 条不去适用，而要机械套用“24 条”，这不是适用法律错误吗？既然“法律适用错误”，为什么不敢再审呢？有何可纠结的呢？

而且，2018 年 2 月 7 日最高人民法院下达“法明传〔2018〕71 号”《通知》也已经作了回答。该通知明确：一是正在审理的一审、二审案件，适用《夫妻债务 2018 新解释》的规定。二是“已经终审的案件，甄别时应当严格把握认定事实不清、适用法律错误、结果明显不公的标准”予以再审，“再审案件改判引用法律条文时，尽可能引用《婚姻法》第 17 条、第 41 条等法律。”

最高法院已经有通知要求，为什么不执行，还纠结什么呢？

二、《民法典》的颁布，再一次证明“24 条”的错误性

《民法典》已于2021 年 1 月 1 日实施。《民法典》第 1064 条吸纳了最高人民法院《夫妻债务 2018 新解释》内容，确立夫妻共同债务认定的共债共签、日常生活家事代理和债权人证明规则。这既是从源头上规范债权债务关系的立法引领，又是处理夫妻共同债务纠纷的裁判规则。

无论是《民法典》的规定，还是《夫妻债务 2018 新解释》，都是对“24 条”夫妻共同债务强制推定规则、违反法理事理情理的证明责任分配规则的根本性修正。这种根本性修正，就再一次证明了“24 条”的错误性。

特别是很多案件处理机械适用、简单套用“24 条”，导致一大批离异人士（以女士居多）无辜背负巨债，造成诸多社会稳定隐患，严重损害了未参与、不知情、未受益的举债人配偶的合法权益、司法公正和社会公平正义。只有从

根本上认识“24条”的错误性，才能在心中升起实事求是、有错必纠的勇气，才能进一步唤醒司法良知，维护公平正义。

三、坚决执行最高法院有关通知精神

现在一些法院和法官，对2018年1月18日以后发生的此类案件按《夫妻债务2018新解释》和《民法典》规定处理，而此前一般适用“24条”裁判的案件不知如何处理。

其实，这个问题，早已有答案。

最高人民法院继1月17日重新颁布“夫妻债务2018新解释”后，又于2月7日再次发布《关于办理涉夫妻债务纠纷案件有关工作的通知》（以下简称《通知》），对如何适用《夫妻债务2018新解释》处理正在审理的一审、二审案件，如何处理过去依据“24条”裁判的涉及夫妻共同债务已生效案件，进一步作出了明确规定。《通知》第1条明确正在审理的一审、二审案件，毫无疑义地适用《夫妻债务2018新解释》规定裁判。第2条规定，对“已经终审的案件，甄别时应当严格把握认定事实不清、适用法律错误、结果明显不公的标准。比如，对夫妻一方与债权人恶意串通坑害另一方，另一方在毫不知情的情况下无端背负巨额债务的案件等，应当依法予以纠正”。特别值得注意的是，《通知》在这里用的是“应当依法予以纠正”。这就表明最高法院的态度是：坚持实事求是，有错必纠。也从根本上解除了一些法院对再审此类案件怕引起连锁反应的担忧。

最高人民法院《夫妻债务2018新解释》颁布后，取得了积极反响，好评如潮。社会各界纷纷为最高人民法院果断摒弃不合时宜的“夫妻共同债务推定论”重新确立夫妻共同债务裁判规则，坚持合同相对性这一基本民法原则，举证责任分配回归常识常理而点赞。

四、长沙市宁乡市法院、天心区法院坚决再审纠错“24条”案件的做法可供借鉴

对原简单套用“24条”裁判的案件进行再审纠错，会不会引起连锁反应？笔者在《公正规则会超越性别》《“全国维护妇女儿童合法权益十大案例”是如何炼成的》两篇文章中提供了答案。

文章介绍了自己在宁乡市法院和天心区法院两家法院主职时处理的第一桩涉“24 条”案件的做法：力排众议，取得法官们理解支持，坚决再审纠正原简单适用“24 条”裁判的已生效案件。

我们坚持的原则就是：实事求是，有错必纠，该再审的再审，该撤销的撤销，该改判的改判，该驳回的驳回。

当时我们也面对同样的担忧，就是再审此类案件会引起连锁反应，甚至导致“翻盘”。我们的态度仍然是：实事求是，有错必纠，“翻盘就翻盘”。

故 2010 年到 2016 年期间，宁乡法院和天心区法院依法再审了一批过去直接适用“24 条”将夫妻一方个人名义债务简单推定为夫妻共同债务的生效案件，将一批未参与债的订立、不知情、未受益而无端被背负巨债的举债人配偶（多为分居或离异女性）从沉重的“被负债”中解放出来，取得了良好的法律效果和社会效果，也得到了社会各界的积极反响。

我们再审的法律依据就是《婚姻法》第 41 条，它是上位法，它理所当然地具有优先适用的效率。

我们处理的这类案件也得到了长沙市中级人民法院和湖南省高级人民法院的支持和指导。

（2021 年 3 月 18 日）

附《通知》全文：

最高人民法院
关于办理涉夫妻债务纠纷案件有关工作的通知

法明传〔2018〕71 号

《最高人民法院关于审理涉及夫妻债务纠纷案件适用法律有关问题的解释》（以下简称《解释》），已自 2018 年 1 月 18 日起施行，为依法平等保护各方当事人合法权益，现就有关工作通知如下：

一、正在审理的一审、二审案件，适用《解释》的规定。

二、已经终审的案件，甄别时应当严格把握认定事实不清、适用法律错误、结果明显不公的标准。比如，对夫妻一方与债权人恶意串通坑害另一方，另一方在毫不知情的情况下无端背负巨额债务的案件等，应当依法予以纠正。再审案件改判引用法律条文时，尽可能引用婚姻法第十七条、第四十一条等法律。

三、对于符合改判条件的终审案件，要加大调解力度，尽可能消化在再审审查阶段或者再审调解阶段。案件必须改判的，也要尽量做好当事人服判息诉工作。

四、对于符合上述改判条件的终审案件，也可由执行部门尽量通过执行和解等方式，解决对利益严重受损的配偶一方权益保护问题。

特此通知。

中华人民共和国最高人民法院

2018年2月7日

第六单元　人格之尊

《民法典》贯彻宪法精神，首创人格权编，全面保障人权和人的尊严

《民法典》学习

《民法典》第 109 条："自然人的人身自由、人格尊严受法律保护。"

第 110 条："自然人享有生命权、身体权、健康权、姓名权、肖像权、名誉权、荣誉权、隐私权、婚姻自主权等权利。

法人、非法人组织享有名称权、名誉权和荣誉权。"

第 185 条："侵害英雄烈士等的姓名、肖像、名誉、荣誉，损害社会公共利益的，应当承担民事责任。"

第 191 条："未成年人遭受性侵害的损害赔偿请求权的诉讼时效期间，自受害人年满十八周岁之日起计算。"

第 990 条："人格权是民事主体享有的生命权、身体权、健康权、姓名权、名称权、肖像权、名誉权、荣誉权、隐私权等权利。

除前款规定的人格权外，自然人享有基于人身自由、人格尊严产生的其他人格权益。"

第 991 条："民事主体的人格权受法律保护，任何组织或者个人不得侵害。"

第 1010 条规定："违背他人意愿，以言语、文字、图像、肢体行为等方式对他人实施性骚扰的，受害人有权依法请求行为人承担民事责任。"

第 1034 条："自然人的个人信息受法律保护。

个人信息是以电子或者其他方式记录的能够单独或者与其他信息结合识别特定自然人的各种信息，包括自然人的姓名、出生日期、身份证件号码、生物识别信息、住址、电话号码、电子邮箱、健康信息、行踪信息等。

个人信息中的私密信息，适用有关隐私权的规定；没有规定的，适用有关个人信息保护的规定。”

第 994 条：“死者的姓名、肖像、名誉、荣誉、隐私、遗体等受到侵害的，其配偶、子女、父母有权依法请求行为人承担民事责任；死者没有配偶、子女且父母已经死亡的，其他近亲属有权依法请求行为人承担民事责任。”

一、《民法典》单设“人格权编”，彰显“国家尊重和保障人权”的宪法精神

《宪法》第 33 条规定“国家尊重和保障人权”。第 37 条、第 38 条分别规定“中华人民共和国公民的人身自由不受侵犯”和“中华人民共和国公民的人格尊严不受侵犯”，第 40 规定“中华人民共和国公民的通信自由和通信秘密受法律的保护。除因国家安全或者追查刑事犯罪的需要，由公安机关或者检察机关依照法律规定的程序对通信进行检查外，任何组织或者个人不得以任何理由侵犯公民的通信自由和通信秘密”。而《民法典》正是对宪法这些规定的进一步细化表达，既成为保护人权、保障人格尊严的价值导向、社会行为指引，又成为司法裁判的标准和可供据引的法律条文。

首先《民法典》在“总则编”第 109 条规定“自然人的人身自由、人格尊严受法律保护”。这一条正是《宪法》第 37 条和第 38 条内容在民法上的呈现。有了这一条，人们的行为有了具体的准则和指引，司法机关处理此类纠纷也有了法律条文引用依据。因为，在我国，《宪法》条文不能司法化，也即不能作为司法裁判的引用依据。

《民法典·人格权编》第六章“隐私权和个人信息保护”也正是宪法有关公民“通讯自由和通信秘密”规定在现代资讯和网络化时代的具体贯彻落实。

《民法典》单设“人格权编”，开创了世界立法先例。

原《民法通则》第2条规定：“中华人民共和国民法调整平等主体的公民之间、法人之间、公民和法人之间的财产关系和人身关系。”而《民法典》第2条规定：“民法调整平等主体的自然人、法人和非法人组织之间的人身关系和财产关系。”通过比较，不难发现原《民法通则》和《民法典》的第2条，有两个看起来并不起眼但很有实质意义的区别：一是《民法典》将“公民”改为“自然人”。“公民”是有国籍的“自然人”，我们常常称“中国公民”“美国公民”等。而“自然人”是一个没有国籍的概念。也就是说我国《民法典》对“自然人”人格权的保护已经超越了国界，保护属于我国法律管辖的所有“自然人”的合法权益和人格尊严。二是将“人身关系”和“财产关系”的位置作了一个对换。“人身关系”在前，说明更加重视对“人”即人权和人格尊严的保护。

保护人格权，保障人格尊严，是我国法治建设的题中应有之义，是《民法典》所蕴含的自由、平等、公正、文明等这一社会主义核心价值的最高目标。

《民法典》单独设立“人格权编”，突出保护自然人的人身权、健康权、生命权、名誉权、荣誉权、隐私权和个人信息等重要的身体生理权和精神心理权，充分体现了我国《民法典》“以人民为中心”的价值理念，彰显了全面保护人权、保障人格尊严、促进人的全面发展的人文怀。“人格权编”单独设编，开创全球立法先例，为世界人格权保护问题提供了中国方案。

二、《民法典》全面保障人权和人的尊严

从《民法典》第990条规定来看，民法典所保护的人格权，既包括自然人“享有的生命权、身体权、健康权、姓名权、名称权、肖像权、名誉权、荣誉权、隐私权等权利”，也包括法人和非法人组织享有的“名称权、名誉权、荣誉权”。同时该条第2款还根据《宪法》第37—38条的精神，规定了“除前款规定的人格权外，自然人享有基于人身自由、人格尊严产生的其他人格权益”。

就自然人的人格权益而言，《民法典》所保护的“人格权”主要有两大类：

一类是身体生理类权利，如生命权、身体权、健康权等。这一类权利往往是“看得见，摸得着”的，过去人们一直比较注重的权利，因为这类权利如果受到侵犯或损害，往往有“切肤之痛”，更关乎自然人的“人身自由”。这也理所当然地成为刑法予以特别保护的权利。《刑法》第四章规定了“侵犯公民人身权利、民主权利罪”。“侵犯公民人身权利”的罪名有：故意杀人、过失杀人、故意伤害、非法拘禁、非法搜查、非法入侵住宅、强奸、负有照护职责人员性侵、强制猥亵、拐卖妇女儿童等。

另一类是精神心理类权利，如姓名权、肖像权、名誉权、荣誉权、隐私权。这些权利，更多属于“精神类、心理类”，一时受到损害，可能没有身体生理上的痛感，或者说没有“切肤之痛”，更关系到“人的尊严”。这类权利，随着社会的发展和文明进步，人们予以前所未有的关注和重视。《刑法》对自然人的民主权利也予以保护。《刑法》第四章规定的有关保护“公民民主权利”方面的罪名有：诬告陷害、侮辱诽谤、报复陷害、侵犯通信自由、侵犯公民个人信息、重婚、破坏选举、煽动民族仇恨、民族歧视等。

三、所有民事主体的名誉权、荣誉权均受法律保护

《民法典》第 1024 条规定：“民事主体享有名誉权。任何组织或者个人不得以侮辱、诽谤等方式侵害他人的名誉权。”第 1031 条规定：“民事主体享有荣誉权。任何组织或者个人不得非法剥夺他人的荣誉称号，不得诋毁、贬损他人的荣誉。”“获得的荣誉称号应当记载而没有记载的，民事主体可以请求记载；获得的荣誉称号记载错误的，民事主体可以请求更正。”

何谓“名誉”？对此，《民法典》第 1024 条第 2 款进一步作了解释：“名誉是对民事主体的品德、声望、才能、信用等的社会评价。”

依据《民法典》上述精神，可以看出自然人、法人和非法人组织等所有民事主体均享有名誉权和荣誉权。他们的名誉权、荣誉权均受法律保护。

也就是说，不仅自然人的名誉权、荣誉权受法律保护，法人、非法人组织的名誉权、荣誉权同样受法律保护。如有些企业法人就往往被竞争对象诬陷诽谤，这种行为就构成对其名誉权或荣誉权的侵犯，作为企业法人可以收集固定相关证据，向人民法院请求侵权损害赔偿。

四、《民法典》首次规定“自然人隐私权和个人信息保护”

《民法典》第 1032 条规定：“自然人享有隐私权。任何组织或者个人不得以刺探、侵扰、泄露、公开等方式侵害他人的隐私权。”该条第 2 款进一步对“隐私”给出了定义：“隐私是自然人的私人生活安宁和不愿为他人知晓的私密空间、私密活动、私密信息。”

隐私权为自然人所独有，其他民事主体不享有隐私权。

过去，我国《民法通则》和相关法律并没有对隐私权作出明确规定，司法实务中主要是适用名誉权保护的有关规定及其精神来对公民隐私权类推保护。最高人民法院有关适用《民法通则》和“精神损害赔偿”的司法解释也是把隐私权纳入到名誉权保护范围。《妇女权益保障法》第 42 条直接规定了“隐私权”，“妇女的名誉权、荣誉权、隐私权、肖像权等人格权受法律保护”。但该法的适用范围仅限于妇女。

2009 年《侵权责任法》使用了“隐私权”的概念，该法第 2 条把“隐私权”与“生命权、健康权、姓名权、名誉权、荣誉权、肖像权、婚姻自主权、监护权、所有权、用益物权、担保物权、著作权、专利权、商标专用权、发现权、股权、继承权等人身、财产权益”并称为“民事权益”。这是我国民事基本法第一次确认“隐私权”的概念。

直至《民法典》第 1032 条明确规定“自然人享有隐私权”。鉴于“隐私权”我国法律语境中还是新概念，故该条第 2 款进一步对“隐私”的涵义作出解释：“隐私是自然人的私人生活安宁和不愿为他人知晓的私密空间、私密活动、私密信息。”

个人信息保护，也是《民法典》的一个鲜明亮点。随着现代科技信息化、数字化的空前发达，人们日常工作和社会有了极大的便利，同时也产生了诸多现实问题。《民法典》第 1034 条明确规定了“自然人的个人信息受法律保护”，而且对其下了定义：“个人信息是以电子或者其他方式记录的能够单独或者与其他信息结合识别特定自然人的各种信息，包括自然人的姓名、出生日期、身份证件号码、生物识别信息、住址、电话号码、电子邮箱、健康信息、行踪信息等。个人信息中的私密信息，适用有关隐私权的规定；没有规定的，适用有关个人信息保护的规定。”

五、《民法典》特别注重"英烈人格权益和死者人格利益保护"

《民法典》第 185 条规定："侵害英雄烈士等的姓名、肖像、名誉、荣誉，损害社会公共利益的，应当承担民事责任。"

《民法典》之所以在"总则编"特别规定侵害英雄烈士姓名、肖像、名誉、荣誉等人格权益，损害社会公共利益的行为，应承担民事责任，是因为当前英雄烈士的人格权益受到不法侵害的情况时有发生，需要予以特别关注和保护。

这与 2018 年 4 月第十三届全国人大常委会第二次会议通过的《英雄烈士保护法》的精神是一致的。

《英雄烈士保护法》第 22 条第 1 款规定："禁止歪曲、丑化、亵渎、否定英雄烈士事迹和精神。"第 2 款规定："英雄烈士的姓名、肖像、名誉、荣誉受法律保护，任何组织和个人不得在公共场所、互联网或者利用广播电视、电影、出版物等，以侮辱、诽谤或者其他方式加以侵害。"第 3 款规定："任何组织和个人不得将英雄烈士的姓名、肖像用于或者变相用于商标、商业广告，损害英雄烈士的名誉、荣誉。"

《民法典》第 185 条作出这种规定，使《英雄烈士保护法》特别法的规定在《民法典》这部基本大法典中固定下来，愈加彰显了我国法律对英雄烈士人格权益的特别保护。这样，从特别法《英雄烈士保护法》到基本法《民法典》形成了对英雄烈士人格权益的特别保护体系。

《民法典》对死者的人格权益作出了特别规定。第 994 条规定了就死者人格利益如何保护予以规定："死者的姓名、肖像、名誉、荣誉、隐私、遗体等受到侵害的，其配偶、子女、父母有权依法请求行为人承担民事责任；死者没有配偶、子女且父母已经死亡的，其他近亲属有权依法请求行为人承担民事责任。"依据《民法典》这一规定，死者享有姓名、肖像、名誉、荣誉、隐私、遗体等人格权益，对死者人格权益进行侵犯的，其配偶、子女、父母或其他近亲属有权依法请求行为人承担民事责任。

六、《民法典》特别注重未成年人免受性侵和女性人格尊严

《民法典》将未成年人遭受性侵害的诉讼时效期间起算点延长到年满 18

周岁。第 191 条规定：“未成年人遭受性侵害的损害赔偿请求权的诉讼时效期间，自受害人年满十八周岁之日起计算。”而一般民事权利受到损害请求人民法院保护的诉讼时效期间为三年。《民法典》第 188 条：“向人民法院请求保护民事权利的诉讼时效期间为三年。法律另有规定的，依照其规定。”

以一个 8 岁小孩遭受性侵害为例，其损害赔偿请求权的诉讼时效期间后延至其年满 18 周岁起算，即遭受性侵 10 年后开始起算，至 21 周岁之前仍可提起损害赔偿诉讼。

把未成年人遭受性侵害的诉讼时效期间延长至年满 18 周岁规定在《民法典》“总则编”中，使之成为一个特别规定，彰显的是对未成年人实行特别保护的法律精神。《民法典》对未成年人遭受性侵害的诉讼时效期间延长的特别规定，与《未成年人保护法》和“两高两部意见”等法律和司法解释，形成了对未成年人权利的体系化的保护。

与此同时，《民法典》特别注重女性尊严的维护，首次明确禁止性骚扰。第 1010 条规定：“违背他人意愿，以言语、文字、图像、肢体行为等方式对他人实施性骚扰的，受害人有权依法请求行为人承担民事责任。”

性骚扰是当今社会较为常见的社会问题之一，但是之前的立法中几乎没有涉及。因为传统社会虽然也有“性骚扰”问题，但由于资讯和传播手段的局限性，其危害也就有限。而现代社会，“性骚扰”不仅借助肢体接触，更主要的是借助现代声像技术和快捷传播手段，其对被害对象的侵害程度和社会危害的深度、广度都是前所未有的。故此，《民法典》人格权编将“性骚扰”纳入其中，体现了法律制定及时回应社会需求，进一步提高对人的关注度，更加体现了对人的尊严的关怀和保护，有利于精神文明建设和保护妇女权益与尊严。

（2021 年 2 月 28 日）

《民法典》对英雄烈士人格利益保护作出特别规定

《民法典》学习

《民法典》第185条：“侵害英雄烈士等的姓名、肖像、名誉、荣誉，损害社会公共利益的，应当承担民事责任。”

《民法典》总则编共204条，有两个特别条文，对民事侵权行为的客体，即民事行为的指向对象作出了特别规定。即第185条侵害英雄烈士等的人格权益保护和第191条未成年人遭受性侵的损害赔偿请求权诉讼时效期间作出特别规定。而其他202个条文所规定的内容均不涉及特定的主体和客体，皆为普遍适用的规定。本期“山虎说法”专说《民法典》第185条侵害英雄烈士等的人格权益保护问题，下期再论第191条未成年人遭受性侵的损害赔偿请求权诉讼时效期间问题。

一、从特别法到民法大典，对英雄烈士人格权益实行体系化的特别保护

《民法典》之所以在“总则编”特别规定侵害英雄烈士姓名、肖像、名誉、荣誉等人格权益，损害社会公共利益的行为，应承担民事责任，是因为当前英雄烈士的人格权益受到不法侵害的情况时有发生，需要予以特别关注和保护。

这与2018年4月第十三届全国人大常委会第二次会议通过的《英雄烈士保护法》的精神是一致的。

《英雄烈士保护法》第22条第1款规定："禁止歪曲、丑化、亵渎、否定英雄烈士事迹和精神。"第2款规定："英雄烈士的姓名、肖像、名誉、荣誉受法律保护，任何组织和个人不得在公共场所、互联网或者利用广播电视、电影、出版物等，以侮辱、诽谤或者其他方式加以侵害。"第3款规定："任何组织和个人不得将英雄烈士的姓名、肖像用于或者变相用于商标、商业广告，损害英雄烈士的名誉、荣誉。"

《民法典》第185条作出这种规定，使《英雄烈士保护法》特别法的规定在《民法典》这部基本大法典中固定下来，愈加彰显了我国法律对英雄烈士人格权益的特别保护。

这样，从特别法《英雄烈士保护法》到基本法《民法典》形成了对英雄烈士人格权益的特别保护体系。

《英雄烈士保护法》第25条："对侵害英雄烈士的姓名、肖像、名誉、荣誉的行为，英雄烈士的近亲属可以依法向人民法院提起诉讼。英雄烈士没有近亲属或者近亲属不提起诉讼的，检察机关依法对侵害英雄烈士的姓名、肖像、名誉、荣誉，损害社会公共利益的行为向人民法院提起诉讼。"

第26条："以侮辱、诽谤或者其他方式侵害英雄烈士的姓名、肖像、名誉、荣誉，损害社会公共利益的，依法承担民事责任；构成违反治安管理行为的，由公安机关依法给予治安管理处罚；构成犯罪的，依法追究刑事责任。"

二、侵害英烈人格权益的现象必须得到遏制

一段时间以来，侵害英雄烈士人格权益的事件时有发生，损害了社会公共利益，扭曲了一些社会公众的历史观、英雄观，毒化了社会风气。

近些年来，受国内外多重因素影响，历史虚无主义在我国社会某些局部蔓延传播，一些编造谣言肆意抹黑、亵渎英烈事迹的言行恣意妄为，刘胡兰、董存瑞、邱少云、黄继光、狼牙山五壮士等革命英雄和雷锋等道德楷模都受到各种质疑调侃，甚至诋毁亵渎。还有一些哗众取宠的人，常常搞出什么"真相发现"之类的雷人之语，以歪曲历史、诋毁英雄来获取眼球，寻找卖点，实现自己出名获利的卑鄙目的。更有甚者，一些宣扬美化侵略战争和侵略行为的

事件和闹剧不断上演，甚至有人频繁利用南京大屠杀等历史话题发表歪曲言论。去年以来，就有发生在上海四行仓库、广西宾阳车站广场和南京紫金山抗日碉堡等地的“摆拍”事件，严重伤害中华民族的感情，引发舆论谴责是必然的。有网友指出：那些“精日 ”分子身穿二战日军制服，乘夜在著名抗日遗址、爱国教育基地四行仓库拍照留念，恶毒亵渎烈士英灵，令人发指。2017 年全国两会，许多代表委员建议通过立法，加强对英雄烈士的保护。2018 年全国两会期间，又有 38 位全国政协委员联合提交了“制定保护国格与民族尊严专门法”的提案。外交部部长王毅在回答中外记者提问时怒斥“精日”分子是“中国人的败类”。

歪曲英雄烈士事迹、诋毁英雄烈士形象的大致有几种情形：

一是标新立异哗众取宠者。此种人喜欢把已成定论的英雄烈士和历史事件、历史人物加以“发掘”和“引申”，以所谓“独特的视角”重新“发现”历史，“还原真相”，实则为捕风捉影、牵强附会、生拉硬拽，以显示自己高明和“独创”，殊不知这是对已有公论和定论的历史的篡改，是对我国主流历史文化价值的颠覆。

二是无知妄言不辨真伪者。此种人热衷传播来历不明、真伪不明的“新观点”“新视角”，他们热衷于把历史事件、英雄人物“娱乐化”“八卦化”“庸俗化”，此种人属于无知无聊之辈，他们头脑简单，助推文化领域的庸俗之风。

三是别有用心毁我历史者。这是美西势力分裂中国、瓦解中国年轻人意志的一种阴谋，他们培植了一批写手，肆意歪曲中国历史、诋毁英雄人物，让中华民族和中华灿烂文化、民族英雄的精神之光失去光华。正所谓“欲灭其国，必先灭其史；欲灭其族，必先灭其文化”。意即要灭亡一个国家，就要先毁掉这个国家的历史；要灭掉一个民族，就要先毁掉这个民族的文化。

三、英雄烈士事迹和精神是一个民族的共同历史记忆

古往今来的一切历史都告诉了我们：一个国家、一个民族的兴衰，经济的强弱不是最重要的决定因素，最重要的决定因素是这个国家与民族的历史与文化所构成的意识形态。因此，很多人看不见这种没有硝烟的战争。看不清那些歪曲我国历史、损毁中华英雄人物的真实本质。

2018年4月27日，国家主席习近平颁发主席令，公布十三届全国人大常委会二次会议通过，并于2018年5月1日起施行的《中华人民共和国英雄烈士保护法》。

《英烈保护法》第1条规定了立法目的："为了加强对英雄烈士的保护，维护社会公共利益，传承和弘扬英雄烈士精神、爱国主义精神，培育和践行社会主义核心价值观，激发实现中华民族伟大复兴中国梦的强大精神力量，根据宪法，制定本法。"第2条规定："国家和人民永远尊崇、铭记英雄烈士为国家、人民和民族作出的牺牲和贡献。"第3条对英烈事迹和精神的价值予以法定化："英雄烈士事迹和精神是中华民族的共同历史记忆和社会主义核心价值观的重要体现。"明确："国家保护英雄烈士，对英雄烈士予以褒扬、纪念，加强对英雄烈士事迹和精神的宣传、教育，维护英雄烈士尊严和合法权益。"号召："全社会都应当崇尚、学习、捍卫英雄烈士。"第4条对政府的责任予以明确："各级人民政府应当加强对英雄烈士的保护，将宣传、弘扬英雄烈士事迹和精神作为社会主义精神文明建设的重要内容。"

四、司法机关要切实贯彻执行《民法典》和《英雄烈士保护法》

《民法典》和《英雄烈士保护法》规定英雄烈士的姓名、肖像、名誉、荣誉受法律保护，禁止歪曲、丑化、诋毁、亵渎、否定英雄烈士的事迹和精神，那些不顾廉耻的宣扬、美化侵略战争和侵略行为、肆意编造谣言，抹黑亵渎英烈的言行，将承担法律责任直至追究刑事责任。

2018年5月10日，最高人民法院下发通知，要求各级法院认真学习贯彻英烈保护法，加强对英雄烈士的全面保护，依法惩处侵害英烈权益、亵渎英烈形象等违法行为。《英雄烈士保护法》的颁布施行，一方面使英雄烈士的姓名、肖像、名誉、荣誉由此获得全面的法律保护，一方面更使政法机关制裁惩处一切歪曲、丑化、诋毁、亵渎、否定英雄烈士事迹和精神违法犯罪行为有了法律依据。这里既包括民事法律手段，又包括刑事制裁惩罚手段。刑事制裁惩罚是指公、检、法各家分工协作，共同运用刑法惩治诋毁、亵渎英烈事迹的犯罪行为。民事法律手段，既包括英烈近亲属提起民事诉讼，也包括检察机关提起公益诉讼。

（一）人民法院将积极支持英烈近亲属提起的相关民事诉讼

人民法院将对英雄烈士近亲属提出的侵害英雄烈士姓名、肖像、名誉、荣誉的案件，依法予以受理，及时审理侵害英雄烈士姓名、肖像、名誉、荣誉的案件。人民法院将依据《民法典》《英雄烈士保护法》等法律及司法解释的规定确定行为人、网络服务提供者等主体应当承担的民事责任。

与此同时，人民法院还将依法审理涉及英雄烈士形象、事迹等商标权、著作权案件。对歪曲、丑化、亵渎、否定英雄烈士事迹和精神，诋毁、贬损英雄烈士形象，侵害著作权的行为，依法认定行为人应当承担的法律责任。

（二）检察机关将及时提起公益诉讼

对于英烈近亲属未提起民事侵权诉讼的相关违法行为，检察机关将依法提起侵害英雄烈士姓名、肖像、名誉、荣誉的公益诉讼。由人民法院及时按照法律规定予以受理，并按照民法总则、侵权责任法和英烈保护法等法律、司法解释的规定，确定行为人应当承担的民事责任。

2017 年 6 月 27 日，十二届全国人大常委会第 28 次会议表决通过了《关于修改民事诉讼法和行政诉讼法的决定》，检察机关提起公益诉讼明确写入这两部法律。这标志着我国以立法形式正式确立了检察机关提起公益诉讼制度。

英烈事迹和精神是中华民族的共同历史记忆和精神财富，侵害英雄烈士姓名、肖像、名誉、荣誉的违法言行，损害的既是民族感情，也是社会公共利益。《英雄烈士保护法》第 25 条明确规定：“英雄烈士没有近亲属或者近亲属不提起诉讼的，检察机关依法对侵害英雄烈士的姓名、肖像、名誉、荣誉，损害社会公共利益的行为向人民法院提起诉讼。”“负责英雄烈士保护工作的部门和其他有关部门在履行职责过程中发现第 1 款规定的行为，需要检察机关提起诉讼的，应当向检察机关报告。”

检察机关认真贯彻执行《民法典》和《英雄烈士保护法》，依法履行职责，在依法严惩有关犯罪行为的同时，作为宪法确定的国家法律监督机关，充分发挥公益诉讼的职能作用，保护英雄烈士的一切权益，弘扬英烈事迹，光大英烈精神，弘扬社会主义核心价值观。

（三）政法机关发挥合力，充分运用刑事手段严惩相关犯罪行为

人民法院、人民检察院和公安机关将共同贯彻执行《英雄烈士保护法》，依法处理一切涉及英雄烈士保护的刑事案件。认真按照法律规定，对侵害英雄烈士姓名、肖像、名誉、荣誉，损害社会公共利益；亵渎、否定英雄烈士事迹和精神，宣扬、美化侵略战争和侵略行为，寻衅滋事，扰乱公共秩序；侵占、破坏、污损英雄烈士纪念设施等构成犯罪的行为，依法追究刑事责任。对根据英烈保护法等法律规定，在英雄烈士保护工作中负有法定职责的人员滥用职权、玩忽职守、徇私舞弊等构成犯罪的，依法追究其刑事责任。

（2020 年 8 月 28 日）

《民法典》对未成年人遭受性侵的诉讼时效作出特别规定

《民法典》学习

《民法典》第191条："未成年人遭受性侵害的损害赔偿请求权的诉讼时效期间，自受害人年满十八周岁之日起计算。"

《民法典》总则编共204条，有两个特别条文，对民事侵权行为的客体，即对民事行为的指向对象作出了特别规定。第185条侵害英雄烈士等的人格权益保护和第191条未成年人遭受性侵的损害赔偿请求权诉讼时效期间作出特别规定。而其他202个条文所规定的内容均不涉及特定的主体和客体，皆为普遍适用的规定。

一、《民法典》将未成年人遭受性侵害的诉讼时效期间起算点延长到年满18周岁

《民法典》第191条规定："未成年人遭受性侵害的损害赔偿请求权的诉讼时效期间，自受害人年满十八周岁之日起计算。"而一般民事权利受到损害请求人民法院保护的诉讼时效期间为三年。《民法典》第188条："向人民法院请求保护民事权利的诉讼时效期间为三年。法律另有规定的，依照其规定。"

以一个8岁小孩遭受性侵害为例，其损害赔偿请求权的诉讼时效期间后延至其年满18周岁起算，即遭受性侵10年后开始起算，至21周岁之前仍可提

起损害赔偿诉讼。

把未成年人遭受性侵害的诉讼时效期间延长至年满 18 周岁规定在《民法典·总则编》中，使之成为一个特别规定，彰显的是对未成年人实行特别保护的法律精神。《民法典》对未成年人遭受性侵害的诉讼时效期间延长的特别规定，与《未成年人保护法》和“两高两部意见”等法律和司法解释，形成了对未成年人权利的体系化的保护。

二、《未成年人保护法》和“两高两部意见”严惩对未成年人的性侵害

《未成年人保护法》第四章第 1 条规定：“全社会应当树立尊重、保护、教育未成年人的良好风尚，关心、爱护未成年人。”第 15 条规定：“禁止拐卖、绑架、虐待未成年人，禁止对未成年人实施性侵害。”

2013 年 10 月，最高人民法院、最高人民检察院、公安部、司法部《关于依法惩治性侵害未成年人犯罪的意见》（以下简称《两高两部意见》）第 1 条规定：“本意见所称性侵害未成年人犯罪，包括刑法第 236 条、第 237 条、第 358 条、第 359 条、第 360 条第 2 款规定的针对未成年人实施的强奸罪，强制猥亵、侮辱妇女罪，猥亵儿童罪，组织卖淫罪，强迫卖淫罪，引诱、容留、介绍卖淫罪，引诱幼女卖淫罪，嫖宿幼女罪等。”第 2 条规定：“对于性侵害未成年人犯罪，应当依法从严惩治。”

针对近年来频繁发生的“校园性侵”等犯罪行为，《两高两部意见》第 21 条第 1 款明确规定：“对幼女负有特殊职责的人员与幼女发生性关系的，以强奸罪论处。”

之所以作出这种严厉的规定，是因为性侵害犯罪行为的受害人往往是未成年女性，尤其是幼女居多。而幼女身心、智力等方面尚未发育成熟，自我防护意识和能力低，易受犯罪侵害，且一旦遭受性侵害，会给其一生幸福蒙上阴影，危害后果十分严重。对幼女进行特殊保护是世界各国的基本共识。以强奸罪为例，根据我国刑法规定和司法实践，奸淫不满十四周岁的幼女构成强奸罪，不要求采取强制手段实施，对于使用暴力、胁迫或者任何其他强制手段与不满十四周岁的幼女发生性关系的，无论是否“明知”被害人为幼女，都要以强奸罪论处，从重处罚。在实践中，有些犯罪嫌疑人、被告人未使用暴力、

胁迫或者其他强制手段与幼女发生性关系，而以各种理由辩解是与幼女正常交往，不明知被害人是幼女，给审查认定案件事实造成一定困难。《两高两部意见》第19条第1款规定，知道或者应当知道对方是不满十四周岁的幼女，而实施奸淫等性侵害行为的，应当认定行为人“明知”对方是幼女。

在社会生活中，一些人以金钱财物为诱饵或者交换条件，对幼女进行奸淫，《两高两部意见》指出不能以是否给付幼女金钱财物作为区分嫖宿幼女罪与强奸罪的界限。《两高两部意见》第20条明确规定，以金钱财物等方式引诱幼女与自己发生性关系的；知道或者应当知道幼女被他人强迫卖淫而仍与其发生性关系的，均以强奸罪论处。

我国刑法对不满十四周岁的幼女确立了特殊保护原则，在实践中，已满十四周岁的未成年少女虽然比幼女的认知、判断能力有所增强，但其身心发育尚未完全成熟，在日常生活、学习和物质条件方面对监护人、教师等负有特殊职责的人员，存在一定的服从、依赖关系，容易在非自愿状态下受到性侵害。《两高两部意见》第21条第2款明确规定，对已满十四周岁的未成年女性负有特殊职责的人员，利用其优势地位或者被害人孤立无援的境地，迫使未成年被害人就范，而与其发生性关系的，以强奸罪定罪处罚。

三、最高人民检察院“一号检察建议”重在特别保护未成年人身心免受不法侵害

最高人民检察院通过对办理的性侵幼儿园儿童、中小学生犯罪案件的认真分析，针对校园安全管理规定执行不严格、教职员工队伍管理不到位，以及儿童和学生法治教育、预防性侵害教育缺位等问题，2018年10月19日向教育部发送了《中华人民共和国最高人民检察院检察建议书》，其核心内容为加强校园安全、教职员工队伍管理，以及预防性侵害教育等。随即，最高人民检察院要求全国各省级检察院同步落实。

这是最高人民检察院首次直接向国务院组成部门发送检察建议，也是最高人民检察院首次发出的社会治理创新方面的检察建议书，编号为一号，故称为“一号检察建议”。

最高检向教育部发出第一号检察建议，起于一起性侵在校学生抗诉案。教师齐某在学校强奸、猥亵多名女童，拒不认罪，仅被判处十年有期徒刑，最高

人民检察院以该案判决适用法律错误、量刑畸轻为由向最高法提出抗诉后，齐某被改判无期徒刑。

之所以叫“一号检察建议”，其背后有两方面深意。一方面，过去最高人民检察院都是对办案机关提出检察建议，向有关主管部门发送检察建议，但这次是最高人民检察院直接向国务院组成部门发送检察建议，当属首次。另一方面，最高人民检察院发出的社会治理创新方面的检察建议书，亦属首次，编号为一号，故称为“一号检察建议”。

2019 年 1 月 17 日，在北京举行的全国检察长会议上，张军检察长在讲话中说，最高人民检察院发出的首份检察建议得到教育部的积极回应。

2018 年 11 月，教育部迅速发出了《关于进一步加强中小学（幼儿园）预防性侵害学生工作的通知》，要求各地教育行政部门和学校要切实从性侵害学生案件中吸取教训，进一步加强预防性侵安全教育、教职员工队伍管理、安全管理规定落实、预防性侵协同机制构建、学校安全督导检查等工作。

教育部于 2018 年 12 月 29 日，向最高人民检察院来函回复。函件中表示，教育部党组收到‘一号检察建议’后高度重视，陈宝生部长亲自部署贯彻落实工作，成立由有关司局组成的工作小组，对检察建议书进行认真学习和研究，形成下一步工作方案，并迅速启动有关工作。

与此同时，“一号检察建议”还曾得到国务院领导的高度关注。2018 年，参观“中国改革开放四十周年成果展”时，张军检察长向国务院分管教育的副总理就“一号检察建议”作了汇报，这位领导认为性侵未成年人案就要依法从严，依法重判；当这位副总理拿到最高人民检察院的“一号检察建议”后，在批示中充分肯定了“一号检察建议”，强调最高人民检察院的工作是从源头上保护学校安全、维护儿童权益，支持司法部门依法严惩犯罪，还校园一片净土，并且指示必须做好，更要落实。

四、相关判例严惩对未成年人性侵害违法犯罪行为

广受社会关注的上海“新城控股”王振华性侵女童案有了判决结果。2020 年 6 月 17 日，上海市普陀区人民法院当庭对新城控股原实控人王振华作出判决，以猥亵儿童罪判处被告人王振华有期徒刑五年。

汪某某案是一起教师利用职业便利性侵害未成年人犯罪的典型案件。汪某

某系某小学班主任兼语文老师，其以检查作业、辅导功课为由，在教室、教师宿舍多次对班内多名女生实施猥亵、强奸。

案发后，四川省成都市人民检察院及时介入，引导、配合公安机关收集完善证据，以强奸罪、猥亵儿童罪对汪某某提起公诉，并提出从重处罚和“从业禁止”的量刑建议。法院采纳检察机关建议，判处汪某某无期徒刑，并处“从业禁止”五年。

同时，检察机关针对办案中发现的问题，向成都市教育部门发出检察建议，教育部门依据相关规定吊销汪某某的教师资格证，禁止其终身从事与教育有关的职业，并建立健全学生安全常识教育、学校安全管理责任、师德师风动态考核等机制。

另外3起案例包括：重庆市城口县某偏远乡镇学校保安刘某某猥亵女童案，检察机关在“法治进校园”活动中发现线索，及时介入，以猥亵儿童罪对刘某某提起公诉，法院判处刘某某有期徒刑二年八个月，禁止其自刑罚执行完毕之日或者假释之日起五年内从事学校保安及其相关职业。

湖北省枣阳市某中学教师江某某强制猥亵案，江某某以做实验的名义先后3次将学生小南叫到校实验室实施猥亵。检察机关提起公诉，同时提出从业禁止建议。法院依法判处江某某有期徒刑一年，自刑罚执行完毕之日起五年内禁止其从事教师职业。

河南省周口市某小学教师李某因对3名7岁幼童实施猥亵，被法院判处有期徒刑四年六个月。周口市人民检察院审查认为，李某在教室内实施猥亵，具有“在公共场所当众”实施的加重情节，法院判决未认定该情节导致量刑畸轻，遂依法抗诉。法院采纳抗诉意见，改判李某有期徒刑七年。

（2020年9月1日）

君子动口不动手：这个做人底线必须坚持

《民法典》学习

《民法典》第 3 条："民事主体的人身权利、财产权利以及其他合法权益受法律保护，任何组织或者个人不得侵犯。"

第 990 条："人格权是民事主体享有的生命权、身体权、健康权、姓名权、名称权、肖像权、名誉权、荣誉权、隐私权等权利。

除前款规定的人格权外，自然人享有基于人身自由、人格尊严产生的其他人格权益。"

第 991 条："民事主体的人格权受法律保护，任何组织或者个人不得侵害。"

男人打妻子为家暴，大人打小孩或老人为虐待，故意殴打他人是伤害，下属打上司当属无赖，上司打下属叫无能，济源市市委书记张战伟打市政府秘书长更使党的形象受到严重破坏。

济源市市委书记打市政府秘书长耳光，不管它背后有多复杂、有多少文章、有多少道理，我们只看打人这种行为是不是符合法律、法理或法律的精神。

也许有人说，"掌掴"不是打人？民谚云："打人不打脸，骂人不揭短。"掌掴，也就是打人脸，这是侮辱人、损人尊严的打法，比打在身体的其他部位更让人难受。“人活一张脸，树活一张皮”，就是这个道理。

中国古语又曰“士可杀不可辱”，这样的道理，济源市市委书记张战伟怎么不懂得呢？

小学生都懂得，打人就是侵犯人权；打人就是违法！违了哪些法？

首先，违反了最高的法——《宪法》。《宪法》第33条规定“中华人民共和国公民在法律面前一律平等，国家尊重和保障人权。”尊重和保障人权都写进了宪法，济源市市委书记不学《宪法》吗？

其次，违反《民法典》。《民法典》第3条规定：“民事主体的人身权利、财产权利以及其他合法权益受法律保护，任何组织或者个人不得侵犯。”第991条进一步规定：“民事主体的人格权受法律保护，任何组织或者个人不得侵害。”

济源市市委书记真没学《民法典》吗？

当然，《民法典》2021年1月1日才生效。那书记是2020年11月11日打的人，《民法典》当时对他还不能适用。但《民法总则》《侵权责任法》《治安管理处罚法》等法律早已施行，这些规定或有关法律精神都在很多法律中明白地写着，济源市市委书记难道没有看过这些条文吗？

“掌掴”就是打人，打人就是侵犯人权！

那么，什么是人权？简单地说，人权就是“人格权”。《民法典》第990条采用列举式方法告诉我们什么是“人格权”。该条是这样写的：“人格权是民事主体享有的生命权、身体权、健康权、姓名权、名称权、肖像权、名誉权、荣誉权、隐私权等权利。”“除前款规定的人格权外，自然人享有基于人身自由、人格尊严产生的其他人格权益。”

第1002—1004条分别规定了自然人的生命安全和生命尊严、身体完整和行动自由、身心健康受法律保护。第1182条、第1183条规定侵害他人人身权益造成财产损失的或造成严重精神损害的，被侵权人有权请求其财产损失赔偿或精神损害赔偿。

《治安管理处罚法》第43条规定：“殴打他人的，或者故意伤害他人身体的，处五日以上十日以下拘留，并处二百元以上五百元以下罚款；情节较轻的，处五日以下拘留或者五百元以下罚款。”

古代虽然没有这些具体的法律规定，但“君子动口不动手”这句成语可是耳熟能详的，传承千古了。难道济源市市委书记真没有读过书吗？查阅履历可知其还是中原大地一重点大学历史系毕业的了！

也许有人说，是哪个秘书长顶了书记的嘴，惹怒了书记。那我们更要问，下属顶了嘴，就可以成为上属打人的理由吗？

民间还有说法："千事万事吃饭大事。"人家在吃饭，你市委书记也得尊重他人吃饭的权利呀。哪怕他真不该在这个地方吃饭，哪怕他真有其他严重问题，也等他把饭吃完再说。

也许背后有文章、有隐情，但你说出口来的不就是人家不该在这里吃饭嘛！人家回怼一句"我怎么不能在这里吃饭？"就可以成为你掌掴下属、你打人的依据吗？

退一万步说，哪怕下属先打你，你也不得打他。此时你可以报警，警方可对他给予治安处罚。还可以依党纪和其他规章处理他。

下属打上司，对这种"无赖"，依法依规处理即可；上司打下属，既显无能，更有失风范和官德；如若上司与下司对打，那是"无能"和"无赖"上演好戏，落下笑柄，成何体统！

从法律上来说，任何人都没有打人的理由。不管你打的是他身体的哪一个部位。打人脸也许不怎么伤皮肉，但更辱人尊严。"士可杀不可辱"，这可是千古常理！济源市市委书记怎么就不懂得这个道理呢？

话说回来，济源市市委书记如果平常确实不学法律、不学知识，那总该学《党章》吧？不学党章怎么可能当上市委书记呢？

《中国共产党章程》第 36 条第 5 项规定："正确行使人民赋予的权力，……加强道德修养，讲党性、重品行、作表率，做到自重、自省、自警、自励，反对形式主义、官僚主义、享乐主义和奢靡之风，反对任何滥用职权、谋求私利的行为。"第 6 项规定："坚持和维护党的民主集中制，有民主作风，有全局观念，善于团结同志，包括团结同自己有不同意见的同志一道工作。"

《党章》第 40 条对"党的政治纪律、组织纪律、廉洁纪律、群众纪律、工作纪律、生活纪律"作了详尽规定。特别规定："党内严格禁止用违反党章和国家法律的手段对待党员，严格禁止打击报复和诬告陷害。违反这些规定的组织或个人必须受到党的纪律和国家法律的追究。"

从《党章》这些规定中，我们无论如何也看不出一级党委主要负责人有可以随意打人的理由。

对此，新华社和央视等官方媒体给出了鲜明的看法。

人们高度关注这“一记耳光”，从一个侧面折射出对干部耍官威、搞特权现象的深恶痛绝。在一些地方，个别领导干部官气十足、以权压人，“一把手”俨然成了“一霸手”，扭曲了一方政治生态。有权不可任性，妄为不得善果，为政者当警之！——新华视点微评《刷屏的“一记耳光”折射了什么?》。

不管调查结果如何，身居重要岗位的领导干部，在公共场所一言不合就大打出手，太“辣眼睛”，有辱斯文，与人们期待的领导干部形象相去甚远，影响可谓恶劣。——《新华每日电讯》发表评论《这一记“耳光”是反面“警醒”》。

当众掌掴下属，这说明打人者对自己的下属缺乏最基本的人格尊重。说白了，就是没把下属当人看。从政先正身，做事先做人。——新闻联播《主播说联播》。

大庭广众之下公然掌掴下属难道是想当“山大王”吗？无论调查出怎样的事实真相，这种不顾他人尊严、扇人耳光的粗暴之举，都有辱斯文，令人义愤填膺，在公德上先输了一着。——央视网。

舆论高度关注“掌掴闹剧”，从一个侧面折射出人们对少数领导干部作风粗暴、江湖习气、颐指气使耍官威的深恶痛绝。这一记“耳光”，其实是从反面“打醒”更多领导干部：只有严格遵循从严治党、从严治吏的要求，注重官德与修养，才能不被群众戳脊梁骨。

与此同时，另一篇《书记的耳光》在全网悄然传开：

改革开放之初，菏泽周振兴书记下乡，发现一名老人竟吃不上半碗肥中带瘦的肉，而她丈夫和三个儿子都在抗日战争中牺牲，当年为了让我们的战士吃饱吃好，她变卖了家中所有值钱物件和娘家陪送的嫁妆。

后来在县委汇报会上，周书记扇了自己一个耳光，说，我们这些大大小小书记的脸还叫脸吗？

“中央政法委长安剑”微信公众号评论说：“一记耳光打在自己脸上，心里想的是老百姓的利益，不但没有失了自己的面子，反而让所有人都感动于为政者为民谋利的拳拳之心，把干部和群众紧紧拉到一起。一记耳光打在别人脸上，心里想的是自己的威风，不但不能给自己赢得信服，反而让所有人都愤怒于为政者滥用权势的肆意妄为，把自己和群众越推越远。”

（2021 年 1 月 21 日）

附 1：

书记的耳光

（原载 2018 年 7 月 19 日《菏泽日报》）

这是一件令我记忆了几十年的事件，每每想起，都令人心潮激荡。

改革开放初期的一个仲春时节，我作为电台的记者，有幸随时任中共菏泽地委书记周振兴同志到曹县革命老区曹县韩集乡红三村看一位杨得志将军当年的老房东、老共产党员伊巧云老人。随同的有时任曹县县委书记、武装部部长等 6 人。

到韩集后，周振兴书记没在乡镇和村委停留一步，直奔伊巧云老人家中。此时老人已重病在身，当周振兴握住老人枯瘦的手问老人还有什么要求时，伊巧云老人犹豫了一下，说“就是想吃半碗肥中带瘦的猪肉。”说完，老人又后悔了，用另一只手拍打着周振兴的手背：“也就是这么一想，周书记别当事。”历来以雷厉风行、低调工作作风著称的周振兴，一下子泪流满面。他双手握住老人的双手：“怪我，怪我们啊，老人家，对不起您。”他抹了一把脸，回身掏出自己衣袋中的一沓钱，递到赶来的乡镇书记手中，县、乡领导纷纷掏自己的衣袋，被周书记一把按住了。无用言说，老人当天就吃上了肥中带瘦的肉。

随后，周书记回到县城参加了县委的一个汇报会。会上他眼含热泪地讲了一段话，“伊巧云老人今年 83 岁，为抗日战争和解放战争，她牺牲了丈夫和三个孩子。抗战时期，在抗战堡垒红山村，在做杨得志将军房东时，为接待来往的将士，她曾一天做过 9 顿饭，为让将士吃饱吃好，她变卖了家中所有值钱物件和娘家陪送的嫁妆。现在，在我们领导下，生重病了，竟吃不上半碗肥中带瘦的肉。同志们，我们还有脸当他们的书记吗？”说着，周书记突然抬手扇了自己一个耳光，说，我们这些大大小小书记的脸还叫脸吗？

这一记耳光打得是那样清脆，话说得那样沉重。坐在他身旁的县委书记一下俯在桌上，低声哭出声来。

“周书记，该打的是我，是我，请地委处理我。”一时间，所有与会人员都低下了头。收起了原先准备好的各自工作成绩的汇报稿。

时间已过去38年，可周书记那一记耳光至今回荡在我的耳畔。现如今，这些老领导早已退出领导岗位，但他们那种为小事的自责，为党、为国、为民的担当，树起了一代共产党干部的风范。

愿那一记清脆的耳光，能扇去层层不实的政绩观和种种官本位的自尊盲从。（天阔）

附2：

宪法和法律有关规定

《宪法》第33条规定：“中华人民共和国公民在法律面前一律平等，国家尊重和保障人权。”

《治安管理处罚法》第43条规定：“殴打他人的，或者故意伤害他人身体的，处五日以上十日以下拘留，并处二百元以上五百元以下罚款；情节较轻的，处五日以下拘留或者五百元以下罚款。”

《民法典》第3条规定：“民事主体的人身权利、财产权利以及其他合法权益受法律保护，任何组织或者个人不得侵犯。”

《民法典》第991条规定：“民事主体的人格权受法律保护，任何组织或者个人不得侵害。”

《民法典》第990条规定：“人格权是民事主体享有的生命权、身体权、健康权、姓名权、名称权、肖像权、名誉权、荣誉权、隐私权等权利。

除前款规定的人格权外，自然人享有基于人身自由、人格尊严产生的其他人格权益。”

《民法典》第1002条规定：“自然人享有生命权。自然人的生命安全和生命尊严受法律保护。任何组织或者个人不得侵害他人的生命权。”

《民法典》第1003条规定："自然人享有身体权。自然人的身体完整和行动自由受法律保护。任何组织或者个人不得侵害他人的身体权。"

《民法典》第1004条规定："自然人享有健康权。自然人的身心健康受法律保护。任何组织或者个人不得侵害他人的健康权。"

《民法典》第1182条规定："侵害他人人身权益造成财产损失的，按照被侵权人因此受到的损失或者侵权人因此获得的利益赔偿；被侵权人因此受到的损失以及侵权人因此获得的利益难以确定，被侵权人和侵权人就赔偿数额协商不一致，向人民法院提起诉讼的，由人民法院根据实际情况确定赔偿数额。"

《民法典》第1183条规定："侵害自然人人身权益造成严重精神损害的，被侵权人有权请求精神损害赔偿。"

君子骂人不“辱骂”：为人做官的基本素养

《民法典》学习

《民法典》第 990 条：“人格权是民事主体享有的生命权、身体权、健康权、姓名权、名称权、肖像权、名誉权、荣誉权、隐私权等权利。”

《宪法》第 33 条规定：“中华人民共和国公民在法律面前一律平等，国家尊重和保障人权。”《民法典》第 991 条进一步规定：“民事主体的人格权受法律保护，任何组织或者个人不得侵害。”

“人权”既包括人的生命权、身体权、健康权、财产权，也包括人的尊严。《民法典》第 990 条对“人格权”作了解释：“人格权是民事主体享有的生命权、身体权、健康权、姓名权、名称权、肖像权、名誉权、荣誉权、隐私权等权利。”可见“人格权”，既指生命权、身体权、健康权这些切身权利，也指“姓名权、名誉权、荣誉权、隐私权等”这些关乎“人的尊严”的权利。

《民法典》第 1002—1004 条分别规定了自然人的生命安全和生命尊严、身体完整和行动自由、身心健康受法律保护。第 1182 条、第 1183 条规定侵害他人人身权益造成财产损失的或造成严重精神损害的，被侵权人有权请求其财产损失赔偿或精神损害赔偿。

注意，这里的“生命尊严”“身心健康”“严重精神损害”讲的就是人格尊严了。

我们平常说的尊重人，其实主要是讲尊重人格，给人以尊严，而不能贬损人格、损人尊严。

“山虎说法”《君子动口不动手：这个做人底线必须坚持》，谈论的是济源市市委书记张战伟一个耳光打在市政府秘书长脸上，结果打掉了自己的“乌纱帽”，河南省委免去了他的市委书记职务，这件事在网络上刷屏了好几天。

文中引用“打人不打脸，骂人不揭短”民谚和“士可杀不可辱”古语来阐释不能“打脸”的道理。打人耳光，这种侮辱人、损人尊严的打法，比打在身体的其他部位更让人难受。“人活一张脸，树活一张皮”，就是这个道理。打人脸，就等于撕破了脸，矛盾就陡然升级了。

打人打脸，这是侮辱人、损人尊严。从法律角度而言，打人违法，侵犯人权。

这是说，不能随意打人，尤其是不能打人脸。

同理，也不能随意骂人，骂人也不能侮辱人。

通常“骂人”有两种：一种是“责骂”。人家犯了错误，就事论事，指出他的错误所在，只是语气、用词严厉了一些，只要符合事实和道理，一般能为人接受。一种是“辱骂”，爆粗口，用一些带侮辱性的语词，动不动骂人“你这个畜生”“你是猪”“给我滚出去”，或用其他带有侮辱性的呵斥语气。

“责骂”一般不会有太大的问题，只要不是无端责骂；但“辱骂”就会有问题了，因为辱骂，辱的是人格，损的是尊严。辱骂人家就等于“撕破脸皮”，必然导致矛盾升级。

有的上司随意骂人，而且带脏字，带侮辱性的词语，这就是不尊重人的表现，也反映其为人缺乏基本素养。

辱骂，常常会使矛盾升级。有的一把手辱骂副手和下属，导致副手、下属状告一把手，甚至告倒了一把手的例子并不鲜见。

当领导的，只要自己以身作则，示范表率，下属一般会按规矩来，无须用重言，更不需要骂人。经常靠骂下属推动工作，只能说明两点：一是自己没有以身作则，二是自己工作能力差、领导水平低。

当然，也确实会出现下属屡犯错误、乱作为或不作为的情况，作为领导当然要提出批评，甚至严肃、严厉地责骂也难免。但只能就事论事，只能摆事实讲道理，不能爆粗口，不能辱骂人，不能侮辱人格，损人尊严。

辱骂人，既是缺乏修养的表现，也涉嫌违法。《宪法》《民法典》和很多法律都规定要保障人权、维护人的尊严。这一点前文已述。

同时，辱骂人也违背了党性原则。《党章》第36条第（五）项规定："正确行使人民赋予的权力，……，加强道德修养，讲党性、重品行、作表率，做到自重、自省、自警、自励，反对形式主义、官僚主义、享乐主义和奢靡之风，反对任何滥用职权、谋求私利的行为。"第（六）项规定："坚持和维护党的民主集中制，有民主作风，有全局观念，善于团结同志，包括团结同自己有不同意见的同志一道工作。"

辱骂同事和下属，只会导致矛盾升级，"团结同志"就更谈不上了。

即使下属犯了严重错误，也不能辱骂他。因为还可以依党纪政纪和单位规章规程来处理他。

回想自己担任基层法院院长、检察长已有15年。自己很少骂人。工作中发现了问题，提出批评，作出处理就是了。即使批评下属，我也坚持就事论事，摆事实讲道理，以理服人。从不无端责骂人，更不会辱骂人。

俗语云"有理无须高声"。"不怒而威"方为境界。

我们政法干警，哪怕对犯罪分子也不能辱骂。我们通常说要保障犯罪嫌疑人、被告人的人权，既指要让犯罪嫌疑人、被告人获得最基本的人权，也指必须保障他的辩护权等诉讼权利，还指他的人格尊严要得到保障。

就是在战争中，对战俘也不能虐待，也要保障他的人格尊严。

从某种意义上说，有时人格尊严甚至比人的身体更重要。

古语所云"士可杀不可辱"，就是这个道理。

（2021年1月23日）

不必过分解读“掌掴书记”被免职事件

《民法典》学习

《民法典》第 3 条：“民事主体的人身权利、财产权利以及其他合法权益受法律保护，任何组织或者个人不得侵犯。”

《民法典》第 991 条：“民事主体的人格权受法律保护，任何组织或者个人不得侵害。“

济源市市委书记张战伟在食堂打市政府秘书长耳光，引爆舆论后，被河南省委免去市委书记职务。新华社、央视等主流媒体从国法、党性、道德和个人修养等方面作了正当分析与评论。但有些自媒体却作了一些不当和过度解读，说“打市政府秘书长脸，就是打市长脸”“党政不和”“权力斗争”等，显然这些解读偏离主题和主流。

我们不必把事情搞这么复杂，也许原本没有这么复杂。

我们就事论事吧。

作为市委书记，作为党员干部，公共场合随意打人，一是违法，二是违背党的纪律，三是违背做人的基本准则。就这么简单！

这样的市委书记，从这一点来看，就不称职。

也许他在工作上努力，或有过贡献，但作为领导干部，随意打人，不尊重下属，就不是合格的领导干部，就无法领导和团结下属干事业、求发展。

下属也许有错，但可以用国法党规政纪来处理。

但我们必须保障每一个人的人权、身心健康权、人格尊严获得保护。法律不允许任何组织和个人侵犯他人人身权利和人格尊严。

哪怕是罪犯，他的基本人权都必须得到保障，何况对待犯错误的同志！

《宪法》第 33 条规定：“中华人民共和国公民在法律面前一律平等，国家尊重和保障人权。”《民法典》第 3 条规定：“民事主体的人身权利、财产权利以及其他合法权益受法律保护，任何组织或者个人不得侵犯。”《民法典》第 991 条进一步规定：“民事主体的人格权受法律保护，任何组织或者个人不得侵害。”

宪法和法律这些规定，每一个公民都应该遵守，何况是党的领导干部。

唯物辩证法告诉我们，事物是相互作用、相辅相成的。发出怎样的作用力，就会带来怎样的反作用力。你怎么待人，人家就怎么待你。你尊重他人，也必然赢得他人尊重。

你不尊重他人，作风霸道，随意辱骂下属，甚至扇人耳光，侮辱人格，损人尊严。其反作用就是：撕破脸面，招致忌恨，招致报复，最终自食其果！

济源市市委书记张战伟的教训不可谓不深刻！

党委主要负责人这种定力、如此素质、此般修养，如何能团结共事？

说这是党政不和、权力斗争，我看这些说法不见得妥当，至少缺乏依据，属于推测臆想！

（2021 年 1 月 22 日）

普通公民和社会公众人物名誉权、隐私权的保护有着较大的差别

《民法典》学习

《民法典》第1024条："民事主体享有名誉权。任何组织或者个人不得以侮辱、诽谤等方式侵害他人的名誉权。"

《民法典》第1031条："民事主体享有荣誉权。任何组织或者个人不得非法剥夺他人的荣誉称号，不得诋毁、贬损他人的荣誉。""获得的荣誉称号应当记载而没有记载的，民事主体可以请求记载；获得的荣誉称号记载错误的，民事主体可以请求更正。"

《民法典》第1032条："自然人享有隐私权。任何组织或者个人不得以刺探、侵扰、泄露、公开等方式侵害他人的隐私权。隐私是自然人的私人生活安宁和不愿为他人知晓的私密空间、私密活动、私密信息。"

《民法典》第四编"人格权"编第四章、第五章分别对"名誉权和荣誉权""隐私权和个人信息保护"作出规定。有几点价值值得关注和探讨。

一、所有民事主体的名誉权、荣誉权和自然人的"隐私权"均受法律保护

《民法典》第1024条规定："民事主体享有名誉权。任何组织或者个人不得以侮辱、诽谤等方式侵害他人的名誉权。"第1031条规定："民事主体享

有荣誉权。任何组织或者个人不得非法剥夺他人的荣誉称号，不得诋毁、贬损他人的荣誉。”“获得的荣誉称号应当记载而没有记载的，民事主体可以请求记载；获得的荣誉称号记载错误的，民事主体可以请求更正。”

何谓“名誉”？对此，《民法典》第1024条第2款进一步作了解释：“名誉是对民事主体的品德、声望、才能、信用等的社会评价。”

依据《民法典》上述规定的精神，可以看出自然人、法人和非法人组织等所有民事主体均享有名誉权和荣誉权。他们的名誉权、荣誉权均受法律保护。

《民法典》第1032条规定：“自然人享有隐私权。任何组织或者个人不得以刺探、侵扰、泄露、公开等方式侵害他人的隐私权。”该条第2款进一步对“隐私”给出了定义：“隐私是自然人的私人生活安宁和不愿为他人知晓的私密空间、私密活动、私密信息。”

隐私权为自然人所独有，其他民事主体不享有隐私权。

过去，我国《民法通则》和相关法律并没有对隐私权作出明确规定，司法实务中主要是适用名誉权保护的有关规定及其精神来对公民隐私权类推保护。最高人民法院有关适用《民法通则》和“精神损害赔偿”的司法解释也是把隐私权纳入名誉权的构架来保护。《妇女权益保障法》第42条直接规定了“隐私权”，“妇女的名誉权、荣誉权、隐私权、肖像权等人格权受法律保护”。但该法的适用范围仅限于妇女。

2009年《侵权责任法》使用了“隐私权”的概念，该法第2条把“隐私权”与“生命权、健康权、姓名权、名誉权、荣誉权、肖像权、婚姻自主权、监护权、所有权、用益物权、担保物权、著作权、专利权、商标专用权、发现权、股权、继承权等人身、财产权益”并称为“民事权益”。这是我国民事基本法第一次确认“隐私权”的概念。

直至《民法典》第1032条明确规定“自然人享有隐私权”。鉴于“隐私权”我国法律语境中还是新概念，故该条第2款进一步对“隐私”的含义作出解释：“隐私是自然人的私人生活安宁和不愿为他人知晓的私密空间、私密活动、私密信息。”

二、基于“公共利益”原则，普通自然人和社会公众人物在名誉权、隐私权的保护上体现了较大差别

《民法典》第1025条：“行为人为公共利益实施新闻报道、舆论监督等行为，影响他人名誉的，不承担民事责任，但是有下列情形之一的除外：（一）捏造、歪曲事实；（二）对他人提供的严重失实内容未尽到合理核实义务；（三）使用侮辱性言辞等贬损他人名誉。”

第1036条：“处理个人信息，有下列情形之一的，行为人不承担民事责任：（一）在该自然人或者其监护人同意的范围内合理实施的行为；（二）合理处理该自然人自行公开的或者其他已经合法公开的信息，但是该自然人明确拒绝或者处理该信息侵害其重大利益的除外；（三）为维护公共利益或者该自然人合法权益，合理实施的其他行为。”

综观《民法典·人格权编》的有关条文，可见这些条文表达了几层意思：第一，无论是普通自然人还是公众人物，都享有基本的名誉权、隐私权；第二，普通自然人和公众人物的名誉权、隐私权的保护是有差别的；第三，其差别的分界点在于“公共利益”。

为公共利益，新闻报道和舆论监督往往连在一起。一是政要人物、各界明星的正当行为和违法犯罪行为、不道德行为、不当言论，往往都为社会所关注，新闻媒体为了公共利益可以予以更多的关注和报道。同理，对普通公民的善举义举和违法犯罪行为、严重违反道德与伦常的行为，新闻媒体同样会予以关注和报道。

为什么允许新闻媒体报道公众人物和普通公民的违法犯罪行为及其受到惩戒的相关消息？其原理在于“公共利益”需要。

无论是作为普通公民，还是公众人物，其基本的名誉权和作为人享有的合法、合情、合理和合乎道德规范的个人信息秘密与个人生活安宁均受法律保护。比如公众人物合法的婚恋和家庭生活，如正常的恋爱、结婚、怀孕、生育亦为受法律保护的隐私，未经当事人允许，不得披露。现在一些媒体为了吸引眼球，擅自报道公众人物的恋爱、结婚、怀孕、生育等，实质上是侵犯隐私权的行为，相关受害人可以提起侵权诉讼。

但如果是公众人物非法和违反道德、违反伦理的婚恋与不正常生活，如婚

外恋、非婚生育和其他违法犯罪、不道德行为，虽然属于个人隐私，但不受法律保护，社会和新闻媒体予以披露和报道而不须承担名誉和隐私侵权责任。除非这种披露和报道为故意捏造或严重失实。

因为公众人物的这些非法和不道德行为，哪怕是不当言论，都事关“公共利益”，社会舆论介入和新闻媒体报道，都是履行监督之责，成为免责事由。

三、各级纪委和监察委及时披露对公职人员的审查调查消息也是出于“公共利益”需要

自党的十八大以来，党风廉政建设和反腐败力度空前加大。人们经常会在新闻媒体和网站上见到某某公职人员“因涉嫌违纪违法接受审查调查”的消息。对此有观点认为，未经审查结论或审判有罪，就对公职人员的涉嫌违纪违法予以公布，可能涉嫌侵犯名誉权。

其实这个观点是站不住脚的，它忽视了民法上“公共利益”这个特别的侵权阻却原则，或者叫免责事由。各级纪委监察委之所以对公职人员予以立案审查调查的消息及时予以公布，正是依据“公共利益”原则而实施的行为。

过去我国虽然没有把“公共利益”原则规定在有关法律之中，但“公共利益”也就成为舆论监督的免责抗辩的基本规则，已为法学界和新闻界所共知。各级纪委和监察委正是依据“公共利益”原则，及时发布有关公职人员涉嫌违纪违法接受审查调查的消息，让广大人民群众享有知情权，从而更好地发挥舆论监督的作用，及时向社会传递党中央反腐败和从严治党、从严治官的决心，提升人民群众对党和政府的信心。

正因为“公共利益”原则已成为众所周知的舆论监督基本规则，故这次《民法典》“人格权”编已经把“公共利益”原则直接规定于两个条文中。《民法典》第1025条规定：“行为人为公共利益实施新闻报道、舆论监督等行为，影响他人名誉的，不承担民事责任。”第1036条：“处理个人信息，有下列情形之一的，行为人不承担民事责任：……（三）为维护公共利益或者该自然人合法权益，合理实施的其他行为。”

笔者对公众人物名誉权、隐私权的保护与限制问题，早在20年前作过探讨、研习。我国知名核心期刊、最高人民法院《人民司法》2000年第11期曾发表了本人《公众人物名誉权、隐私权限制的法律探讨》一文。笔者正是运

用“公共利益原则”来阐释公众人物名誉权、隐私权在受到保护的同时，也会受到必要的限制这一道理。

该文摘要附后，供阅读参考。全文也可通过“知网阅读”等方式下载阅读。

（2020 年 8 月 23 日）

附：

《公众人物名誉权、隐私权限制的法律探讨》（摘要）

马贤兴

（原载 2000 年第 11 期最高人民法院《人民司法》）

当前，公众人物名誉权、隐私权与社会知情权、舆论监督权日显冲突，由此而来的名人官司日益增多，颇令新闻界困惑。探讨公众人物名誉权、隐私权的保护与限制已显得十分必要而紧迫。

一、公众人物的法律界定及其名誉权、隐私权的特点

公众人物是在一定范围内为人们所广泛知晓和关注，并与社会公共利益密切相关的人物。包括以下几类：

第一，党政官员、公职候选人等政要人物。

第二，文艺界、影视界、体育界等明星。

第三，劳动模范、先进工作者和科技界、企业界等社会各界知名人士。

第四，其他公众人物。主要有附属性公众人物和偶然性公众人物等非自愿性公众人物。

此外，罪犯、被告人、犯罪嫌疑人和严重违纪人员及其他公序良俗的违背者属于转化型公众人物。

名誉权、隐私权是两种性质不同但又紧密相连的人格权。在我国的民法通则中没有使用隐私权的概念，司法实践中将隐私权的法律保护类推适用名誉权保护的有关规定。除了具备一般公民名誉权、隐私权的属性，非财产性、隐秘性和受法律保护的特点外，公众人物的名誉权、隐私权还有其鲜明的特征：

公众兴趣性。公众人物因其特殊的社会地位和影响，其工作和生活都为人们所关注，能引起社会各阶层人们的广泛兴趣，特别是政治家、各类明星的私人生活部分更是公众的兴趣所在。故此，新闻媒体对公众人物的喜怒哀乐、衣食住行、言谈举止、生老病死、婚姻恋爱乃至各类丑闻都甚为关注。

与公共利益的相关性。公众人物因其广泛的社会知名度，具有深远的社会影响力、道德示范力和社会价值取向的引导性，故公众人物的工作、生活、言行举止不仅为公众所关注，而且与社会公共利益密切相关，甚至构成公共利益的重要内容。

与公共利益的冲突性。与公众知情权、舆论监督权的冲突是公众人物名誉权、隐私权最为突出的特点，其实质是与公共利益的冲突。一方面，公众人物要最大限度地保护其名誉权、隐私权，维护个人信息秘密和个人生活的安宁。另一方面公民的知政权、社会知情权、个人信息知情权，使得高中级官员的学历、出身、个人品德、财产状况、廉政勤政状况、家庭成员状况，以及各类明星、社会知名人士的工作、生活、言行都有可能成为公众知晓的内容。这种价值冲突，只有借助法律手段，方能得到调整和平衡。

法律保护的有限性。公众人物作为社会的特殊群体，其社会知名度、关注度、影响力、号召力和政治、文化各方面的权力乃至某些特权，都不是普通公民所能享有的。因此，社会就要建立一定的制约机制，限制公众人物对某些权利的行使。也就是说，公众人物由于一方面拥有更多的权力和地位；另一方面，他的权利的行使特别是名誉权、隐私权就要受到限制，其保护范围要比普通公民小。特别是政治家的名誉权、隐私权保护应受到更为严格的限制。西方国家有所谓“高官无隐私”之说，也就是基于这个道理。

二、公众人物名誉权、隐私权限制的原则

公民人格权受法律保护原则。人格权是我国宪法规定的公民的一项基本权利。《宪法》第38条规定：“中华人民共和国公民的人格尊严不受侵犯。”公民的人格权包括生命权、健康权、身体权、姓名权、肖像权、名誉权和隐私权等。我国法律虽然没有规定隐私权为一项具体人格权，但司法实践中仍注重隐私权的保护。公民人格权受法律保护是一项基本原则。公众人物作为公民也同样享有基本的人格保护权，特别是其名誉权、隐私权不得受到非法侵犯。

公共利益维护原则。公共利益原则是世界各国公认的一个基本原则。也就是说，当公民的人格权特别是名誉权、隐私权保护与公共利益发生冲突时，就要服从公共利益的需要，牺牲公民特别是公众人物的某些人格权。正如恩格斯所说："个人隐私应受法律保护，但当个人隐私甚至阴私与最重要的公共利益——政治生活发生联系的时候，个人的私事就已经不是一般意义的私事，而属于政治的一部分，它不受隐私权的保护，应成为新闻报道不可回避的内容。"因此，对于与社会公共利益有密切关系的公众人物的名誉权、隐私权的保护范围就要比一般公民窄多了。

知情权和舆论监督权保护原则。知情权包括公民知情权、法人知情权和法定知情权。舆论监督是宪法赋予公民的一项基本权利，通过新闻媒体开展新闻批评是人民群众实现舆论监督最有效的形式之一。因此，现实生活中常常遇到知情权、舆论监督权与公民人格保障权的冲突。在这种情况下，从维护公共利益原则出发，被涉及的公民特别是公众人物不得以名誉权、隐私权保护为抗辩事由。

国家机密保护原则。舆论监督权、公民知情权又往往与国家机密保护发生冲突。属于机密保护的范围，公民和媒体不得随意触及。

三、公众人物名誉权、隐私权限制的范围

公众人物名誉权、隐私权限制同样不可滥用，必须依法行使，把握好分寸和界限，控制好范围，否则构成对公众人物人格权的侵害，需要承担侵权法律责任。

我国由于新闻尚未立法，舆论侵权的免责条件也因此没有明确的法律规定，但是，我国司法实践中还是吸收了国外的立法经验，适用公共利益原则认定舆论侵权的免责抗辩事由。据此，笔者认为，下述情形应视为舆论侵犯公众人物名誉权、隐私权的免责范围：

第一，公开揭示高中级官员的私人财产和家庭成员的有关信息。

第二，公开披露公众人物特别是高中级官员、体艺明星私生活中的不良行为，包括违法犯罪、违纪行为、反道德行为和严重违约行为。这些行为虽然从表面上看属个人私生活范畴，但如果将这些适用隐私权保护，则必然与社会公共利益产生冲突。如高中级官员长期出入娱乐场所、生活上奢靡放荡、吃喝嫖赌无所不为，这些都将严重影响党和国家的形象，而且还很可能给社会、国家

造成损失，甚至带来灾难。文艺界、体育界的明星，社会各界知名人士由于享有广泛的社会知名度，如果行为放荡不羁，道德水平低下，必将冲击社会公序良俗。上述不良行为绝不仅仅是个人私生活范畴，而是损害社会公共利益，公众和大众传媒可以而且有责任予以公开披露。

第三，一般国家工作人员和职业人员的渎职行为、普通公民的犯罪和严重违法违纪行为也不应成为名誉权、隐私权的保护范围。

第四，正当报道社会知名人士与社会公共利益有关的社会活动乃至家庭生活，也属允许之列。

笔者认为，公众人物的隐私权仍然受法律的有效保护，表现为：其住宅不受非法侵入或侵扰；家庭生活和正常私生活不受监听、监视；正常通信秘密与自由不受侵犯；正常婚恋和夫妻生活不受他人干扰；与社会政治和公共利益完全无关的私人事务不受侵扰。

四、公众人物名誉权、隐私权保护的限制机制的构想

公众人物名誉权、隐私权保护的限制应是一种全面的机制，涉及立法、司法、政府、舆论和社会公众等方方面面。

立法：设立公民名誉权、隐私权法律保护的例外。应该在立法上加以完善，在涉及公民名誉权、隐私权保护的法律、法规和司法解释中，设置例外性规定，即公众人物的名誉权、隐私权保护应有专门条款予以规定或另行立法规定。对公众人物的名誉权、隐私权保护和限制另行立法规定，是有宪法依据的。

同时，要加快新闻立法的步伐。将新闻舆论监督权的保护，公民知情权的实现，公众人物名誉权、隐私权的保护与限制用法律形式规定下来。

司法：实行涉及公众人物名誉权、隐私权案件公开开庭审理。

舆论：建立公众人物隐私的曝光特许制度。对公众人物的犯罪、违法、违纪、违反道德等不良行为实行曝光特许，大众传媒可以公开披露。因为公众人物社会地位越高、职权越大，与公共利益相关程度也就越高，这些公众人物无论公务活动还是私人生活都会影响到社会公共利益，特别是其不良行为会构成对社会公序良俗的严重危害，新闻舆论有责任加以披露。

政府：实行重要官员个人情况申报公示制度。公示制度从另一个角度来说，也就是对重要公职人员的名誉权、隐私权的限制。

信达雅：为人、作文和办案

《民法典》学习

《民法典》第 3 条："民事主体的人身权利、财产权利以及其他合法权益受法律保护，任何组织或者个人不得侵犯。"

《民法典》第 7 条："民事主体从事民事活动，应当遵循诚信原则，秉持诚实，恪守承诺。"

《民法典》第 509 条："当事人应当遵循诚信原则，根据合同的性质、目的和交易习惯履行通知、协助、保密等义务。"

《民法典》第 500 条："当事人在订立合同过程中不得有'故意隐瞒与订立合同有关的重要事实或者提供虚假情况'和'有其他违背诚信原则的行为'。"

《民法典》第 990 条："人格权是民事主体享有的生命权、身体权、健康权、姓名权、名称权、肖像权、名誉权、荣誉权、隐私权等权利。

除前款规定的人格权外，自然人享有基于人身自由、人格尊严产生的其他人格权益。"

《民法典》第 991 条："民事主体的人格权受法律保护，任何组织或者个人不得侵害。"

近代著名翻译家、教育家严复翻译了英国著名生物学家赫胥黎的《天演论》，也因此总结了翻译的三标准，即“信达雅”。信，忠实可信；达，晓畅通达；雅，文辞优雅。

翻译如此，为人、作文与办案又何尝不是如此呢？

一、为人

为人忠厚诚实，讲信用，守规矩，让人信得过，此乃做人之“信”；为人干练，坦率豁达，正直通达，不拐角不绕弯，不玩心计，当属为人之“达”；说法讲究艺术和分寸，注意方法，言行举止文明得当，风度儒雅，气质高雅，此为做人之“雅”。

处事亦即为人，仍需对标“信达雅”。

处事诚实信用，公平公道，尊重事实，实事求是，令人信服，此为处事之“信”；办事讲效率、重实效，管用实在，能解决问题，达成目标，此为处事之“达”；办事得体，方法得当，方式文明，过程公开，程序合法合规，事结事了，不存后患，此为处事之“雅”。

常言道“事久见人心”，也即是说处事可观照为人。处事之道乃为人之道。

就“信”而言，诚信既是为人处事的道德准则，也是现代法治社会最基本的法律原则。无论是原来的《民法通则》《民法总则》《合同法》等诸多法律，还是2021年1月1日生效实施的《民法典》都把“诚信原则”作为基本原则，在总则编与合同编等分编中都有规定。如《民法典》第7条规定：“民事主体从事民事活动，应当遵循诚信原则，秉持诚实，恪守承诺。”第509条规定：“当事人应当遵循诚信原则，根据合同的性质、目的和交易习惯履行通知、协助、保密等义务。”第500条还规定当事人在订立合同过程中不得有“故意隐瞒与订立合同有关的重要事实或者提供虚假情况”和“有其他违背诚信原则的行为”，否则，造成对方损失的，应当承担赔偿责任。

为人处事违背“信达雅”，不尊重他人，甚至侮辱他人人格，往往自取其辱，甚至招致灾祸。

最典型的反面例子就是近期网络曝光的河南济源市市委书记张战伟掌掴市政府秘书长事件。市委书记扇人耳光，侵犯人权，侮辱人格，迅速引爆舆论。几天后张战伟即被河南省委免去市委书记职务。新华社、央视等主流媒体从国法、党性、道德和个人修养等方面作了正当分析与评论。当然也有一些自媒体还作了不当和过度解读，说“打市政府秘书长脸，就是打市长脸”“党政不和”“权力斗争”等，显然这些解读偏离主题和主流。

其实我们不必过度解读这件事，只需就事论事。作为市委书记，作为党员干部，不尊重下属，特别是公共场合随意打人，一是违法，二是违背党的纪律，三是违背做人的基本准则。就这么简单！

如果从“信达雅”标准来看，这个济源市市委书记，也就是违背了做人处事的基本准则。首先，如果他发现下属工作有问题，找他谈话，真诚明白地指出来就是了，不能在人家吃饭的时候，“借题发挥”。俗话说“千事万事吃饭大事”“雷公不打吃饭人”。你官职再大，也等人吃完饭再找他说不迟，怎么能对人说“你有资格在这里吃饭吗?”作为领导干部不懂得尊重下属，招致下属顶撞，反而变本加厉扇人耳光，他的真诚、他的气质、他的风度、他的党性全丢了，斯文扫地，何“信”之有？何“雅”之有？

也许这个市委书记的初衷是想给下属一点颜色看。但由于他没有真诚、坦诚（无“信”）的态度，缺乏素质和涵养，说话粗鲁，扇人耳光，用羞辱人格（失“雅”）的方式，结果适得其反，自取其辱，自食苦果，丢了乌纱，给世人留下笑话（未“达”，反“达”——走向反面）。

“信达雅”就这样有机地联系在一起！它不仅是为人处事的准则，而且已经成为人间世事的规律。谁违背这个规律，必然招致惩罚。

从法律上来说，我们必须保障每一个人的人权、身心健康权、人格尊严受到尊重，获得保护。法律不允许任何组织和个人侵犯他人人身权利和人格尊严。

《民法典》第990条采用列举式方法告诉我们什么是“人格权”。该条是这样写的：“人格权是民事主体享有的生命权、身体权、健康权、姓名权、名称权、肖像权、名誉权、荣誉权、隐私权等权利。”“除前款规定的人格权外，自然人享有基于人身自由、人格尊严产生的其他人格权益。”第1002—1004条分别规定了自然人的生命安全和生命尊严、身体完整和行动自由、身心健康受法律保护。第1182条、第1183条规定侵害他人人身权益造成财产损失的或造成严重精神损害的，被侵权人有权请求其财产损失赔偿或精神损害赔偿。

古代虽然没有这些具体的法律规定，但“君子动口不动手”这句成语可是耳熟能详，传承千古了。

“君子动口不动手”，这是底线，任何时候都必须坚守。

退一万步说，即使出现了忍无可忍、冲动动手的情况，民间又有“打人不打脸，骂人不揭短”的说法。这也是底线！

二、作文

说话写文章，也要力求“信达雅”。信，就是说话真实可信，观点正确；达，就是准确表达，文辞达意；雅，就是言辞优美，雅致动听。

“信达雅”统一，方为极致，亦为境界。当然，为人处事，说话表达，要真正做到“信达雅”，并非易事，当努力践行。

然而，《老子》又云：“信言不美，美言不信。”意指真实的话因为揭示了现实的本质，所以不一定美妙动听；美妙的言辞、文章，内容往往不真实，不可信。

有人巧言令色，花言巧语，是指此种人言而无信。

有人大智若愚，虽然不善辞令，但为人处事有原则懂分寸，体现出大智慧。

当然，“信言”和“美言”也并非决然对立，亦可力求统一，即做到“信言亦美”“美言亦信”。

说话、写文章和讲课，也有信达雅的问题。如有的学者和所谓“作家”“诗人”迎合低级趣味，把“屎尿屁”作为噱头，博取低俗的喝彩和点击量。

如前段时间网上流传《辩证法与放屁》这篇所谓“奇文”，博得不少转发。转发者还冠以“奇文共赏”四个字。

我写了一篇《〈辩证法与放屁〉乃“小丑式”噱头诡辩术，有何可“赏”?》，在“山虎说法”上推出来。

我在文中写道，《辩证法与放屁》并不是什么“奇文”，只是用“放屁”这个噱头，嘲笑辩证法，是嘲笑正统和主流的“恶搞”而已。我们作为法律人，转发这样的东西，是不合适的，只能反映趣味低俗。

这篇所谓的“奇文”只不过是以“放屁”为噱头、偷换概念的诡辩术而已。用一些插科打诨、小丑跳舞式的市井小聪明博取一些喝彩。

拿屁、屎、尿说事，只能是低俗庸俗之辈所为。稍有素养的人口中一般不会吐出“屎尿屁”这些词。当然，不是说，“屎尿屁”没有价值，医生就用它来检验人是否健康。但我们一般不去直接说这些词。辩证法是一种大智慧，而诡辩术通常偷换概念，用一些下三烂的方法调侃正统，嘲笑主流。

这样的文章，对社会毫无益处。这种段子式的幽默、低俗的调侃，在三五人茶余饭后说一说、笑一笑也许无大碍。写成文章，拿来发表，把它当成奇文宝贝加以转发可能就不妥了。作为现代传媒的微信、朋友圈就是一个小社会，与传统社会三五成群式的小聚集完全是天壤之别。转发什么、不转发什么，我们应该有价值判断。随意为之，随意转之是不妥当的，实不足取。

像《辩证法与放屁》这样的文章，还可能触及意识形态问题。唯物辩证法是我们分析问题、解决矛盾、推进工作的基本认识论和方法论，是我们的工作法宝，这是不容置疑的。不宜以这种嘲笑、调侃的方式来谈论。我们可以发一些通俗幽默好笑的内容，做到通俗不庸俗，有趣不无聊，幽默不下流。

无独有偶。最近饱受网友诟病的还有贾浅浅的“屎尿诗”。我们暂且不去评论她与父亲贾平凹的关系，只说她诗中出现的那些“屎尿”的不“雅”文字，受到人们的鄙视和非议也是理所当然的。

如贾浅浅在《朗朗》一诗中写道：“晴晴喊/妹妹在我床上拉屎呢/等我们跑去/朗朗已经镇定自若地/手捏一块屎/从床上下来了/那样子像一个归来的王。”贾浅浅《我的娘》一诗是这样写的：“中午下班回家/阿姨说你娃厉害得很/我问咋了/她说：上午带她们出去玩/一个将尿/尿到人家办公室门口/我喊了声‘我的娘嗯’/另一个见状/也跟着把尿尿到办公室门口/一边尿还一边说：/你的两个娘都尿了。”

像这样把“屎尿屁”直接写进所谓靠“回车键”分行形成的“诗句”毫无美感可言。诗歌历来是文雅、典雅、高雅、儒雅的艺术，诗人也历来为人们所尊重。而“屎尿屁”堂而皇之地入诗，实在是玷污了诗歌这门高雅的艺术。

网上有评论：我们从来不反对文字的生活化，家长里短从来都是作家创作的灵感和来源，但将诗歌“屎尿屁”化，显然是对诗歌的玷污，诗歌的“屎尿屁”化是诗人丑陋而不干净的内心的反映。

三、办案

忠于事实和证据，服从法律和法律精神，秉持公道正义和良知，办案结果真实可信，没有冤假错案，人民群众能在每一个司法案件中感受到公平正义，此乃司法办案之“信”；正义及时到达不迟到，办案讲效率、有效果，法理情兼容，法律效果、政治效果与社会效果统一，当事人获得实实在在的正义，此为司法办案之“达”；司法过程公开，程序合法，办案文明，司法人员言行得体适宜、无瑕疵，文书说理精准、无错漏，文辞雅致，体现司法之美，此为司法办案之“雅”。

冤案错案何来信？虚假诉讼、虚假仲裁何来信？

信奉简单逻辑演绎，办案结果与客观事实不符何来信？

只求形式合法，不问是否符合情理，是否符合人民群众普遍认知的道理，如此司法何来信？

我们有的司法人员机械司法，简单套用法条，甚至死抠法律条文和司法解释的某些字眼，甘当“司法自动售货机”。

秉持公道正义和司法良知，司法裁量作更多实质判断，刑事处罚做到罪刑相适应，民事行政裁判符合比例原则，方可达到真正的公平正义，当事人才有真正的正义获得感，司法才可取信于民。

比如，很多年前的广州许霆案。许霆在银行柜员机取款时发现柜员机可以自动吐出货币。许霆有贪心，卡上只有 170 多元，结果取走 17 万多元，固然构成盗窃罪，但也不至于判处无期徒刑吧？有关法院一审认定许霆盗窃“金融机构”，判处其无期徒刑。这种罪刑严重不相适应的判决，导致社会反应强烈。

本案症结在于法官把银行外置设施柜员机机械理解为“金融机构”，机械适用刑法有关“盗窃金融机构”的条款（其刑罚仅为无期徒刑和死刑两档），而忽视罪刑相适应原则，所作出的判决乍看起来形式合法，但实质上不合理、不合情，最终导致人民群众不认可。

许霆案的实质就是普通盗窃罪。若法官适用普通盗窃罪判处许霆三五年有期徒刑，则罪与刑相适应了。

许霆被一审法院判处无期徒刑后，社会反应强烈，许霆上诉。二审法院发回重审。重审判决许霆有期徒刑 5 年。这一实体判决的结果倒也与许霆的罪行相当，但仍然认定许霆“盗窃金融机构”。“盗窃金融机构”起点刑就是无期徒刑，那许霆又是如何获得“有期徒刑 5 年”这个“超级减轻处罚”的呢？

原来重审法院走的是“报请最高人民法院核准在法定刑以下量刑”这条很远的路。

许霆案实质上就是“普通盗窃罪”。本来适用普通盗窃罪直接判决5年有期徒刑即可。法院这样的“近路”不走，却要走“报请最高人民法院核准”这条“远路”。启动这一特别程序，应该说是严重浪费司法资源。

一审判处无期徒刑，严重违反罪刑相适应原则，因而无“信”可言。

虽然重审判决改判5年，但从“无期徒刑”到“有期徒刑5年”这种落差，以及机械理解和适用“盗窃金融机构罪”，舍近求远，从广州绕到北京，报经最高人民法院核准，启动特别程序，浪费司法资源。“近路”不走走“远路”，此种办案之“达”又体现在哪里呢？

许霆案的整个过程，体现的是“雅”吗？恐怕不雅！

我们常说要让正义不迟到，让正义可见、可感、可知，习近平总书记提出“要在每一个司法案件中让人民群众感受到公平正义”，如果司法人员没有“信达雅”的理念、标准和追求极致的精神，恐怕就会辜负司法办案的职责和使命！

当然，也有很多优秀案例，符合“信达雅”的标准，本文就不赘述了。

（2021年2月6日）

民事权利的行使有无边界？是否需要限制或让渡？

《民法典》学习

《民法典》第3条："民事主体的人身权利、财产权利以及其他合法权益受法律保护，任何组织或者个人不得侵犯。"

《民法典》第6条："民事主体从事民事活动，应当遵循公平原则，合理确定各方的权利和义务。"

《民法典》第8条："民事主体从事民事活动，不得违反法律，不得违背公序良俗。"

《民法典》第9条："民事主体从事民事活动，应当有利于节约资源、保护生态环境。"

《民法典》第132条："民事主体不得滥用民事权利损害国家利益、社会公共利益或者他人合法权益。"

《民法典》第117条："为了公共利益的需要，依照法律规定的权限和程序征收、征用不动产或者动产的，应当给予公平、合理的补偿。"

《民法典》第245条："因抢险救灾、疫情防控等紧急需要，依照法律规定的权限和程序可以征用组织、个人的不动产或者动产。"

《民法典》第1025条："行为人为公共利益实施新闻报道、舆论监督等行为，影响他人名誉的，不承担民事责任。"

《民法典》有“民事权利宣言书”之誉，因为它在开篇第 3 条就确立了“民事权利神圣原则”，规定“民事主体的人身权利、财产权利以及其他合法权益受法律保护，任何组织或者个人不得侵犯”。第 130 条又规定“民事主体按照自己的意愿依法行使民事权利，不受干涉”。《民法典》通篇秉持对人的全生命周期保护理念，形成了从胎儿到终老、从抽象人到具体人、从财产到人身、从物质到精神、从生前到身后的全方位民事权利保护体系，让每个人生活得更有尊严。因此，我们说《民法典》是一部贯彻以人民为中心理念、保障人民群众美好生活需要的基本大法。

那么，民事主体对“民事权利”的行使有没有边界？会不会受到限制？什么情况下需要让渡？

答案是：万事万物皆有边界，都要受到限制，民事权利的行使也不能例外。

这个边界和限制，从《民法典》“总则编”确立的公平原则、诚信原则、不得违法和违背公序良俗原则、有利于节约资源和保护生态环境原则等几个基本原则都可以看出来。

一、民事权利行使的边界：依法行使、合理行使

民事权利行使的“边界”总归起来说无非就是八个字：依法行使，合理行使。

（一）依法行使，不得违法和违背公序良俗

《民法典》第 8 条规定：“民事主体从事民事活动，不得违反法律，不得违背公序良俗。”

把“权利行使”限定于法律框架和公序良俗范围内，也就是告诉各类民事主体行使权利不得逾越法律的界线，不得突破道德的底线。

依法行使权利，就要求每一个民事主体行使权利都是合法的。行使权利自觉受基本道德和公序良俗的约束，要求民事行为符合社会主流道德，符合公众普遍认同和遵循的公共道德和善良风俗。

（二）合理行使，不得过度行使和滥用，不得妨害他人权利

当然，有一个法则叫作“私权行使——法不禁止即可为，公权行使——

法不授权不可为”。

“私权行使——法不禁止即可为”，这个法则是不是绝对的呢？唯物辩证法告诉我们，万事万物没有绝对的，都是相对的。“法不禁止即可为”这个法则也是相对的。

有些行为虽然法律没有规定为禁止性行为，但如果民事主体过度行使权利，或者滥用民事权利，也是不适宜的。

故此，《民法典》第132条规定了：“民事主体不得滥用民事权利损害国家利益、社会公共利益或者他人合法权益。”也即要合理行使权利。《民法典》第6条规定“民事主体从事民事活动，应当遵循公平原则，合理确定各方的权利和义务”。“合理确定各方的权利和义务”，也就是一个合理行使权利的问题。如果不合理行使，就会形成某些民事主体滥用权利；或者过度行使权利，同样会损害公平原则，损害国家利益、社会公共利益或者他人合法权益。

《民法典》第7条规定的“诚信原则”和第9条规定的“有利于节约资源、保护生态环境”原则的宗旨也是一个合理行使权利的问题。

二、民事权利的限制和让渡：为了“公共利益需要”与“紧急需要”

民事权利什么时候会不会受到限制？什么情况下需要让渡？依照《民法典》规定，就是为了“公共利益的需要”和“紧急需要”。

（一）“征收征用”时民事权利的让渡

《民法典·总则编》第117条规定“为了公共利益的需要，依照法律规定的权限和程序征收、征用不动产或者动产的，应当给予公平、合理的补偿。”《民法典·物权编》第245条：因抢险救灾、疫情防控等紧急需要，依照法律规定的权限和程序可以征用组织、个人的不动产或者动产。

这里的“征收和征用”指的就是民事权利的让渡问题。也就是为了“公共利益的需要”和“紧急需要”，国家和政府依照法律规定和程序可以“征收征用”组织、个人的不动产或者动产。对被征收征用的组织或个人而言，就是权利的让渡或暂时让渡。

当然，这种让渡也不是无偿的。《民法典》第117条规定“应当给予公平合理的补偿”。

（二）舆论监督对民事权利的限制

《民法典》第1024条规定：“民事主体享有名誉权。任何组织或者个人不得以侮辱、诽谤等方式侵害他人的名誉权。”第1031条规定：“民事主体享有荣誉权。任何组织或者个人不得非法剥夺他人的荣誉称号，不得诋毁、贬损他人的荣誉。”依据《民法典》上述规定的精神，可以看出自然人、法人和非法人组织等所有民事主体均享有名誉权和荣誉权。他们的名誉权、荣誉权均受法律保护。

然而，名誉权、荣誉权的保护也不是绝对的。《民法典》第1025条规定：“行为人为公共利益实施新闻报道、舆论监督等行为，影响他人名誉的，不承担民事责任。”当然，新闻报道、舆论监督不能有捏造、歪曲事实、对他人提供的严重失实内容未尽到合理核实义务和使用侮辱性言辞等贬损他人名誉等情形。

《民法典》规定对个人信息予以保护。但第1036条又规定了例外：处理个人信息，有下列情形之一的，行为人不承担民事责任：（一）在该自然人或者其监护人同意的范围内合理实施的行为；（二）合理处理该自然人自行公开的或者其他已经合法公开的信息，但是该自然人明确拒绝或者处理该信息侵害其重大利益的除外；（三）为维护公共利益或者该自然人合法权益，合理实施的其他行为。

综观《民法典·人格权编》的有关条文，可见这些条文表达了几层意思：第一，无论是普通自然人还是公众人物，都享有基本的名誉权、隐私权；第二，普通自然人和公众人物的名誉权、隐私权的保护是有差别的；第三，其差别的分界点在于“公共利益”。

为公共利益，新闻报道和舆论监督往往连在一起。一是政要人物、各界明星的正当行为和违法犯罪行为、不道德行为、不当言论，往往都为社会所关注，新闻媒体为了公共利益可以予以更多的关注和报道。同理，对普通公民的善举义举，如助人为乐、见义勇为，或者违法犯罪行为、严重违反道德与伦常的行为，新闻媒体同样会予以关注和报道。

为什么允许新闻媒体报道公众人物和普通公民的违法犯罪行为及其受到惩

戒的相关消息？其原因在于“公共利益”需要。

无论是作为普通公民，还是公众人物，其基本的名誉权和作为人享有的合法、合情、合理和合乎道德规范的个人信息秘密与个人生活安宁均受法律保护。比如公众人物合法的婚恋和家庭生活，如正常的恋爱、结婚、怀孕、生育亦为受法律保护的隐私，未经当事人允许，不得披露。现在一些媒体为了吸引眼球，擅自报道公众人物的恋爱、结婚、怀孕、生育等，实质上是侵犯隐私权的行为，相关受害人可以提起侵权诉讼。

但如果是公众人物非法和违反道德、违反伦理的婚恋与不正常生活，如婚外恋、非婚生育和其他违法犯罪、不道德行为，虽然属于个人隐私，但不受法律保护，社会和新闻媒体予以披露和报道而不须承担名誉和隐私侵权责任。除非这种披露和报道为故意捏造或严重失实。

因为公众人物的这些非法和不道德行为，哪怕是不当言论，都事关“公共利益”，社会舆论介入和新闻媒体报道，都是履行监督之责，可成为免责事由。

（三）特殊病患者“知情同意权”的限制

《民法典》特别注重保障患者的知情权和同意权，同时赋予了医方更多的说明告知义务。第1219条规定了医务人员的说明义务和患者知情同意权。“医务人员在诊疗活动中应当向患者说明病情和医疗措施。需要实施手术、特殊检查、特殊治疗的，医务人员应当及时向患者具体说明医疗风险、替代医疗方案等情况，并取得其明确同意；不能或者不宜向患者说明的，应当向患者的近亲属说明，并取得其明确同意。”而且要求“明确同意”，而不是一般同意。当然，我们也不能把“明确同意”局限于“书面同意”，其方式可能更多：正式书面同意书，信息、微信、语音、其他旁证皆可视为“明确同意”。第1225条规定患者要求查阅、复制前款规定的病历资料的，医疗机构应当及时提供。这里特别用了“及时”二字，表明不能拖延。第1226条规定了医疗机构及其医务人员对患者的隐私和个人信息保密义务。

可见，《民法典》在患者和医方的权利和义务的平衡设计是向患者有所倾斜的。因为针对患者而言，医方为优势一方，患者是弱势一方，理所当然的医方应承担更多的义务和责任，而患者享有更多的受保护的权利。

然而，患者的知情权和“明确同意权”也不是绝对的。一切都具有相对性，需要辩证地理解和把握。如针对当前新冠肺炎患者，其知情同意权就理所当然地受到限制。对新冠肺炎患者必须进行强制治疗，对疑似患者和密切接触者必须进行强制检测和强制隔离，无须本人和家属的“明确同意”。这是法律为了防止特殊患者滥用知情同意权，必须对其权利加以限制，否则将会影响到人民大众健康、公共安全和社会公共利益，危及社会生产生活秩序。

有关法律或法规规定，对传染病患者、严重精神障碍者、吸毒成瘾者等特殊患者必须进行强制治疗，无须本人或家属同意。

这一点，对当前的疫情防控工作有着特别的法治价值和现实指导意义。

坚持唯物辩证法，坚持相对论，反对绝对主义和机械主义，这是一切工作和事业获胜的法宝！

（2021 年 2 月 16 日）

第七单元　风险防范

《民法典》确立的“自甘风险规则”

《民法典》学习

《民法典》第1176条：“自愿参加具有一定风险的文体活动，因其他参加者的行为受到损害的，受害人不得请求其他参加者承担侵权责任；但是，其他参加者对损害的发生有故意或者重大过失的除外。”

《民法典》第1176条确立的“自甘风险规则”，在当前很有法治价值和现实意义。

近年来，因文体活动或游戏活动而致的损害赔偿纠纷案件呈上升趋势，给人民法院或相关组织处理此类纠纷带来困惑。《民法典》第1176条确立的“自甘风险规则”成为解决此类纠纷的基本规则。这一规则的建立，将有利于及时处理纠纷、防止诉权滥用、增强行为人自我风险防范意识。

20多年前，笔者刚调入长沙市中级人民法院工作。一次参加院里组织的篮球比赛，在抢球时被同事撞倒，导致脚踝关节骨折，3个多月才痊愈。这期间一直拄着拐杖上班和生活，造成很大痛苦和不便。当时只认自己倒霉，而没有责怪撞我的同事，更没有想到要向同事或组织提什么要求。因为自己知道参加这种激烈的赛事，受伤是难免之事，只能自己承受。当然，那时自己也不知道法律上有什么“自甘风险规则”。

何谓“自甘风险”？通俗地说，就是指民事主体参加某些文体或游戏活动已经知道有风险，而自愿去冒风险，那么，当风险出现的时候，就应当自己来承担责任和损害的后果，而不应该去归责于其他参加者或组织者，甚至对其他参加者或组织者提起赔偿诉讼。

在大陆法系国家，自甘风险是侵权行为免责的事由之一。一般是指“在进行体育比赛的过程中，对参加体育比赛的人或在场的观众造成伤害的人，如果不存在任何欺骗行为或者对运动规则的重大违反，不承担任何责任”。在英美法系中，自甘风险表述为“Assumption of risk”。如美国许多州确立的侵权行为违法性阻却事由中，“Assumption of risk”就是其中主要的一种。尤其在体育比赛过程中，如比赛队员被对方不慎撞伤，球场观众被飞出的球击伤等，只要不是侵权人故意为之都是不需要负责任的。

何谓“违法性阻却事由”？就是指民事主体的某种行为虽然给他人或社会带来一定的损害，但具有可排除（阻却）该行为被认定为违法的事由，如正当防卫、紧急避险、自助行为、善意取得、无因管理、被害人允诺等都可构成违法性阻却事由。通俗地说就是免责事由。

那么，自甘风险原则有哪些构成要件呢？主要有以下构成条件：

第一，活动带有按照一般正常智力水平可以预见的危险性，比如足球、登雪山、探险、攀岩、漂流、赛车等竞技性体育运动和游乐活动；第二，行为人不是为了履行法定义务（如消防员救火），而是为了获得某种利益而面临危险，比如为了荣誉、快乐感、身体健康等从事危险活动；第三，损害必须是本可以避免的，比如说不参加足球比赛就不会受到这样的伤害，而自己在明知的前提下还要参加。

如早在2002年，北京市景山区法院就处理了著名的“无为诉留波案”。在该案中原告无为和被告留波是同学，2002年某日，原被告利用午休时间与其他数名同学在学校操场上踢足球。原告作守门员，被告射门踢出的足球经过原告手挡之后，打在原告左眼，造成伤害。北京同仁医院诊断为，左外伤性视网膜脱离，经行左网膜复位术，网膜复位，黄斑区前膜增殖，鉴定为十级伤残。原告以留波和所在学校为共同被告起诉，请求人身损害赔偿。北京市石景山区法院认定，足球运动具有群体性、对抗性及人身危险性，出现人身伤害事件属于正常现象，应在意料之中，参与者无一例外地处于潜在的危险之中，既是危险的潜在制造者，又是危险的潜在承担者。足球运动中出现的正当危险后果是被允许的，参与者有可能成为危险后果的实际承担者，而正当危险的制造者不应为此付出代价。留波的行为不违反运动规则，不存在过失，不属侵权行为。此外，学校对原告的伤害发生没有过错。故驳回原告的诉讼请求。

在当时，法院处理此类案件一般适用公平责任原则，而景山区法院在我国法律没有“自甘风险规则”的规定下，按照侵权行为法中自愿承担危险的理论处理，体现了较大的司法勇气。

这起案件是自甘风险原则在我国审判实践中的创造性适用。

现在因担心孩子受伤，害怕承担责任，以致很多学校、幼儿园等教育机构都不敢轻易组织具有一定风险性和对抗性较强的体育活动。因为一旦有孩子受伤，学校、幼儿园等就有可能承担赔偿责任。在实践中，对伤害由谁承担责任经常产生诸多纠纷。正因为有这种担心，导致学校不敢组织活动，家长也不敢让孩子参加活动。

鉴于此，有关部门、法学教育研究机构和社会公众提出，明确学校等机构正常开展此类活动的责任界限，对参加对抗性较强的体育等活动发生受伤等情况作出明确规定。

考虑到参加者自愿参与这些活动应当充分认识到其危险性，由此产生的正常风险原则上应当由参加者自己承担，故《民法典》第 1176 条确立了“自甘风险”规则：自愿参加具有危险性的活动受到损害的，受害人不得请求他人承担侵权责任，但是他人对损害的发生有故意或者重大过失的除外。

第 1176 条第 2 款规定“活动组织者的责任适用本法第 1198 条至第 1201 条的规定”，即活动组织者就未尽到安全保障义务承担相应责任。是指自甘风险的具有一定风险的文体活动的组织者，对于造成受害人损害是否承担侵权责任，应当适用违反安全保障义务侵权责任和教育机构损害责任的规定。

大致有两种情况：第一，按照《民法典》第 1198 条规定，组织者未尽到安全保障义务造成受害人损害的，应当承担侵权责任；组织者违反安全保障义务致使第三人造成受害人损害的，承担相应的补偿责任，承担责任后可以向第三人追偿。第二，按照《民法典》第 1199 条至第 1201 条规定的无民事行为能力人或者限制民事行为能力人在幼儿园、学校或者其他教育机构学习、生活期间受到人身损害的侵权责任规则，这些教育机构未尽教育管理职责的，适用过错推定原则（无民事行为能力人）或者过错责任原则（限制民事行为能力人）

确定应当承担的侵权责任；第三人造成损害的，第三人承担责任，承担责任不足的，这些教育机构承担补充责任，承担补充责任后享有追偿权。

《民法典》有关具体条文如下：

第 1198 条："宾馆、商场、银行、车站、机场、体育场馆、娱乐场所等经营场所、公共场所的经营者、管理者或者群众性活动的组织者，未尽到安全保障义务，造成他人损害的，应当承担侵权责任。因第三人的行为造成他人损害的，由第三人承担侵权责任；经营者、管理者或者组织者未尽到安全保障义务的，承担相应的补充责任。经营者、管理者或者组织者承担补充责任后，可以向第三人追偿。"

第 1199 条："无民事行为能力人在幼儿园、学校或者其他教育机构学习、生活期间受到人身损害的，幼儿园、学校或者其他教育机构应当承担侵权责任；但是，能够证明尽到教育、管理职责的，不承担侵权责任。"

第 1200 条："限制民事行为能力人在学校或者其他教育机构学习、生活期间受到人身损害，学校或者其他教育机构未尽到教育、管理职责的，应当承担侵权责任。"

第 1201 条："无民事行为能力人或者限制民事行为能力人在幼儿园、学校或者其他教育机构学习、生活期间，受到幼儿园、学校或者其他教育机构以外的第三人人身损害的，由第三人承担侵权责任；幼儿园、学校或者其他教育机构未尽到管理职责的，承担相应的补充责任。幼儿园、学校或者其他教育机构承担补充责任后，可以向第三人追偿。"

从这几个条文的精神来看，是否要承担侵权责任或补充责任，关键是看经营场所、公共场所的经营者、管理者或者群众性活动的组织者以及幼儿园、学校或者其他教育机构是否尽到了安全保障义务或教育、管理职责。

（2020 年 6 月 13 日）

喝酒出事，不能适用“自甘风险规则”

《民法典》学习

《民法典》第1176条：“自愿参加具有一定风险的文体活动，因其他参加者的行为受到损害的，受害人不得请求其他参加者承担侵权责任；但是，其他参加者对损害的发生有故意或者重大过失的除外。”

一、悲剧总在上演

据2019年2月20日“芒果都市”报道：2019年正月，岳阳县潼溪乡刘某家，迎接新姑爷回门，全桌陪酒，把姑爷醉死了，新郎是常德人，家中独子，女方怀孕四个月了。喝酒后，新郎头昏去床上睡觉，其余同桌打牌了，傍晚喊他吃饭，人脸已变黑色了，在送往医院的路上就死了。事情处理：同桌每人赔4万，女方家赔6万，并且女方不论男女小孩必须生下来，抚养到3岁。喝酒真的有风险啊。

二、《民法典》“自甘风险规则”中“文体活动”带不带“等”字？

《民法典》第1176条确立了“自甘风险规则”。我在外宣讲《民法典》，讲到这一规则，总有学员问我：喝酒出了事，能不能适用“自甘风险规则”，让醉酒者自己负责？

我在讲课时展示《民法典》第1176条规定，在“文体”二字后加一个带“等”的括弧，然后提问：“这条规定的‘文体’二字后面带不带‘等’字?”这样一问，就立马提起了大家的兴趣。我告诉大家，从立法技术上说，一般法律条款用列举式方法作规定时，一般都带有“等”字作为兜底，以免列举不全之疏漏，这样也给法律适用者以自主裁量的空间。然而，《民法典》“自甘风险规则”这一规定的“文体”二字后面就不带“等”字。也就是说，“自甘风险规则”，仅限于“文体活动”。“喝酒”显然不属于“文体活动”。喝酒发生意外，不能适用“自甘风险规则”，同桌吃饭的人，尤其是劝酒的人都要承担一定赔偿责任和道义责任。

《民法典》第1176条是这样规定的：“自愿参加具有一定风险的文体活动，因其他参加者的行为受到损害的，受害人不得请求其他参加者承担侵权责任；但是，其他参加者对损害的发生有故意或者重大过失的除外。活动组织者的责任适用本法第1198条至第1201条的规定。”

三、劝酒要改变劝法：再也不要往“死”里劝了，而要往“活”里劝

中国人素来有劝酒的习俗，都是劝人多喝酒，要把人劝醉，也就是往“死”里劝。结果常常发生喝酒喝出大问题，甚至醉酒死亡的恶性事件。

现在必须更新观念，与时俱进，改变劝法：由往“死”里劝，变为往“活”里劝。

什么是“往‘活’里劝?”也就是劝人少喝酒，劝人不喝酒。

“劝人少喝酒”，就是见人家三分醉，就劝他不再喝了。微醉为最好。“微醺”是一种境界。《宋史·邵雍传》有云：“旦则焚香燕坐，晡时酌酒三四瓯，微醺即止，常不及醉也。”“微醺即止，常不及醉”，这是多好的状态。清代方文《梅朗三招同刘长倩龚孟章集天逸阁》更为“微醺”佳句：“置酒此高阁，群花发幽丛，微醺立池上，仰视天宇空。”

微醉最佳，至多亦不能过半醉，更不能大醉、烂醉。“酩酊大醉”“烂醉如泥”，都是醉酒的丑态。

“劝人不喝酒”，坚持三种情况劝人不喝酒。一是开车不喝酒，喝酒不开车；二是服药不喝酒；三是身体有特殊情况不喝酒。

四、文明饮酒是正道

聚会少不了喝酒，不喝酒少了气氛。故做东的和餐友之间难免不劝酒，兴致来了还拼酒。

这是老黄历、老套路，要变革，要与时俱进。

喝酒随意为最好。酒量大多喝一点，酒量小少喝一点，不能喝酒的不要勉强。

我常在酒桌上说一句话：“平均喝酒最不公平。”所以，我反对喝酒平分。因为人有差异，酒量有大小。

我做东请客，每次都做到喝好不喝醉，饮醉助兴，各尽所“能”，适可而止，确保主人客人都不醉。一是自己不能喝醉，二是莫让客人喝醉。自己喝醉了，会怠慢客人，违背了你请客的初衷。让客人喝醉了，客人当时也许很兴奋，感到够“哥们”、够“义气”，但酒醒后他会怪罪你。酒醉一场，有如大病一场，当然会伤及身体，朋友怎不会怪罪你呢？

酒桌上，常常说：“宁伤身体，不伤感情。”这是酒话，信不得。身体坏了，哪有“感情”？“感情”这东西，必须以“身体”为依托。“皮之不存，毛将焉附？”说的就是这个道理。

还有，每个人体质有差异。有人在不喝酒的情况下都可能突发疾病，醉酒状态下，就更有可能出现身体意外。如果因为醉酒，导致朋友出现意外状况，甚至出了事故，这是无法交差的事。请客做东的、参与喝酒的，都免不了承担法律责任。承担法律责任倒是其次，主要是你一辈子要因此承担良心道义责任。

所以，现在喝酒，一定要文明喝酒，不要劝酒。

要劝酒，就要劝人家少喝酒。看到朋友、客人喝得六七分就差不多了，就要及时“刹车”，就要说“朋友一场，相聚久常。今不喝醉，来日方长”。

有诗为证：

美酒餐中乃尤物，饮酒未醉恰好处。

醉酒伤及我身体，皮之不存毛焉附？

（2020 年 12 月 14 日）

民法典禁止高利放贷，最高法修改完善民间借贷司法解释

《民法典》第680条规定："禁止高利放贷，借款的利率不得违反国家有关规定。"

2020年7月23日，最高人民法院、国家发展和改革委员会联合发布《关于为新时代加快完善社会主义市场经济体制提供司法服务和保障的意见》（以下简称《最高法、发改委联合意见》）第13条规定："抓紧修改完善关于审理民间借贷案件适用法律问题的司法解释，大幅度降低民间借贷利率的司法保护上限，坚决否定高利转贷行为、违法放贷行为的效力，维护金融市场秩序，服务实体经济发展。"

这一规定将对我国后疫情时代的社会经济生活产生积极影响。应该说，这是最高人民法院和国家发改委学习贯彻习近平总书记在中央政治局第二十次集体学习时就"切实实施民法典"所作重要论述的积极回应。

十三届全国人大三次会议通过的《民法典》第680条明确规定："禁止高利放贷，借款的利率不得违反国家有关规定。"

同时，有关方面清醒地认识到2015年6月发布《关于审理民间借贷案件适用法律若干问题的规定》（法释〔2015〕18号，以下简称《2015民间借贷规定》）相关规定已经脱离社会实际，必须尽快作出修改完善。该规定将司法

支持民间借贷利息由原来规定的同期银行贷款利率的4倍提高到本金年利率24%，而且默许了24%—36%这一区间超高利率，未宣布为非法和无效。对利率司法保护规定过高的上限，显然脱离了当前社会经济发展的实际，其负面指引作用是显而易见的。

笔者在2018年7月11日在“山虎说法”上推出了《司法支持过高民间借贷利率产生不良导向》一文，获得社会很多人士的认同。我在文中首先提出：“2015年6月最高人民法院发布的《关于审理民间借贷案件适用法律若干问题的规定》（法释〔2015〕18号），将司法支持民间借贷利息由原来规定的同期银行贷款利率的4倍提高到本金年利率24%，而且未将24%—36%这一区间超高利率宣布为非法无效。这种司法政策的重大调整，带来的是积极影响还是负面作用，值得探讨。”

文章写道：司法支持的利率过高，这一脱离社会实际的重要司法政策，必然出现反向指引，客观上助长非法借贷现象。导致非法集资、非法吸收公众存款、集资诈骗等违法犯罪的泛滥。老百姓受高利所诱，将资金投入非法集资或非法吸存者。这些资金又流入了高利贷者手中，进一步纵容了非法借贷市场的发展，助推形成恶性循环的金融市场。

《2015民间借贷规定》这个司法解释有多方面的负效应。一是对实体经济发展带来不利影响。司法支持24%的年利率，这已经接近当前银行同类同期贷款利率的6倍了，闲散资金持有者谁还愿意存入银行、投向实体经济呢？二是挫伤银行支持实体经济的积极性。为什么微小企业难以从银行取得贷款支持？一些银行千方百计投资非实体经济以求更大的利润。三是助推“职业放贷人”行业的滋生。小微企业难以从银行获得贷款，转而寻求“职业放贷人”寻求资金支持。

当前一个不可忽视的现象就是：社会上出现大批“专业”向单位或者个人提供“贷款”的人，借贷金额越来越大，且“放贷人”乐于通过诉讼程序将其非法利益合法化。以前的“放高利贷者”多是一些文化层次较低的群体，在放贷的过程中明显带有简单粗暴的色彩。而如今的“职业放贷人”已经脱离了简单粗暴，取而代之的是“颇高的技术含量”，他们在放贷的过程中懂得规避法律，几乎找不到“放高利贷”的痕迹。法院认定“高利贷”困难重重。在“谁主张，谁举证”这一司法原则的指引下，加上“职业放贷人”高明的放贷手法，借款人想要证明借款属于“高利贷”简直难于登天。特别是《2015 民间借贷规定》的出台，已经让放高利贷者没有顾忌，目前情形下已不需要再收取合法利息以上的利息。

24% 的年利率就是超高利率。加上司法解释对 24%—36% 这个区间利率不认为无效和非法，客观上就是默许了非法借贷者必然会收取 36% 以内高额利息。因为有一个民事行为规则就是：法不禁止即可为，“职业放贷人”会理直气壮地向贷款人收取 36% 以内的高额利息，因为“法不禁止”。至于如何收回，其“套路”多得你无法想象。

令人欣慰的是，当前全党全国认真学习贯彻习近平总书记关于“切实实施民法典”的重要论述，有关方面已经意识到了《2015 民间借贷规定》保护民间借贷的超高利率的负面作用。最高人民法院和国家发改委联合发文，将“抓紧修改完善关于审理民间借贷案件适用法律问题的司法解释，大幅度降低民间借贷利率的司法保护上限，坚决否定高利转贷行为、违法放贷行为的效力，维护金融市场秩序，服务实体经济发展”。

可以预见，及时清理和修正不合时宜的某些规定，正确发挥利率在社会经济中的杠杆作用，将引领社会经济重回正轨，助推社会主义市场经济健康发展。

对此，笔者十分期待。

（2020 年 7 月 25 日）

附：

司法支持过高民间借贷利率产生不良导向

（2018 年 7 月 11 日，山虎说法）

国家允许民间借贷利率略高于金融机构贷款利率，旨在鼓励民间借贷以“短平快”的灵活高效方式促进市场活跃，推动经济发展。然而，过高支持民间借贷的利率，不仅挫伤实体经济的积极性，还会进一步导致政策变异、市场行为扭曲，鼓励投机，助推非法借贷的形成。

2015年6月最高人民法院发布的《关于审理民间借贷案件适用法律若干问题的规定》(法释〔2015〕18号)，将司法支持民间借贷利息由原来规定的同期银行贷款利率的4倍提高到本金年利率24%，而且未将24%—36%这一区间超高利率宣布为非法无效。这种司法政策的重大调整，带来的是积极影响还是消极作用，值得探讨。

一、严厉打击非法借贷行为，维护金融经济秩序

目前，各种非法集资、非法吸收公众存款、集资诈骗、高利贷、“套路贷”等非法借贷违法犯罪现象日趋严重，严重扰乱金融经济秩序，损害人民群众利益，并衍生出其他犯罪问题。民间借贷在法律上应认定为合同关系，《合同法》第十二章对借款合同进行了详细的规定。有效的借款合同即大家通常所说的合法借贷，无效的借款合同即非法借贷。《合同法》第52条规定了合同无效的情形：“(一)一方以欺诈、胁迫的手段订立合同，损害国家利益；(二)恶意串通，损害国家、集体或者第三人利益；(三)以合法形式掩盖非法目的；(四)损害社会公共利益；(五)违反法律、行政法规的强制性规定。”

今年上半年，中国银保监会、公安部、国家市监总局、中国人民银行《关于规范民间借贷行为 维护经济金融秩序有关事项的通知》明确提出：严厉打击利用非法吸收公众存款、变相吸收公众存款等非法集资资金发放民间贷款。严厉打击以故意伤害、非法拘禁、侮辱、恐吓、威胁、骚扰等非法手段催收贷款。严厉打击套取金融机构信贷资金，再高利转贷。严厉打击面向在校学生非法发放贷款，发放无指定用途贷款，或以提供服务、销售商品为名，实际收取高额利息(费用)变相发放贷款行为。严禁银行业金融机构从业人员作为主要成员或实际控制人，开展有组织的民间借贷。非法借贷行为给借款人、家庭、社会造成很多负面影响，甚至非常严重的后果，已经危及正常金融秩序和经济秩序。因此，对于非法借贷应予以规范并惩治。

二、司法支持民间借贷过高利率客观上助推非法借贷

合法正当的民间借贷有利于活跃经济，促进社会发展。但民间借贷活动必须严格遵守国家法律法规的有关规定，遵循自愿互助、诚实信用的原则。民间

借贷中，出借人的资金必须是其合法收入的自有资金，禁止吸收或变相吸收他人资金用于借贷。

一段时间以来，民间借贷在发挥积极作用的同时，民间借贷领域多旦乱象。政法机关和金融管理部门应联手予以打击整治，规范民间借贷行为，维护经济和金融秩序，十分迫切和紧要。

然而，我们似乎忽略了一个本源性的问题，那就是司法政策和具体规定对民间借贷利率的支持以什么尺度为宜？制定司法政策是否要基于社会经济状况？司法政策的出台会导致什么社会后果？是否需要有经济学、社会学、伦理学等多方位的论证评估？

2015 年 6 月最高人民法院发布的《关于审理民间借贷案件适用法律若干问题的规定》（法释〔2015〕18 号），将司法支持民间借贷利息由原来规定的同期银行贷款利率的 4 倍提高到本金年利率 24%，而且未将 24%—36% 这一区间超高利率宣布为非法无效。从目前经济发展来看，这个利率是畸高的。司法支持过高的民间借贷利率，显然是不当的。它会在一定程度上催生非法借贷市场的活跃，甚至在客观上纵容了高利贷和高利转贷等违法犯罪行为。因为逐利趋利是人的本质。如此高的利息可以得到司法的支持，逐利行为就会异化为违法犯罪。《关于审理民间借贷案件适用法律若干问题的规定》（以下简称《最高法 2015 民间借贷规定》）第 26 条规定："借贷双方约定的利率未超过年利率 24%，出借人请求借款人按照约定的利率支付利息的，人民法院应予支持。借贷双方约定的利率超过年利率 36%，超过部分的利息约定无效。借款人请求出借人返还已支付的超过年利率 36% 部分的利息的，人民法院应予支持。"这一规定，即明确 24% 的年利率为合法，将受到法律保护。而对 24%—36% 这一区段的年率则持放任态度，予以默许。

我们再来看 1991 年 8 月 13 日最高人民法院发布的《关于人民法院审理借贷案件的若干意见》（以下简称《最高法 1991 审理借贷意见》）是如何规定的。该意见第 6 条：民间借贷的利率可以适当高于银行的利率，各地人民法院可根据本地区的实际情况具体掌握，但最高不得超过银行同类贷款利率的四倍（包含利率本数）。超出此限度的，超出部分的利息不予保护。《最高法 1991 审理借贷意见》应该是符合现今经济发展水平的，一定范围内保护民间借贷有利于促进民间资本的盘活，有利于经济的发展。

支持民间借贷利率从《最高法 1991 审理借贷意见》规定的“银行同类贷款利率的 4 倍”，提高到《2015 最高法民间借贷规定》明确的 24%，甚至 36%。由于司法支持的利率过高，这一脱离社会实际的重要司法政策，必然出现反向指引，客观上助长了非法借贷现象。至少说，目前有关司法解释对民间借贷利率支持的尺度过大，鼓励民间借贷和交易的初衷走向了反面。

当前一个不可忽视的现象就是：社会上出现大批“专业”向单位或者个人提供“贷款”的人，借贷金额越来越大，且“放贷人”乐于通过诉讼程序将其非法利益合法化。以前的“放高利贷者”多是一些文化层次较低的群体，在放贷的过程中明显带有简单粗暴的色彩。而如今的“职业放贷人”已经脱离了简单粗暴，取而代之的是“颇高的技术含量”，他们在放贷的过程中懂得规避法律，几乎找不到“放高利贷”的痕迹。法院认定“高利贷”困难重重。在“谁主张，谁举证”这一司法原则的指引下，加上“职业放贷人”高明的放贷手法，借款人想要证明借款属于“高利贷”简直难于登天。特别是 2015 规定的出台，已经让放高利贷者没有顾忌，目前情形下已不需要再收取合法利息以上的利息。

24% 的年利率就是超高利率。加上司法解释对 24%—36% 这个区间利率不认为无效和非法，客观上就是默许了非法借贷者必然会收取 36% 以内高额利息。因为有一个民事行为规则就是：法不禁止即可为，“职业放贷人”会理直气壮地向贷款人收取 36% 以内的高额利息，因为“法不禁止”。至于如何收回，其“套路”多得你无法想象。

由于银行利率与民间借贷利率的巨大差异，挫伤银行支持实体经济的积极性。银行不愿意向实体经济注资，宁愿将资金进行拆借或借给小额贷款公司或其他非正当金融组织寻求高利汇报。

加上各家银行为了争夺市场份额，还向公职人员或其他有正当体面职业的人士发放低利率信用贷款。这部分信用贷款也有不少流向了资金市场，甚至流入非法借贷市场。

司法保护过高的民间借贷利率，还客观上导致非法集资、非法吸收公众存款、集资诈骗等违法犯罪的泛滥。老百姓受高利所诱，将资金投入非法集资或非法吸存者。这些资金又流入了高利贷者手中，进一步纵容了非法借贷市场的发展，助推形成恶性循环的金融市场。

三、司法支持民间借贷过高利息阻碍了实体经济发展

《2015最高法民间借贷规定》这个司法解释有两个方面的负效应。一是对实体经济发展带来不利影响。司法支持24%的年利率，这已经接近当前银行同类同期贷款利率的6倍了，属于超高的利率标准。我国市场经济已经进入法治经济时代。法治经济从本质上说就是防止暴利的出现。在我国当前经济条件下，实体经济的年利润率难以超过10%。而民间借贷年利率24%的超高标准，这就会从客观上纵容和鼓励资金的投机，闲散资金持有者谁还愿意存入银行，谁会愿意投向是实体经济呢？二是挫伤银行支持实体经济的积极性。为什么微小企业难以从银行取得贷款支持？因为银行利率与民间借贷获得司法支持的利率差别太多，银行没有积极性。一些银行千方百计投资非实体经济以求更大的利润。三是助推“职业放贷人”行业的滋生。小微企业难以从银行获得贷款，转而寻求“职业放贷人”寻求资金支持。

司法支持民间借贷利息以同期银行贷款利息的2—4倍为宜。宜按照《最高法1991审理借贷意见》的要求，更符合资本市场与实体经济发展的规律。

四、规范民间借贷的对策建议

随着“职业放贷人”群体的不断扩大，其社会危害性也将越来越明显，将职业放贷行为纳入刑法的规制范围内将是一个必然的趋势。可以在刑法中增设“非法借贷罪”，通过刑事司法领域相对严谨的审查，为民商事案件中放贷行为的定性提供依据。在司法实践中，经常会发现同一个人作为多个民间借贷纠纷的原告出现在案件审理过程中，法官们心里也很清楚这些人就是“职业放贷人”，但是苦于认定的困难，也实在无暇对每一个案件都依职权进行细致的审查，造成了法院事实上成了“职业放贷人”的“帮凶”。对此，可以效仿美国的“社会信用体系”制度，在法院内部建立“黑名单”制度，将那些高度疑似“职业放贷人”的当事人作为“非法借贷者”课以刑事责任。建议刑法增设“非法借贷罪”，用刑法手段规制惩治“高利贷”和其他“非法借贷”等犯罪行为。

国家应立法明确职业放贷人的资格及条件、管理等，否则取缔非法的职业放贷人，甚至以更严格的制度来管理。另一方面应禁止银行资金进入民间借贷市场，严格管理银行资金，为实体经济的发展保驾护航。

民间借贷利率保护上限回归四倍：15.4%

《民法典》第680条规定："禁止高利放贷，借款的利率不得违反国家有关规定。"

最高人民法院8月20日新闻发布会，正式发布新修订的《最高人民法院关于审理民间借贷案件适用法律若干问题的规定》（以下简称《民间借贷新规定》）。

民间借贷的利率是民间借贷合同中的核心要素，也是当事人意思自治与国家干预的重要边界。最高人民法院在认真听取社会各界意见并征求金融监管部门意见建议的基础上，对2015年6月《关于审理民间借贷案件适用法律若干问题的规定》（以下简称《2015年民间借贷利率规定》）作出了实质性的修改：以中国人民银行授权全国银行间同业拆借中心每月20日发布的一年期贷款市场报价利率（LPR）的4倍为标准确定民间借贷利率的司法保护上限，取代原来相关规定中"以24%和36%为基准的两线三区"的规定，大幅度降低民间借贷利率的司法保护上限，促进民间借贷利率逐步与我国经济社会发展的实际水平相适应。以2020年7月20日发布的一年期贷款市场报价利率3.85%的4倍计算，民间借贷利率的司法保护上限为15.4%，相较于过去的24%和36%有较大幅度的下降。

这是最高人民法院认真贯彻落实民法典，规范民间借贷行为、促进社会经济平稳健康发展的适时有力之举，具有十分重要的现实意义。

我国《民法典》第680条明确规定“禁止高利放贷，借款的利率不得违反国家有关规定”。根据《中国人民银行法》的有关规定，国务院批准和国务院授权中国人民银行制定的各种利率为法定利率。法定利率的公布、实施由中国人民银行总行负责。2002年1月31日，中国人民银行下发并于同日开始施行的《中国人民银行关于取缔地下钱庄及打击高利贷行为的通知》第2条中规定：“严格规范民间借贷行为。民间个人借贷活动必须严格遵守国家法律、行政法规的有关规定，遵循自愿互助、诚实信用的原则。民间个人借贷中，出借人的资金必须是属于其合法收入的自有货币资金，禁止吸收他人资金转手放款。民间个人借贷利率由借贷双方协商确定，但双方协商的利率不得超过中国人民银行公布的金融机构同期、同档次贷款利率（不含浮动）的4倍。超过上述标准的，应界定为高利借贷行为。”

今天新闻发布会上，最高人民法院有关负责人指出：在这次司法解释修改的过程中，最高人民法院认真贯彻落实民法典关于“禁止高利放贷”的原则精神，并对相关条款作出对应调整。一是继续执行更加严格的本息保护政策。即借款人在借款期间届满后应当支付的本息之和，超过以最初借款本金与以最初借款本金为基数、以合同成立时一年期贷款市场报价利率四倍计算的整个借款期间的利息之和的，人民法院不予支持。二是当事人约定的逾期利率也不得高于民间借贷利率的司法保护上限。即借贷双方对逾期利率有约定的，从其约定，但以不超过合同成立时一年期贷款市场报价利率四倍为限。三是当事人主张的逾期利率、违约金、其他费用之和也不得高于民间借贷利率的司法保护上限。即出借人与借款人既约定了逾期利率，又约定了违约金或者其他费用，出借人可以选择主张逾期利息、违约金或者其他费用，也可以一并主张，但总计超过合同成立时一年期贷款市场报价利率四倍的部分，人民法院不予支持。

笔者在两年前，即2018年7月11日在“山虎说法”上推出了《司法支持过高民间借贷利率产生不良导向》一文，获得社会很多人士的认同。我在文中首先提出：“将司法支持民间借贷利息由原来规定的同期银行贷款利率的4倍提高到本金年利率24%，而且未将24%—36%这一区间超高利率宣布为非法无效。这种司法政策的重大调整，带来的是积极影响还是消极作用，值得探讨。”

司法支持的利率过高，必然出现反向指引，客观上助长非法借贷现象。老百姓受高利所诱，将资金投入非法集资或非法吸存者。这些资金又流入了高利贷者手中，进一步纵容了非法借贷市场的发展，助推形成恶性循环的金融市场。

如果司法支持过高的利率，会产生多方面的负效应。一是对实体经济发展带来不利影响。司法支持 24% 的年利率，这已经接近当前银行同类同期贷款利率的 6 倍了，闲散资金持有者谁还愿意存入银行、投向实体经济呢？二是挫伤银行支持实体经济的积极性。为什么微小企业难以从银行取得贷款支持？一些银行千方百计投资非实体经济以求更大的利润。三是助推“职业放贷人”行业的滋生。小微企业难以从银行获得贷款，转而寻求“职业放贷人”寻求资金支持。

民间借贷作为国家正规金融的有益补充，既需要规范，也需要保护。面对当前复杂严峻的经济形势，特别是在加快形成以国内大循环为主体、国内国际双循环相互促进的新发展格局之下，民间借贷市场的规模和范围仍将稳步增长。

作为司法机关，必须始终坚持新发展理念，牢牢把握扩大内需这个战略基点，科学合理利用民间借贷利率杠杆作用，大力保护和激发市场主体活力，推动经济高质量发展，扎实做好“六稳”工作，全面落实“六保”任务，为统筹疫情防控和经济社会发展工作提供更加有力的司法服务和保障。

（2020 年 8 月 20 日）

《民法典》如何保障我们“头顶上的安全”

《民法典》学习

《民法典》第1254条：“禁止从建筑物中抛掷物品。从建筑物中抛掷物品或者从建筑物上坠落的物品造成他人损害的，由侵权人依法承担侵权责任；经调查难以确定具体侵权人的，除能够证明自己不是侵权人的外，由可能加害的建筑物使用人给予补偿。可能加害的建筑物使用人补偿后，有权向侵权人追偿。

物业服务企业等建筑物管理人应当采取必要的安全保障措施防止前款规定情形的发生；未采取必要的安全保障措施的，应当依法承担未履行安全保障义务的侵权责任。

发生本条第一款规定的情形的，公安等机关应当依法及时调查，查清责任人。”

《民法典》第1253条规定：“建筑物、构筑物或者其他设施及其搁置物、悬挂物发生脱落、坠落造成他人损害，所有人、管理人或者使用人不能证明自己没有过错的，应当承担侵权责任。所有人、管理人或者使用人赔偿后，有其他责任人的，有权向其他责任人追偿。”

《民法典》第1257条规定：“因林木折断、倾倒或者果实坠落等造成他人损害，林木的所有人或者管理人不能证明自己没有过错的，应当承担侵权责任。”

对“高空抛物或坠物”造成他人人身或财产损失如何担责，《民法典》作出了有层次的规定，应该说，这是对原来《侵权责任法》确立的过错责任推定原则的改进和完善，将较好地破解过去“一人抛物全楼赔偿”的司法困境和尴尬。

一、过多适用推定，有失公允，在司法实际中带来司法困境

对“高空抛物或坠物”的法律责任，《侵权责任法》第 87 条规定采取“不明抛掷物、坠落物损害责任纠纷”适用过错推定原则，即只要业主或房屋的使用人不能举证证明自己没有过错，则推定其有过错。

《侵权责任法》第 87 条是这样规定的：“从建筑物中抛掷物品或者从建筑物上坠落的物品造成他人损害，难以确定具体侵权人的，除能够证明自己不是侵权人的外，由可能加害的建筑物使用人给予补偿。”

《侵权责任法》采用过错责任推定原则，是基于从保护受害者的角度出发。其理念是：虽然实施侵权行为的只有一人，法律为保护弱者，平衡各方利益，让所有可能实施侵权行为的人分担损失。

过错责任原则在理论设计上有一定的积极价值，就是既可以达到抚慰受害者的目的，又可以警示、惩戒、教育违法行为人及更多的群众，让公民在安全、规则、秩序的范围内活动，彰显社会的公平正义。然而，在司法实践中适用过错推定原则处理案件，往往招致当事方或社会公众抵触，影响司法公信力，陷于难于执行和使真正侵权人逃脱责任的困境和尴尬。

甚至有人士提出批评，指出这种推定是司法懒政和司法无能的表现。因为有一个基本的道理：立法和司法应尽可能避免适用推定，至少不能简单运用推定处理案件。因为推定必然带来无辜，无辜就必然有失公平、公正和公允。正如当年“《婚姻法司法解释二》第 24 条”，将“婚姻关系存续期间夫妻一方个人名义债务”一律推定为夫妻共同债务。这个“24 条”带来民事领域的很多冤假错案，社会反应极为强烈，损害了司法公信。直至 2018 年 1 月最高人民法院重新颁布涉夫妻债务司法认定的司法解释，确立了以“具有共同意思表示”为基本原则、家事代理为补充规则和债权人证明债务用于夫妻共同生活或共同生产经营的夫妻共同债务多层次责任认定体系，才较好地解决了“无辜被负债”的问题。夫妻共同债务多层次责任认定规则，成为《民法典》第

1064 条的基本规则和内容。

同样，《民法典》第 1254 条也是对《侵权责任法》第 87 条过错推定原则的修正和完善。当然，《侵权责任法》第 87 条的推定与“《婚姻法司法解释二》第 24 条”的推定还是有着根本性的区别。毕竟“高空抛物或坠物”发生的概率要小多了，由于这种推定为多人承担责任，具体分摊到个人的数额也不会太大，一般也能承受得起。纵然这样，这种依据推定而作出的裁判，仍然受到抵制，导致难于执行。而“24 条”就不同了。因为“24 条”的逻辑不是从源头上对债权债务予以规范，而是靠事后强制推定来解决问题，在这种理念指引下，夫妻一方在外以个人名义举债的情况十分普遍，因而带来的纠纷是大量的，不知情配偶承担不明债务的数额常常也是巨大的。有的未参与债的订立、不知情、未受益的配偶无辜背负了一辈子都还不清的巨债。

二、《民法典》构建了对“高空抛物”的侵权分层归责体系

相较《侵权责任法》单一过错推定责任而言，《民法典》对“高空抛物或坠物”所致侵权，则是构建一个较为科学和合理的分层归责体系。《民法典》第 1254 条建立了五个归责层次。

第一层，首先追究侵权人的责任。《民法典》第 1254 条规定：“禁止从建筑物中抛掷物品。从建筑物中抛掷物品或者从建筑物上坠落的物品造成他人损害的，由侵权人依法承担侵权责任。”首先确立由侵权人依法承担侵权责任，这是理所当然的，回归本源。而《侵权责任法》第 87 条却没有这样规定，而是直接从“难以确定具体侵权人的”情况切入，就把应该由“侵权人承担责任”这一本源性的问题忽略了，即首先就假定“难以确定具体的侵权人”，就等于为那些昧着良心的侵权人找到了“台阶”，让他们心安理得逃避法律责任。

第二层，对难以查明具体侵权人的，由可能加害的建筑物使用人给予补偿。《民法典》第 1254 条规定：“经调查难以确定具体侵权人的，除能够证明自己不是侵权人的外，由可能加害的建筑物使用人给予补偿。”这一点，与《侵权责任法》第 97 条内容相同。

第三层，将来查明了侵权人，可以行使追偿权。第 1254 条规定：“可能加害的建筑物使用人补偿后，有权向侵权人追偿。”这就赋予了“可能加害的建

筑物使用人”（往往是无辜住户）在补偿受害人后对具体侵权人的追偿权，这意味着在其承担补偿责任后，可以要求具体侵权人赔偿所受损失。这一规定更加缜密，更加切合情理，给“可能加害的建筑物使用人补偿后”，指明了救济途径。这就从法理、从情理上更贴近生活，温暖人心。这一层是原有法律未能考虑到的。

第四层，由物业服务企业承担相应责任。第1254条第2款规定：“物业服务企业等建筑物管理人应当采取必要的安全保障措施防止前款规定情形的发生；未采取必要的安全保障措施的，应当依法承担未履行安全保障义务的侵权责任。”“物业服务企业等建筑物管理人应当采取的”必要的安全保障措施有哪些呢？首先，应排除高空坠物的一切隐患。即对建筑物及其业主尽到足够的安全注意义务和安全管理服务。具体来说，要对其建筑物从楼顶到外墙和业主各家各户的窗台等进行全面有效的巡察，发现问题和问题迹象及时指出和纠正、整改，确保万无一失。其次，要加强宣传教育引导。比如通过在建筑物公共区域提示禁止标语、展示相关案例，使广大业主充分意识到高空抛物或坠物的危害性，坚决杜绝高空抛物的恶习，排除高空坠物的任何隐患。再次，加强技术防控。也就是强化对高空抛物的技术监管，采取安装探头等对建筑物外立面监控全覆盖的技术防控措施，可以起到震慑作用，悲剧发生后也能够及时确定具体侵权人。当然，也有人认为，大面积安装探头可能会侵犯隐私。笔者认为，这一担忧是多余的。探头安装在公共空间，只要不安装在私人的专有空间，就是合法合理和无可厚非的。业主在私人空间从事洗浴、更换衣服等私密活动，总得拉上窗帘。如果由于业主私密活动不慎而被建筑物管理技术监控人员拍摄，那相关人员应立即删除，决不能散发传播，否则当然构成侵权，应承担相应的法律责任。

第五层，规定了公安等机关的调查责任。《民法典》第1254条第3款规定：“发生本条第一款规定的情形的，公安等机关应当依法及时调查，查清责任人。”针对具体侵权人难查找的问题，民法典采取列举的方式，将公安机关纳入其中，有利于防止“踢皮球”现象。这一规定，有利于加强户籍民警对建筑物安全的管理责任。这里的“等机关”，还包括哪些机关呢？比如业主在楼顶或窗外违规搭建，造成坠落，城管部门也有责任调查处理。

以上是对《民法典》“高空抛物或坠物”民事侵权归责的解读研析。同时，《刑法修正案（十一）》，已经确立“高空抛物罪”。根据该修正案，《刑法》第291条：“从建筑物或者其他高空抛掷物品，情节严重的，处一年以下有期徒刑、拘役或者管制，并处或者单处罚金。有前款行为，同时构成其他犯罪的，依照处罚较重的规定定罪处罚。”但“高空抛物罪”的设立，仍然须以公安调查或侦查确定“高空抛物或坠物”的侵权人或犯罪嫌疑人。

当然，《刑法修正案（十一）》2021年3月1日才生效。对高空抛物造成危害的，是追究民事责任还是刑事责任，如何确定“情节严重”，还须最高司法机关出台司法解释。

无论是刑事，还是民事，调查高空抛物的侵权人可能是难点。据此，为了让受害者得到及时有效的救济，亦可考虑借鉴机动车交通事故责任保险的设计，引入高空抛物责任保险。在发生高空抛物行为后，由保险公司依据保险合同的规定，向受害者支付保险金。

同时参照交通事故救助基金，设立高空抛物救助基金。具体侵权人尚未查明前，受害者因高空抛物人身伤亡的抢救费用、丧葬费用可从高空抛物救助基金中支出，以迅速实现对受害者的保护。

无论是保险公司还是救助基金管理人，在向高空抛物受害人支付足额保险金或救助金后，均有权向侵权人追偿。

此外，《民法典》第1253条、第1257条还规定了其他来自“头顶上的安全”责任的归责方式。第1253条规定：“建筑物、构筑物或者其他设施及其搁置物、悬挂物发生脱落、坠落造成他人损害，所有人、管理人或者使用人不能证明自己没有过错的，应当承担侵权责任。所有人、管理人或者使用人赔偿后，有其他责任人的，有权向其他责任人追偿。”第1257条规定：“因林木折断、倾倒或者果实坠落等造成他人损害，林木的所有人或者管理人不能证明自己没有过错的，应当承担侵权责任。”

（2021年2月8日）

《民法典》全方位保障自然人的安全

《民法典》学习

（1）未成年人安全（总则编，公职监护、免受性侵。第32、191条；

（2）隐私信息安全（人格权编，第1032—1039条）；

（3）吃穿住用行产品安全（侵权责任编，产品责任，第1202—1207条）；

（4）头顶上的安全（侵权责任编，高空抛物、林木折断，第1250、1257条）；

（5）车轮下的安全（侵权责任编第五章机动车交通事故责任，第1208—1217条）；

（6）脚底下的安全（侵权责任编，堆放妨碍通行物品、窨井等地下设施，第1256、1258条）；

（7）其他安全（侵权责任编，高度危险、饲养动物损害，第1236—1251条）。

民法典是一部贯彻以人民为中心理念、保障人民群众美好生活需要的基本大法。《民法典》充分保障各类民事主体的权利，尤其是人民群众（自然人）的安全和对美好幸福生活的向往与追求。特别注重保护人的安全，特别是在未成年人安全、自然人隐私信息安全、吃穿住用行产品安全、头顶上的安全、车轮下的安全、脚底下的安全等方面作了系统的规定。

一、特别保护未成年人的安全

一是确立公职监护。《民法典》第32条规定：“没有依法具有监护资格的人的，监护人由民政部门担任，也可以由具备履行监护职责条件的被监护人住所地的居民委员会、村民委员会担任。”这一点在原来《民法通则》没有规定。二是延长未成年人遭受性侵的请求保护诉讼时效期间。《民法典》第191条规定：“未成年人遭受性侵害的损害赔偿请求权的诉讼时效期间，自受害人年满十八周岁之日起计算。”而一般侵权损害赔偿请求权的诉讼时效期间为3年。可见《民法典》是通过延长诉讼时效期间这种方式来对未成年人免受性侵作出特别规定。

二、保障自然人隐私和信息的安全

过去在我国民法中隐私权是未曾规定过的。处理隐私权纠纷往往适用最高人民法院有关名誉权纠纷的规定和原则。《民法典》第一次把隐私权纳入法律保护范围。同时也对最重要的一类民事主体自然人的信息安全保护作出了规定，填补了诸多法律空白。一是从总体上规定自然人的隐私权不得受侵害。《民法典》第1032条规定自然人享有隐私权。任何组织或者个人不得以刺探、侵扰、泄露、公开等方式侵害他人的隐私权。原来的民事法律没有关于“隐私权”的规定，故该条还对隐私下了定义：“隐私是自然人的私人生活安宁和不愿为他人知晓的私密空间、私密活动、私密信息”。二是采用“负面清单”列举式，为保护隐私权规定了“六个不得实施”。《民法典》第1033条规定：《民法典》除法律另有规定或者权利人明确同意外，任何组织或者个人不得实施下列行为：（一）以电话、短信、即时通讯工具、电子邮件、传单等方式侵扰他人的私人生活安宁；（二）进入、拍摄、窥视他人的住宅、宾馆房间等私密空间；（三）拍摄、窥视、窃听、公开他人的私密活动；（四）拍摄、窥视他人身体的私密部位；（五）处理他人的私密信息；（六）以其他方式侵害他人的隐私权。三是规定自然人的个人信息受法律保护。第1034条规定“自然人的个人信息受法律保护”。并对“个人信息”的含义作出了解释性的规定。“个人信息是以电子或者其他方式记录的能够单独或者与其他信息结合识别特定自然人的各种信息，包括自然人的姓名、出生日期、身份证件号码、生物识别信息、住址、电话号码、电子邮箱、健康信息、行踪信息等。”该条还规定“个人信息中的私密信息，适用有关隐私权的规定；没有规定的，适用有关个人信息保护的规定”。四是建立了“处理个人信息”的规则。第 1035 条规定：“处理个人信息的，应当遵循合法、正当、必要原则，不得过度处理，并符合下列条件：（一）征得该自然人或者其监护人同意，但是法律、行政法规另有规定的除外；（二）公开处理信息的规则；（三）明示处理信息的目的、方式和范围；（四）不违反法律、行政法规的规定和双方的约定。个人信息的处理包括个人信息的收集、存储、使用、加工、传输、提供、公开等。”第 1036 条规定：“处理个人信息，有下列情形之一的，行为人不承担民事责任：（一）在该自然人或者其监护人同意的范围内合理实施的行为；（二）合理处理该自然人自行公开的或者其他已经合法公开的信息，但是该自然人明确拒绝或者处理该信息侵害其重大利益的除外；（三）为维护公共利益或者该自然人合法权益，合理实施的其他行为。五是规定个人信息处理错误的补正救济措施。”第 1037 条规定：“自然人可以依法向信息处理者查阅或者复制其个人信息；发现信息有错误的，有权提出异议并请求及时采取更正等必要措施。自然人发现信息处理者违反法律、行政法规的规定或者双方的约定处理其个人信息的，有权请求信息处理者及时删除。”六是规定信息处理的保密措施。在第 1038 条和第 1039 条中作了具体的表述。

三、吃穿住用行产品的安全

产品安全责任涉及人们日常生活的方方面面，包括吃、穿、住、用、行。当然，“行”安全还有专章规定“车轮下的安全”，这里不赘述。《民法典·侵权责任编》第四章“产品责任”，从第 1202 条到第 1207 条共 6 个条文对涵盖人们日常生产和“吃穿住用行”日常生活的产品质量作出了规定。首先，明确产品安全的“第一责任人”为产品“生产者”。第 1202 条规定：“因产品存在缺陷造成他人损害的，生产者应当承担侵权责任。”其次，规定被侵权人既可以向产品生产者也可以向产品销售者请求赔偿。并规定“产品缺陷由生产者造成的，销售者赔偿后，有权向生产者追偿。因销售者的过错使产品存在缺陷的，生产者赔偿后，有权向销售者追偿”。再次，规定运输者、仓储者给他人造成损害的过错责任。第1204条规定因运输者、仓储者等第三人的过错使产品存在缺陷，造成他人损害的，产品的生产者、销售者赔偿后，有权向第三人追偿。第四，规定了缺陷产品生产者、销售者的补救措施。第1206条规定产品投入流通后发现存在缺陷的，生产者、销售者应当及时采取停止销售、警示、召回等补救措施；未及时采取补救措施或者补救措施不力造成损害扩大的，对扩大的损害也应当承担侵权责任。第五，确立了惩罚性赔偿制度。第1207条规定明知产品存在缺陷仍然生产、销售，或者没有依据前条规定采取有效补救措施，造成他人死亡或者健康严重损害的，被侵权人有权请求相应的惩罚性赔偿。

四、头顶上的安全

相较《侵权责任法》单一过错推定责任而言，《民法典》对“高空抛物或坠物”所致侵权，则是构建一个较为科学和合理的分层归责体系。《民法典》第1254条建立了五个归责层次。第一层，首先追究侵权人的责任。第1254条规定：“禁止从建筑物中抛掷物品。从建筑物中抛掷物品或者从建筑物上坠落的物品造成他人损害的，由侵权人依法承担侵权责任。”首先确立由侵权人依法承担侵权责任，这是理所当然的，回归本源。第二层，对难以查明具体侵权人的，由可能加害的建筑物使用人给予补偿。第1254条规定：“经调查难以确定具体侵权人的，除能够证明自己不是侵权人的外，由可能加害的建筑物使用人给予补偿。”这一点，与《侵权责任法》第87条内容相同。第三层，将来查明了侵权人，可以行使追偿权。第1254条规定：“可能加害的建筑物使用人补偿后，有权向侵权人追偿。”这就赋予了“可能加害的建筑物使用人”（往往是无辜住户）在补偿受害人后对具体侵权人的追偿权，这意味着在其承担补偿责任后，可以要求具体侵权人赔偿所受损失。这一规定更加缜密，更加切合情理，给“可能加害的建筑物使用人补偿后”，指明了救济途径。这就从法理、从情理上更贴近生活，温暖人心。这一层是原有法律未能考虑到的。第四层，规定物业服务企业等建筑物管理人应当采取的“必要的安全保障措施”。首先，应排除高空坠物的一切隐患。即对建筑物及其业主尽到足够的安全注意义务和安全管理服务。具体来说，要对其建筑物从楼顶到外墙和业主各家各户的窗台等进行全面有效的巡察，发现问题和问题迹象及时指出和纠正、整改，确保万无一失；其次，要加强宣传教育引导。比如通过在建筑物公共区域提示禁止标语、展示相关案例，使广大业主充分意识到高空抛物或坠物的危害性，坚决杜绝高空抛物的恶习，排除高空坠物的任何隐患；再次，加强技术防控。也就是强化对高空抛物的技术监管，采取安装探头等对建筑物外立面监控全覆盖的技术防控措施，可以起到震慑作用，悲剧发生后也能够及时确定具体侵权人。第五层，规定了公安等机关的调查责任。这一规定，有利于加强户籍民警对建筑物安全的管理责任。这里的“等机关”，还包括哪些机关呢？比如业主在楼顶或窗外违规搭建，造成坠落，城管部门也有责任调查处理；如果是建筑质量问题导致建筑物件脱落或坠落，建设主管部门或相关部门也应当调查处理。与此同时《民法典》第1253条、第1257条还规定了其他来自“头顶上的安全”责任的归责方式。第1253条规定：“建筑物、构筑物或者其他设施及其搁置物、悬挂物发生脱落、坠落造成他人损害，所有人、管理人或者使用人不能证明自己没有过错的，应当承担侵权责任。所有人、管理人或者使用人赔偿后，有其他责任人的，有权向其他责任人追偿。”第1257条规定：“因林木折断、倾倒或者果实坠落等造成他人损害，林木的所有人或者管理人不能证明自己没有过错的，应当承担侵权责任。”

五、车轮下的安全

《民法典·侵权责任编》第五章第1208—1217条共有10个条文专门规定了“机动车交通事故责任”。因机动车交通事故责任更多与日常生活紧密相连，论述较多，人们也比较熟悉，在此本文不多赘述。

六、脚底下的安全

《民法典·侵权责任编》用了2个条文规定了堆放妨碍通行物品、窨井等地下设施带来的安全责任。第1256条规定在公共道路上堆放、倾倒、遗撒妨碍通行的物品造成他人损害的，由行为人承担侵权责任。公共道路管理人不能证明已经尽到清理、防护、警示等义务的，应当承担相应的责任。第1258条规定在公共场所或者道路上挖掘、修缮安装地下设施等造成他人损害，施工人不能证明已经设置明显标志和采取安全措施的，应当承担侵权责任。窨井等地下设施造成他人损害，管理人不能证明尽到管理职责的，应当承担侵权责任。

如窨井盖缺失导致行人伤亡的责任事故时有报道，《民法典》作出规定，回应社会关切。

七、其他安全责任

《民法典·侵权责任编》第八章“高度危险责任”用9个条文对从事高危作业、民用核设施或核材料发生事故、民用航空器、占有或使用高度危险物、违法占用高度危险物、遗失或抛弃高度危险物、从事高空、高压、地下挖掘活动或使用高速轨道运输工具、未经许可进入高度危险活动区或高度危险物存放区带来的安全责任承担作出了规定。第九章“饲养动物损害责任”共有7个条文，规定饲养的动物造成他人损害的，主要由动物饲养人或者管理人承担侵权责任。第1251条特别规定“饲养动物应当遵守法律法规，尊重社会公德，不得妨碍他人生活”。这些规定具有十分鲜明的法治价值和现实意义。当前城乡居民饲养动物的现象十分普遍，急需普及《民法典》这些规定，既照顾居民的个人爱好，又必须维护社会秩序，防治饲养动物危及百姓安全、妨碍他人生活。

（2021年2月14日）

第八单元　说法之荣

如何把《民法典》讲好讲活？

《民法典》被称之为“社会生活的百科全书”，与各类民事主体尤其是自然人的日常工作和生活息息相关。

何谓“生活”？望文即可生义，“生活”者，生动活泼也。

那么，讲授《民法典》，理所当然地既要把它讲好，更要把它讲“活”，讲得“生动活泼”！也即如何讲得动听受听、引人入胜，激发听众强烈的学习兴趣？这是授课者应予考量的问题。

特别是在人人手机须臾不离、隔几分钟就不自觉地摸看手机的下意识已经主导人们生活的当下，课堂上授课者如何与听众有会心、会神的交流，抑制其下意识莫看手机的愿望，还真是一个值得研究的问题。

我作为“湖南省民法典宣讲团成员”，常常受邀为省市区县党政机关、事业单位、人民团体、国企民企、街道社区和大中小学讲授《民法典》，总是力求做到深入浅出、通俗易懂、听有收获，并能激发兴趣、引人思考。当然又必须做到照顾听众而不哗众，风趣幽默而不取宠，通俗而不庸俗，形散而神不散，犹如放飞的风筝，要收放自如，恰到好处。

一、紧扣主题，把握主线

每次受邀讲授《民法典》，我都会按照邀请方的要求，紧扣主题，拟定授课题目和授课提纲，提交给邀请方审定，再据此备课。比如我最初到自己担任法治副校长的雅境中学、泰禹小学和曾经工作过的浏阳三中讲授《民法典》，我拟定的题目是《让民法典走进中小学》，纲目为四部分：“拥抱民法典、认识民法典、打开民法典、用好民法典。”这一课题和纲目得到校方认可。后来受邀到湖南大学马克思主义学院、中南大学法学院、湖南师大、湖南科大等高等院校举行有关民法典讲座，我用的题目就比较学术化一些：《民法典：法治文化自信与现代文明关切》。在浏阳市人大常委会的讲座我则用《贯彻执行民法典，助推社会治理现代化》，在芙蓉区政协、雨花区政协用《让民法典走近人民走进你我他》。在“圣湘生物”等民营企业用《民法典：引领社会行为，增进人民福祉》，在“三一重工”则以《贯彻执行民法典，防治虚假诉讼、虚假仲裁的侵害》为题，而在长沙医学院等医疗教学单位所用主题为《民法典：保障人民健康，增进人民福祉》。后来到自己联点的街道社区宣讲，我就用《让民法典走进街道社区走进群众》这个题目。

尽管题目不同，纲目有所区别，但每次讲授都围绕习近平总书记5月29日主持中央政治局第20次集体学习讲话时提出的宣讲民法典的“三个要讲清楚”展开，即“要讲清楚，实施好民法典是坚持以人民为中心、保障人民权益实现和发展的必然要求；要讲清楚，实施好民法典是发展社会主义市场经济、巩固社会主义基本经济制度的必然要求；要讲清楚，实施好民法典是提高我们党治国理政水平的必然要求”。比如讲“居住权”这一全新的法律制度，则紧扣党的十九大提出的“以实现全体人民住有所居为最终目标，加快建立多主体供给、多渠道保障、租购并举的住房制度”这一总的指导方针。

二、区分受众，因人施讲

受邀单位不同，受众也不同。根据习近平总书记关于加强民法典学习宣传的重要讲话和中宣部、中组部、中政委、教育部、司法部、全国普法办等八部委办联合通知关于民法典宣讲“进机关、进学校、进企业、进乡村、进社区、进单位”的总要求，目前主要是到各单位对《民法典》进行宣传和讲授解读工作，即“普法宣讲”，这就要求授课不能讲得太“深”、太“专业”；既要讲理论讲法理讲意义讲价值，更要用日常生活中案例和事例作深入浅出的解读。特别要结合受邀单位工作性质、职能职责特点，有区别地选择讲授内容。在法律界宣讲，也有法学教师、法官、检察官、警察和律师之分，讲授内容要有所侧重；即使到大学宣讲，对研究生和本科生也要有所区别。

三、案例事例，动听受用

无论到什么单位宣讲，无论受众层次如何不同，授课时有一点是相同的，那就是必须用案例和事例对《民法典》的某一原则、某一法理或某一条文进行解读阐析。比如讲《民法典》的“诚信原则”和“绿色原则”，我总是挑选自己处理过的案例予以阐析。讲到《民法典》第1009条“规范临床试验”，则可选用众所周知的深圳某大学贺建奎教授擅自通过基因编辑让一对婴儿诞生，最终以非法行医罪被判处有期徒刑三年和罚金300万的刑事处罚这个案例作阐释，这就很能激发兴趣。讲《民法典·合同编》第679条“自然人之间的借款合同，自贷款人提供借款时成立”，则简要介绍“民间借贷实践性合同”与“金融借贷诺成性合同”的区别，并结合自己反虚假诉讼、虚假仲裁工作中的案例讲清楚民间借贷考察款项实质交付的立法原理和防止恶意串通伪造合同和借据而款项不交付、假交付、错交付而进行虚假诉讼、虚假仲裁的必要性。同时，指出民法典将“民间借贷合同”限定为“自然人之间的借款合同”存在立法漏洞，司法人员在适用这一规定时，需要作出扩大而合理的解释。因为“法人之间、自然人与法人之间”的借贷也应该归之于“民间借贷”，应予鼓励，以促进民间闲散资金的依法合理流动和升值利用。讲《民法典·合同编》第680条“禁止高利放贷，借款的利率不得违反国家有关规定”则结合最高人民法院司法解释有关司法支持利率的变化，如“1991年司法解释规定的民间借贷利率不高于金融机构同期贷款利率4倍”到“2015年司法解释规定支持固定利率24%”再回归到“2020年司法解释规定不高于金融机构同期贷款利率4倍”。同时结合案例讲解什么情况下可能触及《刑法》第175条的“高利转贷罪”。讲《民法典·婚姻家庭编》的“夫妻共同债务”和“家事代理规则”，则结合自己多年来再审纠正过去简单套用《婚姻法司法解释二》第24条”形成的举债人配偶无辜“被负债”案件以及“24条”的修正历程，以鲜活的案例、事例阐释法条和法律概念，以此加深理解。

四、PPT 演示，视觉吸引

鉴于在很多情况下人已经被手机控制，人们在听课时也会不自觉地摸看手机甚至玩手机，思维就很难集中于听课。故此，讲授者适当地借助PPT演示，强化视觉冲击，亦为必要之举。PPT 演示，具有直观、图文并茂、声影兼备等优势，具有很强的针对性、可视性、可感性。当然，制作 PPT 还是比较费神思费时间的。但一场讲座，听众数百上千人，授课者花费一些时间和精力，是值得的事情。你的讲座如果受到欢迎，取得了较好的效果，这就产生了社会价值，这就是对授课者最好的肯定和回报！

比如我讲《民法典》“物权编”第 278 条业主共同决定事项相较《物权法》第 76 条规定门槛是如何降低的，我就以既有住宅加装电梯这项百姓关心的民生工程为例，并在 PPT 中制作了《民法典》与《物权法》类似规定的对照比较表，这样一目了然，很直观地理解《民法典》的“两步计算法”。

在讲《民法典》总则编的“绿色原则”时，我在 PPT 中超级链接了《姚明拒吃鱼翅》和《我们都是杀手之家》两个短视频，阐释保护野生动物、维护生态环境这一《民法典》的“绿色精神”，生动有趣，轻快自如。

在讲《民法典》第 1077 条“离婚冷静期”这一新规定时，首先得介绍对《民法典》设立“离婚冷静期”制度的争议。争议者往往搬出邓颖超同志在 1950 年说过的“对离婚不设条件”的主张。我在 PPT 中也就把邓颖超当年这一主张展示出来。然后据此提出问题：邓颖超同志当年提出“离婚不设条件”主张所处社会婚姻时代和当今社会婚姻状况要不要作区别看待？我向大家分析道：当年邓颖超同志之所以提出“离婚不设条件”这一主张，是因为解放初期我国社会还大量存在“买卖婚姻”“包办婚姻”，如果给离婚设置条件，很多妇女就难以从封建婚姻中解放出来。而当今“买卖婚姻”“包办婚姻”已经根本不存在了，宪法和婚姻法规定的“男女平等”“婚姻自由”“结婚男女双方完全自愿”这些原则得到了很好的贯彻。然而，当今另一种情况又出现了，即一些年轻人婚姻随意性增加和离婚率居高不下，带来新的社会问题。故此，《民法典》设置“离婚冷静期”，以此适当控制离婚率，也是因应了时代发展变化。正所谓“时移世易，变法宜矣”。也就是说，时代不同了，不能用老眼光看待新时代和新事物，不能拿 70 年前的主张衡量当下的法律。通过这一辩证解析，我把《民法典》设立“离婚冷静期”的必要性算是讲清楚了。这与《民法典》“弘扬社会主义核心价值观”的立法宗旨相一致，也符合习近平总书记宣讲民法典要做到“三个要讲清楚”的总要求。

五、巧设问题，讲究技巧

在《民法典》的讲授中，对一些要点我不是简单的直接讲过去，而是设置一些问题，引发思考，再作讲解。这样听者就印象深刻了。

如我讲《民法典》第1176条“自甘风险规则”的适用范围，特意在“自愿参加具有一定风险的文体（等?）活动，因其他参加者的行为受到损害的，受害人不得请求其他参加者承担侵权责任”法律条文中的“文体”二字后面加一个“等”和“?”，然后向大家提问：“文体”后面有没有“等”字？这一问，就激发了大家深究的兴趣。一般来说，法律条文中都带有“等”字，用“等”字来兜底，以免有列举不周延之嫌。然而，有意思的是，《民法典》第1176条的“文体”二字后面就没有“等”字，这就说明“自甘风险规则”只适用于文体活动，不能扩大适用。然后，再提另一个与这个法条既有关又不相关的问题，那就是：喝酒出事能不能适用“自甘风险规则”让大家讨论。当然答案是喝酒出事，同桌人一般都要承担民事责任，特别是劝酒者要担责。然后再引申讲“酒驾、醉驾”的社会危害性和法律后果。也就此对《刑法》有关危险驾驶罪和《道路交通安全法》作些宣讲。这样的效果比较好，既激发了听众兴趣，又深化了理解。

另外，我还备置了部分《民法典》单行本，每次到外授课时，带上八本十本的。在授课时设置多个问题，对听众提问，对抢答正确者赠送《民法典》一本。这种方式，很好地活跃了气氛，加强了互动，有利于提高学习兴趣，强化记忆，巩固知识点，积极回答问题的听众，还能获赠《民法典》一本，满是欣喜。

（2021年2月17日）

我为民企“三一集团”讲《民法典》

（一）

2020 年 11 月 4 日晚上，中南大学法学院模拟法庭灯火通亮，坐得满满当当。来自全国各省市自治区的“三一重工集团”分公司、子公司的法务总监、风控经理、债权部长、营销经理或其他法务专员 120 多人前来聆听我的《民法典》讲座。

当晚，我应邀为“三一集团风控法务体系培训班”作了《民营企业：贯彻执行民法典，防范虚假诉讼和虚假仲裁侵害》讲座。

我接到中南大学法学院关于为“三一集团风控体系培训班”讲授“民事诉讼的理论与实务”的邀请。我说很乐意为“三一集团”去授课，“三一集团”是我国最有影响力的重型机械制造民营企业，为民营企业提供法律服务是我们司法工作者的职责和义务。

（二）

回想 10 多年前，我在宁乡市人民法院主职时，曾为“三一集团”做过一些工作。当时“三一集团”在宁乡市筹建起重机生产基地。对该基地从选址、立项、征地、建厂、生产到相关纠纷的诉讼和执行，我们都积极参加相关工作，依法履职，为民营企业的发展提供法律服务和保障。我后来调入天心区法院任职，同样出于支持民营企业发展的考量，我们审理、执行了一大批“三一集团”省内外下属公司的融资租赁合同纠纷和重型机械设备案件。我们指导“三一集团”法务部门签订合同时约定好管辖法院，或补签管辖协议。案件立案进入程序后，我们克服案多人少矛盾，重新调配审判执行力量，快速审理，派人奔赴全国各地对“三一集团”的重型机械设备进行保全或执行。

回想这些，对“三一集团”还真有一份亲切，也为自己曾经为这家民营企业作过一些有益的工作而感到荣幸。故此，我当即应承去为“三一集团”这个培训班作讲座。

（三）

当然，我向中南大学法学院有关负责人提出两项建议。第一项建议是将课题名称作调整，改为《民营企业：贯彻执行民法典，防范虚假诉讼、虚假仲裁的侵害》，把授课重点放在《民法典》和“虚假诉讼、虚假仲裁的防范”上。首先是要积极贯彻落实习近平总书记在今年5月29日主持中央政治局第20次集体学习《民法典》重要讲话中提出的“五个加强”，切实“加强民法典重大意义的宣传教育，加强民法典普法工作”。其次是要贯彻落实中宣部、中组部、中政委、司法部等中央八部委办今年7月下发的关于在全党全国组织开展民法典宣传教育活动，推动民法典进机关、进乡村、进社区、进学校、进企业、进单位的联合通知精神。再次，虚假诉讼、虚假仲裁问题也是当前民事诉讼领域一个较为突出的问题，而一些民营企业也受虚假诉讼和虚假仲裁困扰和侵害，需要予以高度重视，切实加以防范。对虚假诉讼、虚假仲裁问题是我多年来重点关注和研究的课题，有责任向民营企业作重点宣讲，提出防范对策，使其免受侵害。第二项建议是把授课时间尽可能安排在晚上，这样可以避免与白天可能出现的临时性会议和工作冲突。

中南大学法学院及时与“三一集团”培训负责人沟通，转达了我的建议。他们商议后反馈表示采纳我两点建议。

（四）

我连夜备课，准备了PPT，内容为三部分：贯彻执行民法典，维护民营企业合法权益；规范合同的订立和履行，预防民营企业商业风险，化解诉讼风险；弘扬诚信，防范虚假诉讼、虚假仲裁对民营企业的侵害。

当然，我首先也有疑虑，晚上上课，学员是否都能到课？我看了发过来的学员名册，都是来自全国各地的学员。课程表基本上都是白天上课，而在晚上组织学员开展登山等健身运动。只有我提出来在晚上上课，学员会不会有情绪，我略有担忧。

而实际情况是，这天晚上全员到课，把法学院梯形报告厅坐得满满的。授课和互动长达3小时，没有一个学员提前离席，自始至终都在认真听讲。台上台下、讲者学员围绕授课内容，有着良好的互动。老师学员共同思考，教学相长，相互启迪，默契共鸣。

我在讲课时，更多地用一些鲜活的案例来解读《民法典》，并用《民法典》有关诚信原则、恶意串通、虚假意思表示、禁止高利贷、民间借贷合同的实践性、无效合同、可撤销民事法律行为等条款，将虚假诉讼、虚假仲裁的特点、规律和防范应对措施作了深入浅出的讲授。

（五）

这次成功授课，充分显示了中南大学法学院与“三一集团”联合培训的有力组织和学员探求新知、长于思辨、问题导向、追寻答案的真切愿望。

这堂课花了整整3个小时。讲解用时150分钟，30分钟回答学员提问。互动环节十分活跃，提问涉及领域宽广。

特别是有多位学员对《民法典》新增加的“居住权制度”有着浓厚的兴趣。其中一位学员提问道：如何防止债务人通过在自己房屋上为亲友设立居住权的办法，为自己债务的清偿设阻？换一种说法，就是我们通常说的“老赖”通过与亲友串通设立居住权的形式，来对抗人民法院的执行。

这是一个还没有发生的新问题，因为《民法典》还未生效。要到2021年1月1日《民法典》生效以后，居住权才可设立。

但学员就预先考虑到了“老赖们”的新对策，这确实需要引起立法层和最高司法决策层的警醒和重视，提前作好应对，制定相应的规则。

（六）

依据《民法典》第366条规定：“居住权人有权按照合同约定，对他人的住宅享有占有、使用的用益物权，以满足生活居住的需要。”设定“居住权”的房屋，居住权人可以在约定的期限内一直住下去，有的是约定终生享有居住权。

虽然《民法典》对设定“居住权”房屋的转让没有禁止性规定，但设定了“居住权”的房屋，其转让必然会受到影响。即使房屋能够转让并过户，但如果居住权合同约定的居住时间还在继续，对买房人来说，购买后却不能占有、使用、自住或出租等，购买这样的房子显然意义不大、价值大打折扣。

如果债务人在自己房屋上为亲友设立“居住权”，债权人即使通过人民法院强制执行取得所有权，也不能拥有占有权、使用权、控制权，除非居住权人自愿放弃居住权，腾退该房屋。如果居住权约定的是终生的，还得等到居住权人死亡后，房屋才恢复价值。

“居住权”制度这一新事物必然伴随新问题，这些问题有待司法解释和其他规则进一步明确，打好“补丁”，堵塞漏洞，以此防止被人钻了法律的空子。

（七）

当然，按照《民法典》相关规定，如果债务人为了“逃债”，而与亲友恶意串通，通过设立居住权的办法来架空可供执行的财产，这种情况可以按照《民法典》有关“恶意串通，损害他人合法权益的民事法律行为无效”或有关可撤销民事法律行为的规定处理。《民法典》第154条规定：“行为人与相对人恶意串通，损害他人合法权益的民事法律行为无效。”

债权人也可以依据《民法典》第538条、第539条的规定请求人民法院撤销债务人的行为。

（2020年11月4日）

附：

《民法典》第154条：行为人与相对人恶意串通，损害他人合法权益的民事法律行为无效。

第538条：债务人以放弃其债权、放弃债权担保、无偿转让财产等方式无偿处分财产权益，或者恶意延长其到期债权的履行期限，影响债权人的债权实现的，债权人可以请求人民法院撤销债务人的行为。

第 539 条：债务人以明显不合理的低价转让财产、以明显不合理的高价受让他人财产或者为他人的债务提供担保，影响债权人的债权实现，债务人的相对人知道或者应当知道该情形的，债权人可以请求人民法院撤销债务人的行为。

第 366 条：居住权人有权按照合同约定，对他人的住宅享有占有、使用的用益物权，以满足生活居住的需要。

学好讲好用好《民法典》，回报家乡人民期待

在浏阳三中从教10年、浏阳农行工作5年后，1996年离开浏阳，调入长沙市中级人民法院工作，从此走上法律之路，从零开始学习法律，一晃就25个年头了。学法用法，执法司法，写法讲法，永远在路上。艰辛中有收获有快乐，有体悟有思索，有得失有成果。

25年来，在执法司法之余，贯彻中央“谁执法谁普法”的总体方针和制度安排，坚持“学法、写法、说法”，以“三法”为业，以“三法”为乐，奉法敬业，助推工作，服务群众，提升自己，开拓创新，力行改革，受到各界关注，产生一定影响。

尤其家乡领导、家乡父老乡亲给予更多的鼓励与期待。

大约10多年前，浏阳市委组织部曾邀请我到浏阳欧阳予倩大剧院为全市1000多名副科级以上干部作过“公职人员心态建设”的汇报讲座，也回母校浏阳三中为全体教职员工作“教师职业心态建设”讲座。当时我在宁乡市人民法院主职，推行政法职业心态建设，受到政法界和社会广泛认同。

这是多年旧事，且不多表。

今年5月28日，十三届全国人大三次会议通过《民法典》，这是中国法治史上一件具有里程碑的大事件。5月29日，习近平总书记主持中央政治局第20次集体学习，专题学习《民法典》，并就“切实实施民法典”发表重要讲话，提出了“五个加强”，即加强民法典重大意义的宣传教育、加强民事立法相关工作、加强民法典执法司法活动、加强民法典普法工作、加强我国民事法律制度理论研究。随后，中央八部委办（中宣部、中组部、中政委、中网办、

全国人大办、教育部、司法部、全国普法办等部门）联合通知，部署在全党全国开展《民法典》学习宣传工作。通知要求在全社会大力营造尊法、学法、守法、用法的浓厚氛围，组织开展民法典宣传教育活动，推动民法典“六进”：进机关、进乡村、进社区、进学校、进企业、进单位。

湖南省委宣传部、组织部、政法委、司法厅等八部门也联合下发民法典宣讲实施方案，并组建了一个由25名法学专家教授组成的“湖南省民法典宣讲团成员”，我荣幸位列其中。

家乡浏阳十分重视民法典的学习宣传工作。我也因此有幸利用业余时间，受邀到浏阳宣讲民法典。10月12日晚上应校长张小宝之邀，到自己曾经从教工作过10年的浏阳三中，为母校全体老师作了一场《让民法典走近人民，走近你我他》的讲座；10月21日，又受浏阳市人大常委会主任吴震同志之邀，向浏阳市人大常委会作了《贯彻执行民法典，增进人民福祉》的汇报讲座。

能受到浏阳市人大常委会和浏阳三中邀请回家乡宣讲民法典，对本人来说，是一件很荣幸的事。尽管自己曾到全国各地作过上百场各类讲座，但家乡的邀请有着特别的意义和价值，我以此为荣。

在浏阳市人大常委会，我下午作汇报讲座，见到了人大常委会多位老领导和朋友，感到十分亲切。他们一直在听我作汇报讲座，令我十分感动。

“浏阳人大”官方微信公众号于当晚就推出了报道，《浏阳日报》也在第二天头版重要位置作了报道。浏阳市人大常委会主任吴震在讲座后总结点评道：“本堂授课视野开阔，内容丰富，深入浅出，兼顾了法理与人情，既在法内讲法，又于法外求法，令听众觉得轻松而亲切，同时也体现出了讲座者本人知行合一的品质。”

对本人来说，这实在是过誉。当然，我深知这是吴主任对我的鼓励。特别是他提出的“法内讲法，法外求法”的观点，更当是今后须努力践行的方向。“法内讲法，法外求法”，这对执法司法工作者和法律人来说，有着深切的启迪意义。中国自古以来“天理国法人情”并重，“法有定法，亦无定法。”我们必须用唯物辩证法指导学法、用法、执法、司法。如果迷信法条，就会陷于机械主义，如果偏离法条，则又沦为法律虚无主义，两者皆不可取。

首席大检察官张军检察长在最近的讲话中曾向全国检察官提出要在司法实践中，看重“文本上的条文和内心的条文”，这样才能更好地通向实质正义，实现司法办案的“法律效果、政治效果、社会效果”的统一，人民群众才能在每一个司法案件中感受到公平正义。

当然，吴震主任第二天还打电话指出了讲座存在的不足和改进的建议。这对我今后进一步搞好民法典学习宣讲有着积极的意义。

10 月 12 日晚，浏阳三中学术报告厅坐得满满当当，300 多名教职员工带着极大的热情，听取我 2 个多小时的《民法典》讲座。

张小宝校长总结时说道：“讲座内容深刻、阐释精当，既有理论高度，又有生动案例，兼具理论性与实用性，加上现场有奖的抢答互动环节，确实让每一位教职工感受到了这部具有鲜明中国特色、实践特色、时代特色的民法典魅力，进而产生去自觉学习遵守运用好民法典，增强自身运用法律的意识。”

20 世纪 90 年代初，张小宝老师调来浏阳三中时，我已调入浏阳农业银行工作，当时就在学校门口的农行古港营业所上班。我清楚地记得，一天张小宝老师来到营业所，我知道他是当时浏阳县的围棋冠军，便上前向他请教如何下围棋。张老师只说了一句：“懂得了弃子，围棋才算入门。”这句话对我太有启发了，以后下围棋的时候，对陷于困境的几颗子，就懂得暂时“放弃”，不再苦苦突围。行棋到后，说不定这几颗子反而发挥了“援兵”的神奇作用，这样的前后呼应，算是下围棋的一种境界。如果当时一定要冲出重围，说不定牺牲更加惨重。

“懂得弃子，围棋才算入了门。”其实，何止围棋如此，人生何尝不是如此呢？

这是题外话。当晚讲座，9 点结束，我即赶回长沙。浏阳三中工会主席、年轻的语文老师瞿皓，即发来一首七律。

聆听马贤兴检察长浏阳三中宣讲民法典有感

桂馥枫丹暮色萦，轩窗灿烂映金声。
技经肯綮迷津辨，瓴建高屋耳目惊。
解惑析疑邻里睦，扬清去浊玉宇明。
曾经古院亭前月，也照悠悠赤子行。

附 1：

浏阳市人大常委会组织开展《民法典》专题讲座

2020 年 5 月 28 日，十三届全国人大三次会议表决通过了《中华人民共和国民法典》（以下简称《民法典》）。这部法律自 2021 年 1 月 1 日起施行。10 月 21 日，市人大常委会邀请到湖南省《民法典》普法宣讲团成员、雨花区人民检察院检察长马贤兴，开展了一堂《民法典》专题讲座。市人大常委会组成人员、市人大机关干部、市人大机关离退休老同志以及市人民检察院部分人员参加讲座。

《民法典》被称为“社会生活百科全书”，是民事权利的宣言书和保障书。讲座过程中，马贤兴围绕《民法典》的编纂、颁布、结构及特色进行了解读，并以案说法、以情说法，将法律语言转化为通俗易懂的案例，有效地提高了大家对《民法典》的认识与理解。

市人大常委会主任吴震认为，本堂授课视野开阔，内容丰富，深入浅出，兼顾了法理与人情，既在法内讲法，又于法外求法，令听众觉得轻松而亲切，同时也体现出了讲座者本人知行合一的品质。

吴震强调，市人大常委会机关和全体人大工作者，要带头学习《民法典》、宣传《民法典》、遵守《民法典》、维护好《民法典》，要让《民法典》走进浏阳大地，走进人民群众，要在浏阳形成学法、知法、守法、用法的浓厚氛围。市人大常委会要加强对“公、检、法、司”等部门的监督，“公、检、法、司”等部门要认真学习《民法典》，要精准地把握好《民法典》的立法精神和法条要义，公正司法，加强《民法典》执法活动，促进社会的公平正义；要积极推进依法治市、依法行政，用《民法典》约束政府行权，用《民法典》来保护人民群众的权益、增进浏阳百姓的福祉、促进浏阳社会的稳定和谐。

市人大常委会副主任刘旭、刘仙娥、杨智、陈清参加讲座。

（载“浏阳人大”官方微信公号、《浏阳日报》2020 年 10 月 22 日 A1 封面版）

附 2：

浏阳三中：《民法典》进校园，“典”燃教师学法热情

为了深入贯彻落实习近平总书记关于广泛开展学习《民法典》工作的重要指示，切实做好《民法典》的宣传和解读工作，进一步推进学校法治化建设进程和依法治校，增强教师的法律意识，10 月 12 日晚，浏阳市第三中学特邀请湖南省民法典普法宣讲团宣讲员、长沙市雨花区检察院检察长、原三中教师马贤兴来校，为全体教职工进行了一场以“让民法典走近人民，走进你我他”为主题的《民法典》讲座培训。讲座由校长张小宝主持。

讲座中，马检察长用通俗易懂的语言，结合发生在身边的典型案例，分“拥抱《民法典》、认识《民法典》、打开《民法典》”三个部分，对民法典的制定过程、重大意义、组成部分、生效时间、相关法律存废问题以及民法典中的一系列重点、热点问题进行阐述。

特别对《民法典》的诚信原则、绿色原则、优良家风、夫妻共同债务、离婚冷静期、土地流转、居住权制度、旧小区加装电梯、合同格式条款、高空抛物侵权责任、自甘风险原则、私力救济、英雄烈士人格权益保护、未成年人特别保护等与群众日常生活息息相关的法律条文结合身边的案例进行了较为生动、翔实的解读。

讲座内容深刻、阐释精当，既有理论高度，又有生动案例，兼具理论性与实用性，加上现场有奖的抢答互动环节，确实让每一位教职工感受到了这部具有鲜明中国特色、实践特色、时代特色的民法典魅力，进而产生去自觉学习遵守运用好民法典，增强自身运用法律的意识。

校长张小宝在讲座结束后表示，明法于心，才能守法于行。作为教师，承担着传道、授业、解惑的职责，学通弄通《民法典》，不仅可以提高自身素质和增强法律意识，保障自身合法权益，更可以通过潜移默化的宣传教育，通过家校共育，把法律知识传递给学生，提升共同维护法律箴言的权威意识，带动学校依法管理，老师依法从教，从而更好地维护校园安全环境和教学秩序。

（载“浏阳三中”微信公众号，2020 年 10 月 12 日）

马贤兴：带头学好讲好用好民法典

《检察日报》记者　张吟丰

“民法典是一部社会生活的百科全书，具有‘固根本、稳预期、利长远’的基础性作用，要以大众喜闻乐见的方式加大普及，传播法治理念。”近日，湖南省长沙市雨花区检察院检察长马贤兴接受记者采访时说，必须带头学好、讲好、用好民法典，才对得起胸前的检徽。

撰写36篇“话说民法典”文章

今年9月25日，湖南电视台播出一期题为《加装电梯，到底难在哪？》的法治节目，马贤兴被邀请担任该期节目的点评嘉宾。在节目中娓娓道来的背后，是马贤兴调研、献策老旧小区加装电梯所付出的努力。

针对老旧小区加装电梯推进缓慢问题，马贤兴多次利用业余时间到辖区多个职工小区实地调查。

“已有多位老教师没有等到乘坐电梯就去世了，有的老人因为腿脚不便10年没有下过楼，有的老人下一次楼要花100元请人抬下来。”中南林业科技大学家属楼的几位老教授对前来调研的马贤兴说，他们希望能尽快乘上电梯，实现“上上下下”的幸福梦。

了解到一些区县对加装电梯采取“一票否决制”，要求所有住户签字同意。马贤兴认为这不符合民法典和物权法规定精神。“目前一个单元只要满足三分之二以上业主同意，即符合法定比例要求，民法典生效后，这一比例还将降低。”为此，马贤兴结合民法典，在其个人微信公众号“山虎说法”中相继推出《加装电梯有住户不同意怎么办？用民法典来办！》《既有住宅加装电梯：

一部电梯几行泪》等多篇文章，从物权法到民法典相关规定、从法治教育到思想引导，对加装电梯这项惠民工程作了较为全面的释法析理。

民法典出台以来，马贤兴已撰写《全面贯彻民法典确立的“绿色原则”》《民法典确立的“自甘风险规则”》等“话说民法典”系列文章36篇，通过“山虎说法”推出后，获得大量转发和点赞。

呼吁修正“第24条”

马贤兴曾接待过一位70岁的郝大娘，她哭诉和丈夫姚某从结婚起关系就不好，长期分居。多年前，姚某离家后就再也没有回来过。然而，她的日子却并没有因此而消停——她陆续无端地当上了多起民事案件的被告。长沙市4家基层法院简单依据“《婚姻法司法解释二》第24条”判决郝大娘对1000多万元无端巨债承担连带清偿责任。她申请再审后均被驳回。

走投无路的郝大娘找到马贤兴求助。马贤兴没有因为院里对此案没有管辖权就将老人拒之门外，而是向郝大娘耐心解释“第24条”的来龙去脉，以及最高人民法院关于夫妻共同债务认定的最新解释、民事诉讼再审和检察机关法律监督的具体规定，指导她到长沙市检察院民事检察部门申请法律监督，并将情况向市检察院作了汇报。

长沙市检察院调查了解情况后受理了此案，并经慎重审查后向法院提出抗诉。最终，长沙市中级人民法院对所涉的6起案件全部再审作出终审判决，全部采纳长沙市检察院抗诉意见，改判涉案债务为姚某个人债务。

马贤兴曾在办案中遇到过不少像郝大娘这样无辜背上冤债的女性。他希望通过对一个一个案件的纠正，推动从根本上修正“第24条”。

马贤兴和其他专家关于“夫妻共债共签”和证明责任分配的合理建议，被最高人民法院新司法解释吸纳。马贤兴还通过撰写文章和学术演讲多次呼吁将新司法解释以法律条文形式固定。今年5月28日通过的《民法典》第1064条基本吸收了新司法解释的内容，为夫妻之间设立债权债务提供了明确的法律规范。

倡导办案与学法良性互动

“作为基层检察院，贯彻落实民法典，最重要的是要把民法典落实到检察司法办案实践中。”马贤兴说。

马贤兴告诉记者，雨花区检察院以民法典为遵循指导刑事检察工作，在民间借贷、商业交易、金融服务等民商事领域的刑民交叉案件中，严格区分刑事犯罪与经济纠纷，谨慎处理涉及民事纠纷的刑事案件，避免“以刑代民”“刑民混同”，坚决防止出现以涉嫌犯罪为由插手经济纠纷的情况。今年以来，该院共监督该类案件撤案 9 件 13 人。

马贤兴带领干警在深入领会民法典精神的基础上，将民事检察重点放在化解矛盾纠纷、维护社会稳定、促进经济发展等方面。该院现已办理 9 件虚假诉讼和支持起诉案件，把民事检察作为贯彻实施民法典的重要一环，将民法典的制度优势切实转化为国家治理效能。

他还倡导以民法典为后盾积极开展公益诉讼，依托民法典确立的原则，办理“等”外领域公益诉讼案件 58 件，有力形成了司法办案与学用民法典的良性互动。

最美公益普法人

“未成年人受到性侵害，成年后还能继续提起诉讼吗?”“小文在学校打篮球受伤，责任谁负?”

新学期伊始，雨花区的雅境中学举办了一场主题为“让民法典走进中小学”的法治讲座。受邀主讲人正是马贤兴，他也是湖南省民法典宣讲团成员。

为了取得更好的学习效果，马贤兴还设置了 10 个问题向学生提问，对抢答正确者当场赠送《民法典》一本。他积极履行法治副校长职责使命，部署组织 10 名担任法治副校长的检察官深入联点的 20 所中小学为师生讲解民法典相关法律知识，获得广大师生好评。

不仅如此，自今年 6 月以来，马贤兴还应邀赴多所高校宣讲《民法典》；多次利用周末或晚上来到机关、街道、社区，以及“三一集团”“和立东升”等民营企业开展民法典宣讲 20 余场。今年 10 月，马贤兴被评为“2020 年湖南省最美公益普法个人”。

（刊载于 2020 年 12 月 16 日《检察日报》）

马贤兴：传递法治声音传播法治信仰

《法治周末》记者　刘希平

“《民法典》第1176条‘自甘风险’条款，说的是自愿参加具有一定风险的文体活动……”

10月12日晚上，湖南省浏阳三中的学术报告厅内，一场针对全校教师的《民法典》宣讲活动正在进行。此次受邀主讲《民法典》的是长沙市雨花区人民检察院党组书记、检察长马贤兴，他也是湖南省民法典普法宣讲团成员之一。

长期以来，马贤兴将中央“谁执法谁普法”的总方针，贯彻到工作和业余生活中。他在做好本职工作的同时，总是利用周末和晚上时间，到学校、街道社区、民营企业进行公益普法宣讲，传递法治声音传播法治信仰。他将法治理论根植于现实，直面热点问题，紧贴百姓所感所想，让法治理论脱去了“高大上”的外衣，真正走进了人们生活和内心。今年5月，《民法典》颁布后，他把《民法典》的学习贯彻、宣讲传播、应用执行当作了自己的责任和使命。

马贤兴经常利用周末和晚上时间进行法治讲座。“让各项法律法规深入人心，让群众知道如何守法、如何用法，加大普法力度、加强法治宣传非常重要。”马贤兴对记者说。

今年9月，马贤兴因为参加公益普法成绩突出，他被湖南省检察院和长沙市司法局推荐为湖南省“最美公益普法个人”候选人。

普法问需于民践行“送法六进”

马贤兴曾长期在长沙法院系统工作，先后担任过长沙市中级人民法院研究室主任、宁乡市法院院长、天心区法院院长，之后调任雨花区检察院检察长。

无论是在法院还是在检察院工作，马贤兴不仅努力让人民群众在案件办理中感受到公平正义，他还通过普法的形式，将公平正义的理念输送到老百姓心中。他经常挤出时间开展“送法进机关、进学校、进企业、进社区、进乡村、进单位”活动，并作了大量的义务普法宣讲。

今年5月28日，十三届全国人大三次会议通过《民法典》。为了宣讲好这部与百姓生活息息相关的新法典，湖南省守法普法工作办公室组建了湖南省民法典普法宣讲团，马贤兴被确定为宣讲团成员之一，他也是唯一一名来自市州和区县“法检两院”的宣讲团成员。

马贤兴第一时间采购了一千余本散发着油墨香的《民法典》，开展“送法进机关、进学校”活动，将《民法典》赠送给雨花区部分中小学、区人大常委会、政协、纪委监察委、组织部、雨花亭街道等单位，为领导干部、党员和教师在工作、学习、生活之中带头学习宣讲民法典提供方便。

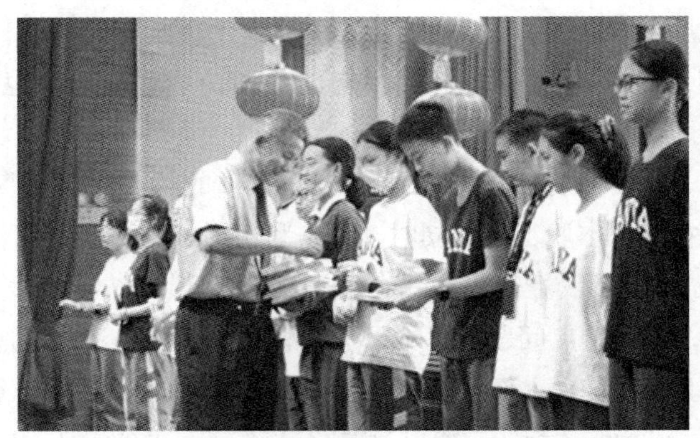

马贤兴为长沙雅境中学学生代表赠送《民法典》（郑涛 摄）

在《民法典》的宣讲中，马贤兴特别注重对《民法典》的诚信原则、绿色原则、优良家风、夫妻共同债务、离婚冷静期、土地流转、居住权制度、旧小区加装电梯、合同格式条款、高空抛物侵权责任、自甘风险原则、私力救济、英雄烈士人格权益保护、未成年人特别保护等，与百姓日常生活息息相关的法律条文结合身边的案例进行生动、翔实的解读，引导群众自觉学习遵守运用好《民法典》，不断增强自身法律意识，取得良好的社会反响。

“胎儿是否有继承权？孩子到了受教育阶段，能享受哪些权利？”“《民法典》第1176条‘自甘风险’对学校有何意义？学校等文体活动组织者如何尽到安全保障义务？如何从思想上真正确立建筑物所有权区分专有部分和共有部分的概念、确立‘有利生产，方便生活，团结互助，公平合理’的相邻关系基本原则?”

日前，马贤兴来到由其担任法治副校长的雨花区泰禹小学和长沙市雅境中学，为全体教师作“让民法典走进中小学校”的专题讲座，并给学生赠送《民法典》学习读本，为孩子扣好人生第一粒法治扣子。

马贤兴还紧紧围绕经济社会发展实际，开展“送法进企业”活动。去年4月11日晚，应华中建设开发集团有限公司的邀请，他作了“民营企业如何防范虚假诉讼侵害”的法律讲座；4月23日，他又为雨花区百余名企业管理人员义务讲授《企业民事法律风险防范60个提示》，引导企业依法经营、健康发展；他还定期下基层“送法进社区”，针对辖区居民最关心家庭婚姻、邻里纠纷、老人与妇女儿童维权等问题解答疑惑，增强全民法治观念，不断提高居民学法、守法、用法意识。

个人公号普法贴近市民生活

从“业主同意”到“业主一致同意”，“住改商”《民法典》比《物权法》有着更严格的限制……

10月12日上午，一个针对市民大众的个人普法微信公众号“山虎说法”，又更新了一期内容，创办此公号的正是马贤兴。

作为胸怀法治梦想的“普法人”，马贤兴常年利用业余时间在该公众号撰写各类普法文章，笔耕不辍，十年如一日。

今年9月10日，湖南当地一家媒体披露：长沙一小区业主买下77套住房欲装成酒店，遭到其他业主反对。马贤兴看到这篇新闻后，立即结合《民法典》撰写了一篇普法文章在公众号刊发。

马贤兴在文章中分析认为，《民法典》第278条第（八）项规定“改变共有部分的用途或者利用共有部分从事经营活动”，属于业主共同决定的重大事项，应当经2/3以上业主参与表决，再经参与表决的3/4以上的业主同意。

“住改商”或“商改住”都改变了用地性质，会对规划、容积率、道路交通、消防带来系列影响，必须经过重新报批程序，取得相关部门或机构的审批。业主千万不可擅自为之，轻易为之，以避免给自己造成损失和带来不良社会影响。

马贤兴善于从身边小事说起，传播法律知识。2019 年元旦前夕，马贤兴休假在乡下老家晨跑，看见一农户将国旗插在门前菜土里用来“驱鸟”。看到这一幕后，他马上上门向该农户主人指出，根据《国旗法》的规定，不能将国旗插在菜土里。同时，马贤兴还耐心向他们宣传解释国旗的庄严神圣和国旗使用、悬挂的正确方法。农户听后，表示自己不懂法，马上到菜土里将国旗收回洗净珍藏。

为了纠正类似情况，马贤兴还向临近两个村的支部书记和镇派出所所长打电话，建议村干部和民警下乡时关注纠正类似违反《国旗法》的情况。同时，他还在个人公众号上对《国旗法》知识进行了宣讲。

既有住宅加装电梯是一项惠及千家万户的民生工程，也是一项需要政府各部门和广大业主综合施策、共同发力的特殊工程。但是，各地在政策落地、牵头组织、报建备案、施工许可、安全保障、综合协调、对少数异议反对住户的引导调解等方面，工作力度不一，进展不均衡，成效差异较大。

为了解这项民生工程实施中的难点，马贤兴到长沙市黎托强制戒毒所所、中南林业科技大学、湖南省水利勘察设计院等多个职工宿舍小区调研走访，他深切感受到：一方面广大业主对加装电梯有着热切的期盼和呼唤；另一方面这项工程进展缓慢，相关牵头人员作了很多牺牲和贡献，但效果不佳。

今年 9 月 15 日，马贤兴结合《民法典》的相关法条，撰文《既有住宅加装电梯：一部电梯几行泪?》在其个人公众号发表。

马贤兴认为，有些地方规定加装电梯“公示期间如有异议或反对意见就不予审批”这是错误的。

“《物权法》第 76 条规定，加装电梯属于业主共同决定的重大事项，由 2/3以上业主同意即可。《民法典》生效以后，业主表决同意的法定比例还将降低，在经过两步计算后，表决同意人数实际上可能只要达到业主总人数的 1/2 即符合法定比例要求。”马贤兴说。

结合热点，关注现实，马贤兴个人微信公众号吸引了不少粉丝。一系列文章被主流媒体转发，产生了广泛的社会影响。

“马检文章用语朴实生动，内容丰富，贴近社会生活实际，观点鲜明，符合宪法和法律精神，传播社会主义核心价值观。”“Mr. li”（网名）是该微信公众号的“铁杆粉丝”，他认为在马贤兴的笔下，深奥难懂的法律术语、规则总会变得灵性活泼，通俗易懂，令读者喜闻乐见。

勇当说法嘉宾传播法治信仰

在业余读书写作讲学活动中，马贤兴坚持“既要‘学’法，又要‘写’法、更要‘说’法”的自我要求，把“学、写、说”三者统一起来，他利用业余时间经常性地到大中小学、机关企业、街道社区举行普法讲座，或接受各类媒体采访。

马贤兴结合司法实践撰写的《虚假诉讼为何屡打不绝》《“越洋追债”缘何未得到司法支持》《重构逮捕价值观推进社会治理》等普法文章，分别在《人民日报》《法制日报》《法治周末》等中央媒体发表，曾引发过广泛关注。

同时，马贤兴还勇当说法嘉宾，走上电视荧屏传播法治信仰。

据不完全统计，马贤兴近 20 次担任央视《今日说法》、央视《社会与法》、湖南电视台《经视说法》、湖南电视台《都市频道》和《长沙政法频道》等全国、全省重点法治电视节目的点评嘉宾，对法治热点、难点问题进行专业分析、通俗解读，以大众喜闻乐见的方式普及法律知识，传播法治理念。

马贤兴受邀参加湖南经视《经视说法》法栏目，传播法律知识

2018 年 12 月 17 日，中央电视台“社会与法”频道“一线”栏目播出“特别节目”《天使之翼：沉重的债》。马贤兴和北京大学教授马忆南、中华女子学院教授李明舜等学者专家，受邀共同出镜，探讨“《婚姻法司法解释二》

第24条”存在的问题，以及“夫妻债务”司法如何认定等话题。

据记者了解，马贤兴长期呼吁对“《婚姻法司法解释二》第24条”予以修正、对虚假诉讼、虚假仲裁从严惩治。为此，他多次走上央视《今日说法》，以及湖南《钟山说法》《经视说法》等电视“说法”栏目，出镜担任专家点评，解说相关法律。

2020年2月29日，马贤兴应湖南经视邀请专门就涉疫情法律问题到《经视说法》义务出镜担任法律专家，专题评述《“疫情当前 哪些法律不能触碰”》，向社会宣传涉疫法律问题，为打赢疫情防控阻击战普及法律知识，贡献法治力量。

马贤兴还积极鼓励并推荐雨花区检察院其他检察官大胆走上荧屏说法。到目前为止，该院李小乔、常欣彧、罗大钧、刘乐、彭鹏等多名优秀检察官，多次担任“经视说法”专家点评。

10月13日，记者采访马贤兴时，他正忙于明晚的另外一场《民法典》的宣讲活动。

“只有将法治理论根植于现实，紧贴百姓的生活，法律才能真正走进了人们生活和内心，公益普法需要持之以恒，只有通过润物细无声的法治教育和熏陶，才能唤起民众对法治的信仰，形成崇尚法治的风尚。”马贤兴对记者说。

（刊载于2020年10月15日《法治周末》）

让民法典扎根百姓心中

——记湖南省最美公益普法个人、长沙市雨花区检察院检察长马贤兴

湖南日报·新湖南客户端记者　于振宇

提出修改“《婚姻法司法解释二》24 条”的建议，被民法典吸纳；在公众号上撰文普法，吸粉无数；十多年坚持送法进学校、进企业、进社区……他就是长沙市雨花区检察院党组书记、检察长，湖南省民法典宣讲团成员马贤兴。

多年来，马贤兴坚持普法和办案并重，身体力行公益法治宣传教育，将法治理念播种到群众心中，先后被授予“全国政法系统优秀党员干警”“湖南省最具影响力法治人物”“湖南省最美公益普法个人”等荣誉称号。

一、带头学好、讲好、用好民法典

“胎儿是否有继承权？孩子到了受教育阶段，能享受哪些权利？学生打篮球受伤，学校要担责任吗？”

2021 年 1 月 1 日，《民法典》正式实施。假期一过，马贤兴就来到由其担任法治副校长的泰禹小学和雅境中学，为师生做《民法典》专题义务讲座，并赠送民法典读本，给孩子扣好人生第一粒法治扣子。

2020 年 5 月 28 日《民法典》颁布后，马贤兴第一时间派人购买 2000 余本，送给中小学、街道社区与企业，为党员干部、教师员工在学习《民法典》方面提供方便。

马贤兴还应邀利用周末或晚上赴多所高校、省市直机关以及“三一集团”“和立东升”等民营企业开展《民法典》宣讲 30 余场，并撰写 40 多篇“话说民法典”系列文章在报刊、网络发表。

“民法典是社会生活的百科全书，以喜闻乐见的方式进行普法，大家接受度更高。作为基层检察长，必须带头学好、讲好、用好民法典，让民法典在老百姓心中扎根。”马贤兴说。

10 多年来，马贤兴还经常挤出时间开展“送法进学校、进企业、进社区、进乡村”活动，针对群众关心的家庭婚姻、邻里纠纷、妇女儿童维权等问题答疑解惑，不断提高群众学法、守法、用法意识。2020 年 12 月 4 日国家宪法日表彰会上，马贤兴被授予“2020 年湖南省最美公益普法个人”称号。

二、呼吁修正“《婚姻法司法解释二》第 24 条”

2020 年一天，长沙市 70 多岁的郝娭毑来到雨花区检察院向马贤兴哭诉自己的遭遇。多年前，她丈夫姚某以承包工程为由向多人借取巨款后失联，郝娭毑对借款事宜毫不知情。基层法院简单依据“《婚姻法司法解释二》第 24 条”，认定属于夫妻共同债务，判决郝娭毑对债务承担连带责任。

丈夫举债，自己一分钱未花却要还债，走投无路的郝娭毑找到马贤兴求助，马贤兴指导她到长沙市检察院申请法律监督。经调查，长沙市检察院向法院提出抗诉。最终，长沙市中级人民法院认定姚某所借债务未用于共同生活或经营，不是夫妻共同债务，郝娭毑 1361 万元债务被免除。

“机械适用法条是不够的，很多女性在婚姻中的权益受到了严重损害。有些女性虽摆脱了痛苦的婚姻，却无辜背上了莫名的沉重债务，又申诉无门。”马贤兴说。

多年来，马贤兴不断写文章著书、参加学术研讨等，呼吁对“24 条”不合法理与情理的夫妻共同债务强制推定和举证责任分配规则进行修正。2020 年 5 月 28 日，《民法典》颁布，吸纳了马贤兴和其他法学专家关于婚姻法的相关建议，马贤兴也获得了“全国维护妇女儿童权益先进个人”称号。

三、把普法工作融入检察办案全过程

“办好一个案例胜过一打文件，最重要的是要把民法典落实到司法办案实践中。”马贤兴说。

马贤兴告诉记者，《民法典》颁布后，雨花区检察院以民法典为遵循指导刑事检察工作，在民间借贷、商业交易等刑民交叉案件中，严格区分刑事犯罪与经济纠纷，避免“以刑代民”，防止以涉嫌犯罪为由插手经济纠纷。去年以来，该院共监督该类案件撤案 9 件。

马贤兴带领干警将民事检察重点放在化解矛盾纠纷、维护社会稳定、促进经济发展等方面，把民事检察作为贯彻实施民法典的重要一环。他还倡导以民法典为后盾积极开展公益诉讼，依托民法典确立的原则，办理公益诉讼案件 58 件。

为了做好普法工作，马贤兴还开通个人微信公众号“山虎说法”，利用业余时间，三年撰写案例分析、法治评论等文章 256 篇。近日，《检察日报》刊发报道，对马贤兴落实中央“谁执法谁普法”，努力宣讲民法典的事迹进行了推介。

（刊载于 2021 年 1 月 14 日《湖南日报·新湖南客户端》）

最美公益普法个人马贤兴：担当有为，发出新时代法治好声音

红网时刻记者　郑涛　实习生　胡艳

长沙市雨花区检察院党组书记、检察长马贤兴秉承有温度、有深度、有高度的普法情怀，以“润物细无声”的细致，以“咬定青山不放松”的毅力，始终抓好公益法治宣传教育工作，将自我的初心与使命贯穿公益普法的始终，将法治信念与信仰传播在人民群众心中，先后获得建党90周年全国政法系统优秀党员干警、全国维护妇女儿童权益先进个人、湖南省优秀思想政治工作者、湖南省最具影响力法治人物、湖南省首届审判业务专家等荣誉称号。

一、问“法”于民，践行“送法五进”

“胎儿是否有继承权？孩子到了受教育阶段，能享受哪些权利？”

“未成年人受到性侵害，成年后还能继续提起诉讼吗？”

近日，马贤兴来到由其担任法治副校长的泰禹小学和雅境中学，为全体教师做“让民法典走进中小学校”的专题讲座，并为学生赠送《民法典》学习读本，为孩子扣好人生第一粒法治扣子。

此前，《民法典》颁布后，马贤兴迅速买入1000余本，分送给有关单位、中小学、街道社区与部分民营企业，为领导干部、教师、党员在工作、学习、生活之中带头学习宣讲民法典提供方便。

“自今年5月28日十三届全国人大三次会议通过《民法典》以来，我第一时间按照中央‘谁执法谁普法’的总要求，把今年普法的重点放在民法典的学习贯彻和宣讲普及上。”马贤兴告诉时刻新闻记者。

作为基层检察机关一把手的马贤兴，在繁忙的办案和机关事务中经常挤出

时间开展“送法进机关、进学校、进企业、进社区、进乡村”活动。针对精准识贫脱贫、履行赡养抚养义务、扶贫产业发展等方面开展“送法进农村”普法活动，为脱贫攻坚提供司法服务和保障；通过开展“送法进企业”活动，引导企业依法经营、健康发展；定期下基层“送法进社区”，针对辖区居民最关心的家庭婚姻、邻里纠纷、老人与妇女儿童维权等问题答疑解惑，增强全民法治观念，不断提高居民学法、守法、用法意识。

2020 年 8 月，马贤兴被中共湖南省委宣传部、省委组织部、省委政法委、省委网信办、省人大常委会、省教育厅、省司法厅、省守法普法办八部门确定为湖南省民法典普法宣讲团成员，也是唯一一名来自市州和区县“法检两院”的宣讲团成员。

在宣讲中，他特别注重对《民法典》的诚信原则、绿色原则、优良家风、夫妻共同债务、离婚冷静期、土地流转、居住权制度、旧小区加装电梯、合同格式条款、高空抛物侵权责任、自甘风险原则、私力救济、英雄烈士人格权益保护、未成年人特别保护等与群众日常生活息息相关的法律条文结合身边的案例进行生动、翔实的解读，引导群众自觉学习遵守运用好民法典，不断增强自身法律意识，取得良好的社会反响。

在他的感召下，雨花区检察院也形成了一批致力于公益普法的检察官队伍，在公益普法的道路上不断前行。

二、笔耕不辍，“山虎说法”传递法治精神

“本期专论《民法典》‘物权编’第 278 条对《物权法》第 76 条的修改与完善。其中，最主要的区别和法律价值在于适当降低了业主对共同决定事项作出决议的门槛，即表决或同意的法定比例要求有所降低。”

2020 年 9 月 13 日，微信公众号“山虎说法”推送第 223 期文章，对《民法典·物权编》第 278 条对《物权法》第 76 条进行了对比论述，内容丰富，观点鲜明。该微信公众号的作者就是马贤兴。

马贤兴作为胸怀法治梦想的“普法人”，常年利用业余时间在该公众号撰写各类普法文章，笔耕不辍，十年如一日。

“以喜闻乐见的方式进行普法，大家接受度更高。”马贤兴介绍，2018 年 1 月，他在全国基层政法系统中率先开办个人微信公众号“山虎说法”。两年

来已撰写推送法治评论、调研论文、案例分析等各类文章230期，带头传播党的声音，进行法治宣传，产生较大的积极影响。

“笔耕不辍，随时随地进行有效普法，是我开设个人微信公众号的初衷。”马贤兴介绍。

2020年初，新冠肺炎疫情暴发，马贤兴深入到街道社区一线督导抗疫工作，敏锐关注疫情形势，深刻意识到抗疫形势的严峻性与复杂性，连夜写下《关于春节期间取消任何家庭外走访和聚餐、安心在家读书的倡议》一文，倡导春节疫情防控取消一切社交活动和春节聚餐。

文章提出没有抗疫和特殊工作任务的同志，切实做到居家隔离就是为抗疫做贡献的独到观点。之后，他依据抗击疫情需要，撰写发表了《疫情当前，你是士兵还是“逃兵”?》，号召广大市民团结一致，众志成城、严于律己、同心协力共同抗击疫情。

结合热点，关注现实，马贤兴个人微信公众号吸引了不少粉丝。一系列文章被主流媒体转发，产生了广泛的社会影响，法制日报社主管的《法制与新闻》杂志开设“山虎说法”专栏，连续10多期发表马贤兴的“说法”撰文。中央电视台“今日说法”“社会与法”频道和湖南经视的“钟山说法”“经视说法”均多次邀请马贤兴作为专家点评。

“马检文章用语朴实生动，内容丰富，贴近社会生活实际，观点鲜明，符合宪法和法律精神，传播社会主义核心价值观。”“Mr. li”（网名）是该微信公众号的“铁杆粉丝”，他认为在马贤兴的笔下，深奥难懂的法律术语、规则总会变得灵性活泼，通俗易懂，令读者喜闻乐见。

二、推动“《婚姻法司法解释二》24条”修改，维护妇女儿童合法权益

“他在外面帮人打工，我从来不知道他在外面借钱承包工程的事。”一天，长沙市70岁的郝娭驰来到雨花区检察院向马贤兴哭诉了自己的遭遇。

郝娭驰和丈夫姚某的关系，从结婚起就一直不好。从2011年起，姚某就以资金周转、需缴纳工程押金等为由，先后向公司、个人借款近千万元。借款到期后，姚某未履行还款义务，郝娭驰作为姚某的妻子，被债主们一并告上了法庭，无端地当上了7起官司的被告。

长沙市 4 家基层法院简单依据“《婚姻法司法解释二》24 条”判决郝娭驰对 1000 多万元无端巨债承担连带清偿责任。

郝娭驰向四家基层法院申请再审，都被驳回。无奈之下，郝娭驰求助于马贤兴。

马贤兴并没有因为雨花区检察院没有案件管辖权就拒绝接待求助者，相反，他对这位特殊的来访者给予热情接待和释法讲法，向她耐心解释“《婚姻法司法解释二》24 条”的来龙去脉、最高人民法院夫妻共同债务认定的最新解释、民事诉讼再审和检察机关法律监督提起抗诉的具体规定，指导郝娭驰到长沙市人民检察院民行处申请法律监督。

最终，该起案件再审作出终审判决，改判为姚某个人债务。

不知情、未签字、未受益的郝娭驰终于从沉重的“被负债”中解放出来，1361.3 万元债务本息的清偿责任全部免除。

“作为社会相对弱势的群体，妇女儿童的权益被保护好了，国家的法治水平一定能不断提升。”10 多年来，马贤兴一直将妇女儿童权益保护作为公益普法的重点，致力于推动“《婚姻法司法解释二》24 条”的修正和虚假诉讼、仲裁的防治。

“在我长期的法律工作实践中，我发现，仅仅就案办案、机械适用法条是不够的，很多女性在婚姻中的权益受到了严重损害，我一直忘不了很多当事人的哭诉。她们有的虽然摆脱了痛苦的婚姻，却无辜背上了一辈子甚至几辈子都还不清的冤债。”马贤兴说就是这份“忘不了”的情怀，让他暗下决心，一定要在自己职权范围内再审纠正“《婚姻法司法解释二》24 条”带来的冤错案，重新建立夫妻债务认定规则，并推动修正“《婚姻法司法解释二》24 条”。

他不断地撰写文章、著书立说、参加学术研讨、提交议案提案、出席全国妇联等机关举办的高层专题座谈会等方式，呼吁对原来“《婚姻法司法解释二》24 条”不合法理与情理的夫妻共同债务强制推定和举证责任分配规则进行根本性的修正，为弱势群体发声，为国家立法建言，切实地保护了妇女儿童权益。

2017 年 3 月，马贤兴被评为“全国维护妇女儿童合法权益先进个人”。

2018 年 1 月 17 日，最高人民法院重新颁发夫妻债务认定司法解释，吸纳了马贤兴关于“夫妻共债共签”和证明责任分配的合理建议，2020 年 5 月 28

日十三届全国人大三次会议通过的《民法典》已将该司法解释确定的“共债共签”、家事代理和证明责任分配等规则以法典条文形式予以固定，为规范夫妻之间设立债权债务提供了明确的法律规范。

“妇女儿童权益不是一般性的权益，而是一项宪法性权益，随着我国法律的不断完善，妇女儿童的维权之路会越来越宽阔。”马贤兴坦言。

（刊载于2020年10月2日《红网》）

检察长创办个人公号传递法治声音：“山虎说法”诞生记

《法治周末》记者　刘希平

近日，最高人民检察院新闻办下发通知，对全国优秀检察新媒体百佳评选情况的进行了通报。由湖南省长沙市雨花区人民检察院党组书记、检察长马贤兴创办的个人微信公众号“山虎说法”，获评“全国检察自媒体十佳”。

作为胸怀法治梦想的“普法人”，马贤兴长年利用业余时间在该公众号撰写各类普法文章，笔耕不辍，十年如一日。据统计，“山虎说法”公号自创办以来，马贤兴已撰写了257篇案例分析、法治评论和随笔等文章，在公号上发表。

“我且耕且耘，看着青苗在长稻花在开。已闻稻香，稻穗渐黄。”马贤兴说。

据了解，2020年12月，马贤兴因为个人公益普法成绩突出，他被评为湖南省“最美公益普法个人”。

检察长试水新媒体普法

一个基层检察院的检察长，缘何会创办个人微信公众号进行普法？

“只有通过润物细无声的法治教育和熏陶，才能唤起民众对法治的信仰，形成崇尚法治的风尚。而微信公众号发表文章相对来说，简单易行，所以我有了通过创办个人微信公众号平台，来进行以案释法的想法。”马贤兴说。

马贤兴透露，他把想法和朋友说了后，一位朋友善意提醒他：“你是基层政法单位一把手，开什么微信公号啰，少说为佳，言多必失。”

但朋友的友情规劝并没有动摇马贤兴开办个人公号的决心。而此前，中共中央办公厅、国务院办公厅印发《关于实行国家机关“谁执法谁普法”普法责任制的意见》也提到，要建立法官、检察官、行政执法人员、律师等以案释法制度。

“作为一名检察官，应该为国家的普法事业作出自己的贡献。”中央下发的这份文件，让马贤兴更有了底气。

为慎重起见，马贤兴还通过长沙市检察院向上级有关部门申请，看是否同意他开设个人微信公号，相关部门反馈意见让他出乎意料。

“相关部门说鼓励领导干部开设微信公号、微博等，鼓励领导干部积极发声，对我创办个人公号进行普法的想法非常支持。”马贤兴说。

2018 年 1 月 22 日，马贤兴在“山虎说法”微信公众号推出了首篇文章——《学法用律要佩觿：常识常情与常理》。

三年间，马贤兴把业余时间利用起来，或在夜深，或在凌晨，或在城市，或在乡村。一期期地推送，三年里已推出“以案释法”类文章近 300 篇。

打造“以案释法”新阵地

从“业主同意”到“业主一致同意”，“住改商”《民法典》比《物权法》有着更严格的限制……

2020 年 10 月 12 日上午，“山虎说法”又更新了一期内容，这期内容聚焦小区住宅的“住改商”话题。

去年 9 月 10 日，湖南当地一家媒体披露：长沙一小区业主买下 77 套住房欲装成酒店，遭到其他业主反对。马贤兴看到这篇新闻后，立即结合《民法典》撰写了一篇普法文章在公众号刊发。

马贤兴在文章中分析认为，《民法典》第 278 条第（八）项规定“改变共有部分的用途或者利用共有部分从事经营活动”，属于业主共同决定的重大事项，应当经 2/3 以上业主参与表决，再经参与表决的 3/4 以上的业主同意。

“‘住改商’或‘商改住’都改变了用地性质，会对规划、容积率、道路交通、消防带来系列影响，必须经过重新报批程序，取得相关部门或机构的审批。业主千万不可擅自为之，轻易为之，以避免给自己造成损失和带来不良社会影响。”马贤兴在文章中写到。

马贤兴善于从身边小事说起，传播法律知识。2019 年元旦前夕，马贤兴休假在乡下老家晨跑，看见一农户将国旗插在门前菜土里用来“驱鸟”。看到这一幕后，他马上上门向该农户主人指出，根据《国旗法》的规定，不能将国旗插在菜土里。同时，马贤兴还耐心向他们宣传解释国旗的庄严神圣和国旗使用、悬挂的正确方法。农户听后，表示自己不懂法，马上到菜土里将国旗收回洗净珍藏。

为了纠正类似情况，马贤兴还向临近两个村的支部书记和镇派出所所长打电话，建议村干部和民警下乡时关注纠正类似违反《国旗法》的情况。同时，他还在个人公众号上对《国旗法》知识进行了宣讲。

搭建检民“线上”联络桥梁

既有住宅加装电梯是一项惠及千家万户的民生工程，也是一项需要政府各部门和广大业主综合施策、共同发力的特殊工程。但是，各地在政策落地、牵头组织、报建备案、施工许可、安全保障、综合协调、对少数异议反对住户的引导调解等方面，工作力度不一，进展不均衡，成效差异较大。

为了解这项民生工程实施中的难点，马贤兴到长沙市黎托强制戒毒所所、中南林业科技大学、湖南省水利勘察设计院等多个职工宿舍小区调研走访，他深切感受到：一方面广大业主对加装电梯有着热切的期盼和呼唤；另一方面这项工程进展缓慢，相关牵头人员作了很多牺牲和贡献，但效果不佳。

2020 年 9 月 15 日，马贤兴结合《民法典》的相关法条，撰文《既有住宅加装电梯：一部电梯几行泪?》在其个人公众号发表。

马贤兴认为，有些地方规定加装电梯“公示期间如有异议或反对意见就不予审批”这是错误的。

“《物权法》第 76 条规定，加装电梯属于业主共同决定的重大事项，由2/3以上业主同意即可。《民法典》生效以后，业主表决同意的法定比例还将降低，在经过两步计算后，表决同意人数实际上可能只要达到业主总人数的1/2即符合法定比例要求。”马贤兴说。

结合热点，关注现实，马贤兴个人微信公众号吸引了不少粉丝。一系列文章被主流媒体转发，产生了广泛的社会影响。

“马检文章用语朴实生动，内容丰富，贴近社会生活实际，观点鲜明，符合宪法和法律精神，传播社会主义核心价值观。”“Mr. li”（网名）是该微信公众号的“铁杆粉丝”，他认为在马贤兴的笔下，深奥难懂的法律术语、规则总会变得灵性活泼，通俗易懂，令读者喜闻乐见。

还有网友留言称，“山虎说法”在进行普法的同时，还搭建了一座检察机关连通市民大众的桥梁。

（刊载于2021年2月4日《法治周末》）

长沙雨花区检察长马贤兴被确定为“湖南省民法典宣讲团成员”

《人民论坛网》记者　姜志雄　通讯员　罗林

2020年8月11日，中共湖南省委宣传部、组织部、政法委、网信办、省人大常委会、省教育厅、司法厅、省守法普法办八部门联合下发关于《加强民法典学习宣传实施方案》，并组建湖南省民法典普法宣讲团。雨花区人民检察院马贤兴检察长被确定为宣讲团成员，与湖南省司法厅一级巡视员唐世月教授，省高级人民法院二级高级法官尹小立、陈坚，省人民检察院高级检察官彭俊、王珊，以及屈茂辉、许中缘、李先波、余卫明、彭熙海、刘兴树等高校法学教授共25人组成宣讲团。马贤兴是唯一一名来自市州和区县“法检两院”的宣讲团成员。

《民法典》是新中国成立以来第一部以“法典”命名的法律，它既借鉴了人类法治文明建设有益成果，更秉持了我国既有的优良法律传统，是一部具有鲜明中国特色、实践特色、时代特色的民法典，它的颁布在我国法治建设历史上具有里程碑意义。

马贤兴检察长积极贯彻习近平总书记2020年5月29日在中央政治局第20次集体学习《民法典》时所作的重要讲话和中央八部委办关于学习宣传民法典通知精神，开展了一系列学习、宣传、运用《民法典》的活动。迅速买入1000余本《民法典》，分送给人大、政协、纪检委和政法委、中小学、街道社区与部分民营企业，并先后到雨花区政协、雨花亭街道及社区、民营企业和担任法治副校长的中小学开展民法典专题义务宣讲。

马贤兴在宣讲中，特别注重对《民法典》的诚信原则、绿色原则、优良家风、夫妻共同债务、离婚冷静期、土地流转、居住权制度、旧小区加装电梯、合同格式条款、高空抛物侵权责任、自甘风险原则、私力救济、英雄烈士人格权益保护、未成年人特别保护等与群众日常生活息息相关的法律条文结合身边的案例进行生动、翔实的解读，引导群众自觉学习遵守运用好民法典，不断增强自身法律意识，取得良好的社会反响。

2020 年 6 月，马贤兴检察长应《人民检察》杂志社约稿，撰写《民法典“夫妻债务”规定解读与释疑》。与此同时，马贤兴撰写学习研究《民法典》的系列文章，在其个人微信公众号“山虎说法”刊发。如《民法典倡导优良家风、家庭美德和家庭文明建设》《全面贯彻民法典确立的“绿色原则”》《切实贯彻习近平指示和民法典绿色原则，坚决制止餐饮浪费》《〈民法典〉确立的“自甘风险规则”》《公益诉讼检察应在贯彻执行〈民法典〉上发力致效》《夫妻一方“侵权之债”如何处理?》《加装电梯有住户不同意怎么办？用民法典来办》《哪些情况下可设立居住权?》《民法典禁止高利贷，民间借贷利率保护上限回归四倍》等，带头传播党的声音和法治精神，在社会上产生积极影响。

近年来，马贤兴检察长切实贯彻执行中央“谁执法谁普法”总体方针，在履行职务和业余时间积极宣传法律撰写法治文章，率先创办“山虎说法”个人微信公众号，创办 2 年撰写各种法治评论、案例分析共 200 余篇。作为领导干部开办个人微信公众号，是在做一件很有挑战性的事情。每年要撰写推送 100 多篇文章，平均每周至少 2 篇。6 月份以来，不到 2 个月时间“山虎说法话说民法典系列”就已经发了 12 篇了。

《法制日报》社主管的《法制与新闻》杂志开设“山虎说法”专栏，连续 10 多期发表马贤兴的“说法”撰文。中央电视台“今日说法”“社会与法”频道和湖南经视的“钟山说法”“经视说法”均多次邀请马贤兴作为专家点评，解说相关法律法规。

（刊载于 2020 年 8 月 23 日《人民论坛网》）

马贤兴“山虎说法”获评“全国检察自媒体十佳”

红网记者　郑涛　通讯员　罗林

红网时刻1月26日讯　2021年1月23日，最高人民检察院新闻办公室发布通报，全国60个检察机关新媒体账号、10个检察自媒体账号和30件检察新媒体作品获评“2020年全国优秀新媒体百家”称号。湖南省人民检察院获得“年度贡献奖”，“山虎说法”荣列“全国检察自媒体十佳”。

笔耕不辍，三年磨一剑

2018年1月22日，雨花区人民检察院党组书记、检察长马贤兴在全国基层政法系统中率先开办个人微信公众号“山虎说法”，发布首篇文章《学法用律要佩觿：常识常情与常理》，三年来他已撰写推送法治评论、调研论文、案例分析等和法治随笔各类文章255期。

“这255篇或长或短的文章，犹如255株小禾苗，在‘山虎说法’这丘田里生长着。我且耕且耘，看着青苗在长，稻花在开。已闻稻香，稻穗渐黄。”马贤兴介绍。

“山虎说法”开办之初，也曾徘徊过。一边是朋友善意的“少说为佳、言多必失”的奉劝；一边是普法的初心，作为基层政法领导干部应该带头落实党中央“谁执法谁普法”的制度安排和总体要求。如若都担心“言多必失”，都怕担责，都不“说法”，中央的方针又如何落实和落地呢？

后来，马贤兴主动通过长沙市检察院向上级有关部门申请开设个人微信公号的时候，反馈意见也出乎意外：“鼓励领导干部开设微信公号、微博等，鼓励领导干部积极发声”。

在组织的充分信任之下，马贤兴更加坚定自己的初心。就这样，把业余时间利用起来，或在夜深，或在凌晨，或在城市，或在乡村；一张小书桌，一个小键盘；字一个个地敲打，文章一篇篇地写，“山虎说法”一期期地推送。集腋成裘，聚沙成塔，3 年撰写刊发了 255 篇。

带头普法，传递法治声音

“山虎说法”带头传播党的声音，进行法治宣传，在省内外产生广泛的积极影响。2020 年春节前，新冠肺炎疫情爆发，马贤兴深入到街道社区一线督导抗疫工作，敏锐意识到抗疫形势的严峻性与复杂性，连夜写下《关于春节期间取消任何家庭外走访和聚餐、安心在家读书的倡议》一文。之后，又依据抗击疫情需要，发表了《疫情当前，你是士兵还是“逃兵”?》等多篇文章，号召社会公众团结一心、众志成城，全心全意抗击疫情，受到社会各界广泛好评。

2020 年 6 月 30 日，深夜读到新华社公布的《香港国安法》，马贤兴非常激动，不能入眠，连夜写出《“香港国安法”解读：依法治港的重大法治事件》，7 月 1 日一早即在“山虎说法”推出，第一时间为广大读者正确理解“香港国安法”这部重要法律对维护国家安全、香港长期繁荣稳定的重大意义作出了分析解读。

2018 年 4 月《英雄烈士保护法》颁布，马贤兴也在第一时间撰写了《崇尚英雄，敬畏英雄》的文章，在“山虎说法”刊出，及时向社会宣传《英雄烈士保护法》。

喜闻乐见，根植于生活

“现在的年轻人都喜欢用微信，我们以公众号的方式来表达，可能大家的接受度更高，这也是我开设‘山虎说法’公众号的初衷。”马贤兴介绍。

说法普法在路上，随时随处皆可行。2020 年 9 月 10 日，湖南当地一家媒体披露，长沙一小区业主买下 77 套住房欲装成酒店，遭到其他业主反对。马贤兴看到这篇新闻后，立即结合《民法典》撰写了一篇普法文章《从“业主同意”到“业主一致同意”：“住改商”〈民法典〉比〈物权法〉有着更严格的限制》在公众号刊发。

“山虎说法”文章内容丰富，贴近社会生活实际，观点鲜明，文章用语朴实生动，深奥难懂的法律术语、规则总会变得灵性活泼、通俗易懂，读者喜闻乐见。

（刊载于红网 2021 年 1 月 26 日）

马贤兴三次上央视，其实只为一件事

山虎说法

2021 年 2 月 18—22 日，央视 1 频道《今日说法》栏目连续播出了五集纪录片《民之法典》。

长沙市雨花区人民检察院检察长马贤兴和员额检察官罗大钧在第四集“家顺人和”中，就《民法典》第 1064 条规定的夫妻共同债务司法认定规则、一些案件处理简单适用“《婚姻法司法解释二》第 24 条”带来的严重社会问题以及相关案件民事检察监督调查和提请抗诉进行了评说。

算起来，这是雨花检察院检察官第三次上央视说法了。

第一次是在 2017 年 4 月 12 日，央视 13 频道“法治在线丨法治封面”节目播出的《离婚了，债怎么还?》。

第二次是在 2018 年 12 月 17 日，央视 12 频道“一线”栏目播出的“特别节目”《天使之翼：沉重的债》。

三次上央视，分别在央视 13 频道、12 频道、1 频道这三个频道说的其实就是同一件事：呼吁修正“24 条”，重构夫妻共同债务认定和举证责任分配规则，让那些对债务不知情、未参与、未受益的离异人士从无辜“被负债”中解放出来，让她们感受到社会公平正义和司法良知。

前两次是为修正“24 条”，为无辜“被负债”的弱势群体鼓与呼。而这一次是为《民法典》正本清源、从源头上规范夫妻债权债务、从根本上解决配偶一方无辜“被负债”问题点赞叫好。

下面分述之。

一、2021：《民法典》正本归源，平衡保护，法理事理情理兼具

2021 年 2 月 21 日，央视 1 频道《今日说法》栏目播出的《民之法典》第四集“家顺人和”。在该集中出镜，马贤兴检察长是第三次上央视说法了。这次马贤兴就《民法典》第 1064 条规定的夫妻共同债务司法认定规则、原来一些案件处理机械适用“24 条”带来的严重社会问题进行了解说；最高人民检察院第六厅副厅长王莉检察官和中国婚姻家庭研究会会长、中国政法大学教授夏吟兰分别对《民法典》从源头上规范债权债务、平衡保护债权人和举债人配偶的权益进行了解读。该集还报道了由长沙市检察院和雨花区检察院共同办理的钟敏（化名）夫妻共同债务纠纷民事检察监督案。我院员额检察官、第五检察部主任罗大钧讲述了对该案进行民事检察监督调查并提请长沙市检察院向长沙市中级人民法院予以抗诉的过程，时长为 11 分钟。

播音解说：在今天不断发展的社会环境中，如何维护婚姻家庭中负债人配偶的合法权利，也是民法典在立法过程中关注的焦点。马贤兴，湖南省长沙市雨花区人民检察院检察长，他每天上班的第一件事，就是打开信箱。给马贤兴写信的人，很多都是寻求法律上的帮助。2010 年，他还是湖南省宁乡市人民法院院长时，正是通过这样的信件，开始关注夫妻离婚时共同债务的问题。

马贤兴：我们回信也好，我们的呼吁也好，都是向社会传递温暖，传递法治信心。

马贤兴：他们的婚姻很不幸，他们首先的诉求是要解脱痛苦的婚姻，但是这个婚姻解脱了以后，（她们）发现更大的问题来了，就是被莫名地成为很多案件的被告。

播音解说：也就是检察机关提出抗诉的同一个月，2020 年 5 月 28 日，第十三届全国人民代表大会第三次会议表决通过《民法典》，结合 2018 年的司法解释，对夫妻（共同）债务的举证责任作出了调整。

夏吟兰：实际上是把这个共同债务人的举证责任分配给了债权人。也就是你（债权人）搜集证据，你要证明我借钱的时候，那他（债务人配偶）是明知啊。

播音员：《民法典》实施后，钟敏他们当年的困境将得到有效解决。那么

这一规定，是否会对债权人权利造成影响呢？

王莉：这样的规定，实际上对债权人的保护也是有利的，可以促使他们在签约之初就尽到谨慎注意的义务。这样可以从源头上减少纠纷的发生，增加交易的安全性，从而提高公众的市场风险意识，达到均衡保护债权利益和未举债夫妻一方的权益。

播音解说：在《民法典》中，对于夫妻共同债务的认定，更加清晰、明确，既考虑到保护债权人的合法权益，也考虑到对（债务人）配偶一方合法利益的保护。

二、2017：替“24条”打“补丁”，但未从根本上解决问题

马贤兴检察长第一次上央视说法，是在2017年4月12日央视13台（新闻频道）“法治在线 | 法治封面”节目播出的《离婚了，债怎么还?》。

最高人民法院2017年2月28日公布针对司法实践中出现的涉及夫妻共同债务的新问题和新情况，对“24条”作出补充规定，强调虚假债务、非法债务不受法律保护。

根据这份补充规定，《最高人民法院关于适用〈中华人民共和国婚姻法〉若干问题的解释（二）》第24条新增两款，分别规定：夫妻一方与第三人串通，虚构债务，第三人主张权利的，人民法院不予支持；夫妻一方在从事赌博、吸毒等违法犯罪活动中所负债务，第三人主张权利的，人民法院不予支持。

这个司法解释强调虚假债务、非法债务不受法律保护，有一定的积极意义。但这是保留应有之义，任何虚假的、非法的司法当然不能支持。因此，这个“补充规定”也只是起个重申和强调作用，而没有从根本上解决“24条”不和法理、事理和情理的强制推定和证明责任分配问题，因而无法解决夫妻另一方无辜“被负债”问题，社会矛盾仍然无法平息。央视新闻频道“法治在线”对此予以专门关注。

播音解说：顶层设计上要完善司法解释，在实践层面上，法官在审理涉及夫妻债务的案件时，往往千头万绪，情况很复杂，区分不同的法律关系，适用不同的法律条款，这也考验着基层法官的审判能力。

播音解说：马贤兴是长沙市雨花区人民检察院检察长，曾担任长沙市天心

区人民法院院长。多年来，一直关注涉及夫妻债务案件的审理，以及“《婚姻法司法解释二》第24条”的问题。在审理此类案件时，他发现个别法官存在的机械套用“《婚姻法司法解释二》第24条”的问题。

马贤兴：我们少数法官，或者说部分法官，机械司法，简单套用。那是问题，不能说不是问题。当然他有理由说，有条文摆在那里，我是依法裁判。他这个“法”只是简单地理解为条文。作为一个真正的有情怀的法官，要考虑到真正地使每一个案件让人民群众感受到公平正义，就要有更多的考量。

播音解说：在审理涉及夫妻共同债务的案件时，法官选用不同的法律条款，往往会导致不同的审判结果。

三、2018：最高法重颁“夫妻债务新解释”，从根本上修正“24条”

马贤兴检察长第二次上央视，是在2018年12月17日，央视12台“一线”栏目播出的“特别节目”《天使之翼：沉重的债》。

在这档节目中，马贤兴和北京大学马忆南教授、中华女子学院党委书记李明舜教授等学者专家共同出境说法。

马贤兴前后共有3段评说。其内容为：一是我对“24条”的错误性进行了评价，并介绍了我在宁乡法院和天心法院主职时处理涉夫妻债务纠纷案件的原则和适用法律的方法；二是我对“法律适用”进行了简明而独到的解读；三是我对最高人民法院重新颁布“夫妻债务新解释”，对“24条”作出根本性修正作了肯定性评价。

（一）“24条”的错误性和对夫妻债务纠纷案件的正确处理方式

播音解说：事实上，对“《婚姻法司法解释二》第24条”的质疑和反对，不仅仅存在于相关被告和律师之间，在司法系统内部同样有着不同的声音。现任长沙市雨花区人民检察院检察长的马贤兴，之前在长沙市多个基层法院担任过审判和领导职务，他也一直推动对这条司法解释进行修改和完善。

马贤兴：当时这个解释（“24条”），是有这么一个背景。为什么这么规定呢？是当时确实存在夫妻一方在外举了债了以后，想逃债，夫妻双方串通搞个假离婚，把财产转移给一方。最高人民法院为了解决问题，就搞一个“强制推定”（“24 条”）。当然，从表面上来看，对串通转移财产，逃废债务，确确实实起到了一定的抑制作用，但是新的问题出来了。

播音解说：马贤兴认为，“24 条” 的问题，不仅在于举证责任分配上的不公平，还在于这一司法解释在实践中所产生的副作用，已经背离了制定者的初衷。因此，除了向上级主管部门反映相关情况之外，在实际的案件审理中，他也并没有机械地套用“24 条” 的内容，而是针对具体的案情，进行了具体的分析和处理。

马贤兴：上位法《婚姻法》第 41 条，已经说得很明白，“为共同生活所负的债务是共同债务”，强调为“共同生活”。我就跟我们的法官探讨，遇到这类案件，“24 条” 我们不直接套用。我们还要从《婚姻法》第 41 条出发，从法律的精神出发，从公平公正的原则出发，然后我们来更好地对案件的一些情况作出一些核查，再作一些判断，不是简单套用。

播音员解说：不过，像马贤兴这样不赞成直接适用“24 条” 的法官，在司法系统中只是少数，数据统计……

（二）何谓“法律适用”？

马贤兴：我们（运用法律裁判案件）叫作“法律适用”。什么叫“适用”？其实从字面上说，就是“适” 者才用；不“适” 者，那么我们就要另外作考虑。司法解释是帮助我们怎么理解法律。如果这个司法解释，明显存在问题，我们可以合理地避开它，还有上位法，还有其他条文。

（三）对“夫妻债务新解释” 积极意义的肯定

马贤兴：（最高人民法院 2018 年 1 月 17 日重新颁布的“夫妻债务新解释”关于举证责任分配的规定），又是对“24 条” 的一个根本性的修正。由谁来举证？由债权人来举证，他发动这个债的时候，他就有绝对的优势，他去对你举债做什么用途，然后你家庭其他重要成员，特别是夫妻都要知情。他有这个优势，所以把证明责任分散给他是合理的。

（2021 年 2 月 28 日）

延伸阅读：

有关法律和司法解释规定

一、《民法典》第 1064 条有关夫妻共同债务认定和举证责任分配的规定

《民法典》第 1064 条 夫妻双方共同签字或者夫妻一方事后追认等共同意思表示所负的债务，以及夫妻一方在婚姻关系存续期间以个人名义为家庭日常生活需要所负的债务，属于夫妻共同债务。

夫妻一方在婚姻关系存续期间以个人名义超出家庭日常生活需要所负的债务，不属于夫妻共同债务；但是，债权人能够证明该债务用于夫妻共同生活、共同生产经营或者基于夫妻双方共同意思表示的除外。

二、《中华人民共和国婚姻法》有关夫妻共同债务规定

《婚姻法》第 41 条　离婚时，原为夫妻共同生活所负的债务，应当共同偿还。共同财产不足清偿的，或财产归各自所有的，由双方协议清偿；协议不成时，由人民法院判决。

三、最高人民法院有关涉夫妻共同债务的司法解释

1. “24 条”

最高人民法院关于适用《中华人民共和国婚姻法》若干问题的解释（二）（简称“24 条”，2003 年 12 月 4 日）

第 24 条　债权人就婚姻关系存续期间夫妻一方以个人名义所负债务主张权利的，应当按夫妻共同债务处理。但夫妻一方能够证明债权人与债务人明确约定为个人债务，或者能够证明属于婚姻法第 19 条第 3 款规定情形的除外。

2. “24 条补充规定”

《最高人民法院关于适用〈婚姻法〉若干问题的解释（二）补充规定》，（简称“24 条补充规定”，2017 年 2 月 28 日）

《最高人民法院关于适用〈中华人民共和国婚姻法〉若干问题的解释（二）》第 24 条新增两款，分别规定：夫妻一方与第三人串通，虚构债务，第三人主张权利的，人民法院不予支持；夫妻一方在从事赌博、吸毒等违法犯罪

活动中所负债务，第三人主张权利的，人民法院不予支持。

补充后第24条的完整法条文为：

第24条　债权人就婚姻关系存续期间夫妻一方以个人名义所负债务主张权利的，应当按夫妻共同债务处理。但夫妻一方能够证明债权人与债务人明确约定为个人债务，或者能够证明属于婚姻法第19条第3款规定情形的除外。

夫妻一方与第三人串通，虚构债务，第三人主张权利的，人民法院不予支持。

夫妻一方在从事赌博、吸毒等违法犯罪活动中所负债务，第三人主张权利的，人民法院不予支持。

3. “夫妻债务新解释”

《最高人民法院关于审理涉及夫妻债务纠纷案件适用法律有关问题的解释》（简称“夫妻债务新解释”2018年1月18日）

为正确审理涉及夫妻债务纠纷案件，平等保护各方当事人合法权益，根据《中华人民共和国民法总则》《中华人民共和国婚姻法》《中华人民共和国合同法》《中华人民共和国民事诉讼法》等法律规定，制定本解释。

第1条　夫妻双方共同签字或者夫妻一方事后追认等共同意思表示所负的债务，应当认定为夫妻共同债务。

第2条　夫妻一方在婚姻关系存续期间以个人名义为家庭日常生活需要所负的债务，债权人以属于夫妻共同债务为由主张权利的，人民法院应予支持。

第3条　夫妻一方在婚姻关系存续期间以个人名义超出家庭日常生活需要所负的债务，债权人以属于夫妻共同债务为由主张权利的，人民法院不予支持，但债权人能够证明该债务用于夫妻共同生活、共同生产经营或者基于夫妻双方共同意思表示的除外。

第4条　本解释自2018年1月18日起施行。

本解释施行后，最高人民法院此前作出的相关司法解释与本解释相抵触的，以本解释为准。

（载”山虎说法”第268期，2021年3月4日）

后　记

2021年5月28日，《中华人民共和国民法典》（以下简称《民法典》）一周岁生日。

真要感谢《民法典》这部伟大的作品！她不仅是新中国法治史上一个里程碑事件，她也是人民的“权利宣言书”。在这一年里，对我来说，更有着不一般的意义，她让我获得了一系列殊荣：“湖南省民法典宣讲团成员”“2020年度湖南省最美公益普法个人”；我的微信公众号“山虎说法”亦摘下“2020年度全国检察自媒体十佳”桂冠；今天她又成就了我的第八本著作《山虎说法：话说民法典》的出版。

2020年5月28日，第十三届全国人大三次会议通过《民法典》，5月29日习近平总书记主持中央政治局第二十次集体学习，专题学习《民法典》，并就“切实实施民法典”发表重要讲话。

2020年5月31日，我开始撰写“话说民法典”系列文章，刊发于“山虎说法”的第一期为《民法典倡导优良家风、家庭美德和家庭文明建设》。第二天即6月1日“话说民法典”第二期《全面贯彻民法典确立的“绿色原则”》迅即推出；到8月底，“山虎说法/话说民法典”系列已经推送20多篇文章。此时湖南省依法治省办公室、省普法办见我写了20多篇“话说民法典”文章，便将我特聘为“湖南省民法典宣讲团成员”。到了10月份，经省、市检察院和长沙市司法局同时推荐，我被确定为“全省最美公益普法个人”候选人。后专家评委一致同意，让我全票当选，位居榜首。12月4日，国家宪法日那一天，我肩披绶带，走上领奖台，将“湖南省最美公益普法个人”的奖杯和证书捧在胸前。

说实话，虽然很多大学、律师事务所也成立了民法典宣讲团，但“湖南省民法典宣讲团”显然是我省官方确立的最高规格、最具权威的宣讲团。这个宣讲团由25人组成，团长为省司法厅分管普法工作的巡视员唐世月教授，其次是湖南省高级人民法院和湖南省人民检察院推荐的4名高级法官和高级检察官，接下来就是我这个市州和基层“法检两院”的唯一代表。当然中南大学、湖南大学、湘潭大学、湖南师大这四所大学的法学院院长和法学教授成为宣讲团的主体。

自此，宣讲“民法典”成为了自己一份工作责任、法律责任和政治责任。

自此，我的周末和晚上，我的业余时间几乎都交给了《民法典》。或“学法”，或“写法”，或“说法”。当然，我和我的同事，也把《民法典》与检察工作结合起来，用之于指导刑事、民事、行政和公益诉讼“四大检察”。2020年12月16日，《检察日报》刊发长文《马贤兴：带头学好用好民法典》，以兹鼓励。

到2020年12月底，“山虎说法”推出“话说民法典”系列文章33篇；自此，“山虎说法”开办三年刊发256期。因为自己这份坚持。让“山虎说法”得以获评“2020年度全国检察自媒体十佳”。

到目前，“话说民法典”已发送了50多篇文章。我将这些“说法”汇集分类，付梓呈现。《山虎说法：话说民法典》正好作为《中华人民共和国民法典》一周岁的献礼！

在这里，我要十分感谢省依法治省办和普法办，他们不拘一格启用、推荐我这个基层司法工作者；我要十分感谢省、市检察院和长沙市司法行政系统的推荐；我要十分感谢“经视说法”栏目组，多次邀请我担任嘉宾点评，特别是有关夫妻债务和既有住宅加装电梯问题，《民法典》颁布一周年特别节目点名一定要我出镜说法。我要十分感谢湖南大学法学院院长屈茂辉、中南大学法学院院长许中缘两位教授，自己在写作“话说民法典”文章时，遇到民法中的某些知识点、难点、争议点，自己把握不准，我总会打电话向两位民法学大家请教，他们给了我很多指点和启发。

最后，我要特别感谢我的老师——湘潭大学党委副书记廖永安教授的提议和推荐，我这本文集才得以在母校出版社出版！我第一次成为湘潭大学出版社的作者！有了第一次，也许就会有多次。我努力着，不敢懈怠，不辍于笔耕。写书出书，让思想火花闪烁，把智慧凝结成文字，使法治宣传有了载体，《民法典》之光照耀前行。

19世纪伟大的民法典是《法国民法典》，20世纪伟大的民法典是《德国民法典》。我们有理由相信21世纪伟大的民法典就是咱们《中华人民共和国民法典》。

在工业文明向信息文明转换阶段，我国《民法典》把“弘扬社会主义核心价值观”作为开篇宗旨并通篇贯彻，既对中华民族传统法治文化、主流道德价值予以传承与弘扬，更对现代文明予以关切与引领。其社会生活是法国、德国制定民法典时所没有经历过的。如个人信息安全、虚拟财产保护和基因编辑、人体胚胎教研的限制等。我国《民法典》在世界上首创人格权编，全面保护人民的生命、身体、健康和人格尊严，体现了与时俱进的法律品格。

因此，作为民事主体，无论是自然人、法人或非法人组织，都要学好、用好《民法典》，把《民法典》的原则和精神化为血脉、深入灵魂、融入骨髓！

既用《民法典》维护好自身权利，也以《民法典》的精神尊重和保障他人的权利。

我们都以《民法典》来规范社会行为，引领未来，我们社会走向现代文明、走向法治化的进程更加快，步伐更豪迈。如英国法史学家梅因在《古代史》所言：民法的发达程度与社会文明程度成正比。亦如习近平总书记指出：民法典是一部“稳预期、固根本、利长远”的最具基础性作用的基本大法！

马贤兴

2021年5月28日

图书在版编目（CIP）数据

山虎说法 : 话说民法典 / 马贤兴著. -- 湘潭 : 湘潭大学出版社, 2021.5
ISBN 978-7-5687-0553-0

Ⅰ. ①山… Ⅱ. ①马… Ⅲ. ①民法－法典－中国 Ⅳ. ① D923

中国版本图书馆 CIP 数据核字（2021）第 087205 号

山虎说法：话说民法典

SHANHU SHUOFA：HUASHUO MINFADIAN

马贤兴 著

责任编辑：刘文情
封面设计：张　波
出版发行：湘潭大学出版社
社　　址：湖南省湘潭大学工程训练大楼
电　　话：0731-58298960 0731-58298966（传真）
邮　　编：411105
网　　址：http://press.xtu.edu.cn/
印　　刷：长沙印通印刷有限公司
经　　销：湖南省新华书店
开　　本：710 mm×1000 mm 1/16
印　　张：20.25
字　　数：353 千字
版　　次：2021 年 5 月第 1 版
印　　次：2021 年 5 月第 1 次印刷
书　　号：ISBN 978-7-5687-0553-0
定　　价：58.00 元